全球海洋治理丛书

丛书主编 刘惠荣

南极条约体系规则的 习惯国际法形成研究

李小涵 著

中国政法大学出版社

2022·北京

图书在版编目（CIP）数据

南极条约体系规则的习惯国际法形成研究/李小涵著. —北京：中国政法大学出版社，2022.4
ISBN 978-7-5764-0506-4

Ⅰ.①南… Ⅱ.①李… Ⅲ.①国际习惯法－研究 Ⅳ.①D99

中国版本图书馆CIP数据核字(2022)第109067号

书 名	南极条约体系规则的习惯国际法形成研究
	NANJI TIAOYUE TIXI GUIZE DE XIGUAN GUOJIFA XINGCHENG YANJIU
出版者	中国政法大学出版社
地 址	北京市海淀区西土城路 25 号
邮 箱	fadapress@163.com
网 址	http://www.cuplpress.com (网络实名：中国政法大学出版社)
电 话	010-58908466(第七编辑部) 010-58908334(邮购部)
承 印	北京中科印刷有限公司
开 本	720mm×960mm 1/16
印 张	14.25
字 数	210 千字
版 次	2022 年 4 月第 1 版
印 次	2022 年 4 月第 1 次印刷
定 价	68.00 元

序　言

　　南极作为地球上唯一没有主权归属的大陆，有着独特的国际法律地位。其丰富的矿产、能源、生物、淡水等资源使各国处于互相争夺的态势。1959 年《南极条约》的签订缓解了紧张局势，消除了南极探索初期出现并持续至"冷战"早期的主权竞争风险，为各国南极活动及后续管理确立了最基本的原则。经过近 60 年的发展，现有的南极条约体系作为该区域特殊的治理机制，在一系列科学、环境和资源等相关问题上设立了一个和平、稳定、有效且被广泛接受的合作机制。目前《南极条约》共有 54 个缔约方，其中 29 个协商方席位。随着事实参与国家的增多，该体系在南极事务上正向着更加务实、更多合作且轻意识形态的方向发展。

　　尽管如此，随着全球气候变化、自然资源的枯竭以及人类技术的进步，南极受到越来越多国家的重视，南极治理也面临多种挑战。其中之一是南极条约体系的对外效力问题。《南极条约》冻结了主权声索，规定了自由进入南极的权利，结合随后签订的系列条约，为多个领域的南极活动设置了规范，而这些规范受限于条约的效力范围，根据"条约对第三方无损益"原则，在一般情况下对非缔约方没有约束力。但事实上，非缔约方也存在一些南极活动，主要表现为南纬 60 度以南海域的船只航行活动和非政府的旅游、探险活动。数量上占优的非缔约方都是潜在的南极活动者，以条约的效力范围无法对这些活动进行规制，南极治理的效果就无法保障。此外，由于各国实力及南极事业起步的早晚差异，在实际南极事务进程中，《南极条约》缔约方中也划分出了两组存在明显权益层次差异的主体：主权主张国与非主张国、协商方与非协商方。对主权的冻结没有消除主张国的主权意识，使其在与非主张国的南极治理合作中一直怀有戒心，寄望于南极事务主导地位可以在共同管理制度中为其谋求更多利益。同时，缔约方并非都能参与南极事务决策。只有在南极开展了实质性科学研究活动的国家，包括建立科考站或有考察队独立开展考察的国家才能获得协商方地位从而在南极条约协商会议中拥有投票权。在南极治理中，协商方在利益相关性和参与治理的话语权、决策权、管理权等方面都更有优势。这些不同层次主体间权益的矛盾，影响着南极治理的决策及制度实施效率。

从长远来看，将南极作为"国际合作与和平的大陆"并实行"可持续管理"体现了《南极条约》序言中所谓符合全人类的利益。维护和发展南极条约体系，首先需要巩固其成果，内部利益矛盾虽不可能完全消除，但可以寻求更多能够达成一致的理念和立场，保障一些重要原则和规则的实施。进一步发展则需要使其原则和规则获得更广泛的认同和实际效力。根据《维也纳条约法公约》第三十八条，条约所载规则可能由于成为国际习惯而对第三国有拘束力。南极条约体系在国际法上地位独特，长期以来的多国实践初步证明了其具备成为习惯国际法的潜力，而由条约推动的实践所产生的习惯国际法，也可以强化相应条约规则的效力，保障其实施。这一看似能够满足南极条约体系发展需求的进路，其可行性是值得研究的。即是说，探究南极条约体系或其某些规则是否能够成为习惯国际法，对南极条约体系的发展具有参考价值。

中国于1985年正式获得了协商地位，在南极条约协商会议及相关国际立法议程中有了发言权。2017年在北京举办的第四十届南极条约协商会议上，中国发布了《中国的南极事业》报告，阐述了中国发展南极事业的基本理念。报告强调，南极关乎人类生存和可持续发展的未来，建设一个和平稳定、环境友好、治理公正的南极，符合全人类共同利益。中国是国际南极治理机制的参与者、维护者和建设者，中国愿与国际社会一道，共同认识南极、保护南极、利用南极，推动建立更加公正合理的国际南极治理机制，打造南极"人类命运共同体"。在这一背景下，研究南极条约体系的效力问题，探讨其可能的发展方向，为我国参与、维护和建设南极治理机制提供思路亦十分重要。

探讨南极条约体系发展出习惯国际法的可能性，实际是对南极条约体系中具体规则依识别习惯国际法的要件进行检验的问题。由于篇幅所限且研究工程过于浩繁，这部著作没有对所有南极条约体系提出的规则进行逐一检验。本书的研究目的是证明一种可能性：南极条约体系中的部分规则超出了单纯条约规则的效力范围，转化为习惯国际法规则从而对所有国家具有约束力，这种转化过程没有违背权威理论的要求，也能够在现实中获得支持性的证据。

　　李小涵博士在中国海洋大学法学院攻读硕士和博士学位期间，一直跟随我所带领的极地与深远海团队，潜心从事极地国际法研究。惟其艰难，方显勇毅，惟其磨砺，始得玉成。本书纳入我指导博士生撰写的全球海洋治理丛书之列，作为李小涵博士几年来辛勤耕耘南极研究的一个阶段性总结，希望能够为南极国际法律问题研究添砖加瓦。

刘惠荣

中国海洋大学法学院教授、博士生导师

2021 年 9 月 2 日

摘　要

　　南极条约体系 60 多年来的发展历程，展示了一些原本由少数南极条约缔约方制定的规则逐渐为大多数国家参与南极活动所接受的变化过程。南极条约体系是《南极条约》及随后以其为核心缔结的一系列适用于南极的国际法律协定的统称，包括南极条约协商会议通过并已生效的措施。南极条约体系及其配套制度取得了许多成就，但也面临着诸如条约冲突问题、历史遗留的主权问题、新兴南极活动和内部分歧造成的管理压力等许多需要解决的现实困难，这些困难引起了学界对南极条约体系规则效力问题的讨论。习惯国际法的形成视角可以解释南极条约体系中的规则如何对第三方发生效力。

　　习惯国际法两要素理论存在许多问题和争议，国际法院在司法判例中也没有逐案对两要素进行实证检验，而是充分依赖其自由裁量权。国际法委员会关于识别习惯国际法的结论又坚定地贯彻了两个构成要素，要求对每一要素的证据进行认真分析。国际法委员会的论断明确了要件的证据形式并驱散了一些理论迷雾，否定了条约规则与习惯国际法的无缝衔接，但没有对条约规则如何形成习惯国际法给出具体的解释。条约在记录和界定，甚至发展源于习惯的规则方面可发挥重要作用。在国际法新兴领域，条约往往先于习惯提出具体的规则，但这并不意味着条约规则一定能成为习惯国际法规则。条约提出的规则与条约并行发展，必须经过充分的国家实践形成通例，且在条约范围之外对该规则形成了法律确信，才可以认为该规则成为习惯国际法的一部分。虽然对于最终识别习惯规则来说，更有价值的证据是非缔约方的态度，确定习惯法规则是否已经形成主要取决于非缔约方如何实践；但缔约方实践能够塑造具体规则，也是通例的一部分，更需要从其实践中推断法律确信，因此是研究习惯规则形成过程必须要考察的因素。

产生于《南极条约》及其议定书的一些基本规则可能成为独立于整个南极条约体系的习惯规则，包括南极的和平利用与非军事化，南极科学研究自由与国际科研合作，禁止核爆炸和处理放射性废物，南极环境影响评价以及南极矿产资源活动禁令等。这些规则本身具有一定模糊性，可能有多种含义解释方式，并不是所有含义都能形成习惯国际法规则的一部分。习惯国际法规则的形成归根结底依然取决于国家实践。

上述前三项规则有不限于南极条约体系内的充分及广泛的实践，各国在联合国大会的讨论中表现出普遍接受的态度，因此这些规则正在或很可能已经形成了习惯国际法。第一，《南极条约》本身就是追求和平的体现，保持南极地区作为一个和平区域远离军事争端和战略竞争是所有国家的共同关切事项，开展南极活动的各国之间形成了非军事目的地对南极和平利用的惯例。第二，南极科学研究自由与国际科研合作规则体现了明确的共同利益，国家实践的证据普遍而广泛，各国在联合国大会上作出的声明能够证明较为一致的法律确信。第三，禁止在南极进行核爆炸试验是世界范围内禁止核试验的一环，这一原则性的规则不仅是南极条约体系下的义务，更是所有国家所负的一般性国际义务。

在南极开展活动之前对拟开展的活动可能造成的环境影响进行评估，并在此基础上决定是否或如何开展活动，也很可能成为一项具有普遍约束力的习惯国际法规则。南极环境影响评价规则得到了缔约方广泛且基本一致的执行，尽管很少有非缔约方的积极实践，但环境影响评价这项义务的一般国际法的地位已经被国际法院承认。禁止除科学研究外南极矿产资源活动规则不是各国单纯就共同利益达成的一致，而是各国在资源与环保利益、缔约方与非缔约方利益相冲突的情况下，就开发制度无法达成一致而导致的退而求其次的妥协。虽然该规则仍然存在形成习惯国际法的可能，但目前的国家实践更多是出于条约义务的约束而非法律确信。

从南极条约体系规则的谈判及制定过程来看，各参与国之间存在着许多利益分歧。条约文本是各参与国求同存异达成的最低程度的妥协，规则的内容具有不可避免的模糊性。源于条约并由缔约方实践所解释塑造的部分规则，被非缔约方接受，并在国际社会形成对由各国实践所塑造的规则的整体性的法律义务感——经历这样的过程，南极条约体系中的规则就有望转化为比条约更为普遍适用的习惯国际法规则。条约规则和习惯规则共同发挥作用，保障人类南极活动的相对的和平和秩序。

目 录

引　论

一、研究背景

南极作为地球上唯一一个没有主权归属的大陆，有着独特的国际法律地位。其丰富的矿产、能源、生物、淡水等资源使各国处于互相争夺的态势。1959 年《南极条约》的签订缓解了紧张局势，消除了南极探索初期出现并持续至"冷战"早期的主权竞争风险，为各国在南极活动及后续管理等方面确立了最基本的原则。经过近 60 年的发展，现有的南极条约体系（Antarctic Treaty System，ATS）作为该区域特殊的治理机制，包含了多项相关条约以及南极协商会议通过的建议、措施、决议、决定等，在一系列科学、环境和资源等相关问题上设立了一个和平、稳定、有效且被广泛接受的合作机制。目前《南极条约》共有 54 个缔约方，其中有 29 个协商方席位。随着事实参与国家的增多，该体系在南极事务的处理上正向着更加务实、更多合作且轻意识形态的方向发展。

尽管如此，随着全球气候变化、自然资源的枯竭以及人类技术的进步，南极受到越来越多国家的重视，南极治理也面临多种挑战。其中之一是南极条约体系的对外效力问题。《南极条约》冻结了主权声索，规定了自由进入南极的权利，结合随后签订的系列条约，为多个领域的南极活动设置了规范，而这些规范受限于条约的效力范围，即根据"条约对第三方无损益"原则，在一般情况下对非缔约方没有约束力。但事实上，非缔约方也存在一些南极活动，主要表现为南纬 60 度以南海域的船只航行活动和非政府的旅游、探险活动。数量上占优的非缔约方都是潜在的南极活动者，若以条约的效力范围无法对这些活动进行规制，南极治理的效果就无法保障。此外，由于各国实力及南极事业起步的早晚差异，在实际的南极事务进程中，《南极条约》缔约方中也划分出了两组存在明显权益层次差异的主体：主权主张国与主权非主张国、协商方与非协商方。对主权的冻结没有消除主权主张国的主权意识，使其在与主权非主张国的南极治理合作中一直怀有戒心，寄望于南极事务主导地位可以在共同管理制度中为其谋求更多利益。同时，缔约方并非都能参与南极事务决策。只有在南极开展了实质性科学研究活动的国家，包括建立科考站或有考察队独立开展考察的国家才能获得协商方地位，从而在南极条约协商会议（Antarctic Treaty Consultative Meeting，ATCM）中拥有投票权。在南极治理中，协商方在利益相关性和参与治理的话语权、决策权、管理权等方面都更有优势。这些不同层次主体间权益的矛盾，影响着南极治理的决策及制度实施的效率。

长远来看，将南极作为"国际合作与和平的大陆"并实行"可持续管理"符合所有国家的利益。维护和发展南极条约体系，首先需要巩固其成果，内部利益矛盾虽不可能完全消除，但可以寻求更多能够达成一致的理念和立场，保障一些重要原则和规则的实施。进一步发展则需要使其原则和规则获得更广泛的认同和实际效力。根据《维也纳条约法公约》第三十八条，条约所载规则可能由于成为国际习惯而对第三国有拘束力。南极条约体系在国际法上地位独特，长期以来的多国实践初步证明了其具备成为习惯国际法的潜力，而由条约推动的实践所产生的习惯国际法也可以强化相应条约规则的效力，保障其实施。这一看似能够满足南极条约体系发展需求的进路，其可行性是值得研究的。也就是说，探究南极条约体系或其某些规则是否能够成为习惯国际法，对南极条约体系的发展具有参考价值。

中国于1985年正式获得了协商地位，在ATCM及相关国际立法议程中有了发言权。2017年在北京举办的第四十届南极条约协商会议上，中国发布了《中国的南极事业》报告，阐述了中国发展南极事业的基本理念。报告强调，南极关乎人类生存和可持续发展的未来，建设一个和平稳定、环境友好、治理公正的南极，符合全人类共同利益。中国是国际南极治理机制的参与者、维护者和建设者，中国愿与国际社会一道，共同认识南极、保护南极、利用南极，推动建立更加公正合理的国际南极治理机制，打造南极"人类命运共同体"。在这一背景下，研究南极条约体系的效力问题，探讨其可能的发展方向，为我国参与、维护和建设南极治理机制提供思路是十分重要的。

二、研究现状

本研究拟涉及两个国际法研究领域，一是南极条约体系相关问题的研究，二是习惯国际法问题的研究。现分别阐述两个领域的研究现状如下。

（一）南极条约体系的研究情况

自 1959 年南极条约体系开始确立以来，消除了南极探索初期出现并持续至"冷战"早期的主权竞争风险。其成就获得了国内外学界的普遍肯定，然而其发展中也经历过并面临着许多挑战。南极条约体系及相关国际法律问题的研究涉及广泛的议题，现有国内外相关研究按主要内容可大致归纳为以下三类：（1）南极条约体系的现状与走向研究；（2）南极条约体系中具体领域（如环境保护、资源养护与利用、旅游等）管理制度及实践的研究；（3）国家视角的利益分析和政策建议研究。此外，该领域研究有较为明显的阶段性特征。

第一个阶段为《南极条约》签订至 20 世纪中后期。本阶段南极相关制度的研究，核心视角是南极资源利用管理，内容集中于前述第（1）类、第（2）类，包括矿产资源勘探开发及海洋生物资源养护（Splettstoesser J. F, 1983；Robert Friedheim, 1989；Jorgensen–Dahl, 1991；邹克渊, 1989），这也是早期国家力量进入南极的驱动力。鉴于各国对于南极资源开发利用的利益所系，许多学者担心，南极资源问题在未来仍将威胁南极条约体系的稳定性（Anthony Bergin, 1985）。由于多方利益矛盾难以协调，南极条约体系内部和外部都对该模式产生了一些质疑。其中不乏针对南极条约体系的合法性、开放性、实用性、挑战性甚至可替代性的质疑（Vladimir Golitsyn, 1991；Olav Schram Stokke, 1991；Richard Falk, 1991）。在重要资源制度谈判无果之后，1991 年《关于环境保护的南极条约议定书》（以下简称《议定书》）的签订生效意味着南极事务的重心从资源开发转移至环境保护上（James N. Barnes, 1991；Donald R. Rothwell, 1990），南极条约体系的地位得以巩固并吸纳了更多参与者，同时也改变了此后的南极社科研究重心。

第二个阶段为 20 世纪末至今，在获得广泛认可的南极条约体系平稳发展、管理规范进一步完善的情况下，相关研究的一个重点为各类具体管理制度设计和实施效果评估（John R. Dudeney，2012；Ben Saul，2015）。具体包括上述第（2）类研究中的环境保护制度、资源养护与利用制度、旅游活动管理制度以及南极条约的决策机制等（Hemmings，Alan D，2010；刘惠荣、姜茂增，2015；凌晓良、温家洪等，2005；郭培清，2007；刘惠荣，2012；顾婷，2010）。这一时期的第（1）类研究，承认南极条约体系面临《联合国海洋法公约》（UNCLOS）、执法机制存在缺陷等诸多挑战（陈力，2014；朱瑛、薛桂芳，2012；Joyner Christopher，2010）。针对这些挑战，有学者提出可以尝试在现有机制基础上建立一个永久性的国际组织，以整合南极条约体系内部机制，促进南极国际治理的民主化与透明度（陈力、屠景芳，2013）。总的来说，南极条约体系在一系列关于科学、环境和相关的问题上设立了一个和平、稳定、有效且被广泛接受的合作机制（Ben Saul，2014），该体系在南极事务的处理上正向着更加务实、更多合作且轻意识形态的方向发展（Ben Saul，2015）。一些研究者表示，应当增加南极条约体系的开放性，使南极治理更加民主化（Anne-Marie Brady，2012）。但也有观点认为，在南极现有的治理中作出主要贡献的是少数国家，应当对现有协商地位资格增设定期审查制度（John R. Dudeney，2012）。

这一时期的第（3）类研究较为突出，多方力量的加入使南极主权声索的"冻结"更加牢固，代之以共同的管理制度，而主张国可能有义务将主权要求降低为其中的"副产品"（Andrew Blackie，2016）。主张国立场复杂，其国内研究一方面致力于维护和发展现有南极模式，另一方面也强调了在治理中加强"战略部署"，以保证在未来可能出现实质利益的领域保有优势地位（Frank G. Klotz，1990；Christopher C. Joyner，1992；Dodds K，2013；Daniel Bray，2016）。在各国围绕南极地区利益的实现纷纷制定了政策与相关国内法的情况下，国内学者围绕主要国家的南极政策与国内立法进行了专门研究，同时总结这些政策与法律在实现本国利益方面的经验以及对中国的启示（李升贵、潘敏等，2008；徐敬森、孙立广等，2010；吴宁铂、陈力，2016；何柳，2015）。

综合来看，国内外学者认为当前南极条约体系存在的问题主要集中于三个方面：一是南极自然资源和环境的具体管理问题。该问题源于人类的南极活动，包括了科学研究、远洋捕捞、矿产资源调查和旅游等；二是南极条约体系的合法性和开放性问题。对此的质疑在20世纪的研究中较为突出，随着南极条约体系的地位逐渐稳定，近来研究已将重心转移至探讨维护该体系合法性及增加其开放性的路径上来；三是随着更多利益相关者的出现，南极条约体系的准入机制、规则制定程序、治理原则等能否协调各方并有效运行的问题。前述研究中的一个观点启发了本研究的选题，即南极条约体系的法律实施与执行时，对非缔约方的效力问题可以用习惯国际法予以解决（陈力，2017）。根据一般国际法理论，南极条约体系是否满足习惯国际法构成要件，或其规则通过其他过程发展是否成为习惯国际法是本书的主要研究内容。

（二）习惯国际法问题研究情况

国内2001年起开始有少量关于国际习惯与条约关系的文章发表，2006年后才出现较为系统的、专门论述习惯国际法理论的文献。比较有代表性的是江海平博士的学位论文与姜世波教授的学位论文及一系列学术论文。其他现有文献可大致分为两类，一是习惯国际法基本理论问题的研究，主要内容包括构成要件（付志刚，2006；刘文冬，2009）、效力问题（黄冠颖，2005；宋晓敏，2006）、条约与国际习惯的关系问题（孙萌，2001；王军敏，2001；吴卡，2008）、国际习惯与其他概念的比较等（杨朝军，2010；禾木，2014）。二是对国际公法某一具体领域习惯国际法问题的研究，内容涉及海洋法（吴卡，2011）、国际人权法（石玉英，2007）、网络法（李志贵，2004）、《不扩散核武器条约》（丁祥高，2013）以及个别国际法原则在习惯国际法中的地位证明（陈一峰，2012；田昕清，2015）等。江海平的《国际习惯法理论问题研究》是国内较为系统的习惯国际法专述文献，文章运用法哲学分析、社会分析和实证分析的研究方法，分别从正义与习惯国际法，国际社会与习惯国际法，习惯法规范的构成及分类、确定和演变三个角度，综合考察习惯国际法理论和实践问题，构建了比较全面且客观的习惯国际法理论体系。姜世波教授的研究，则更多地关注习惯国际法规则的动态考察，通过对西方国际法学界和国际关系学界关于确定习惯国际法的理论进行梳理，从方法论视角对国际法院确定习惯国际法的实践进行考察，分析得出习惯国际法具有高度不确定性，国际法院司法实践中适用习惯国际法主要依靠的是法律创制方法。在对国际司法判例中的习惯国际法应用进行实证考察后，邓华同样得出结论认为，国际法院在适用习惯国际法时并没有像其声称的那样严格遵循两要素方法（邓华，2020）。

国外学者对习惯国际法的研究起步很早，研究成果颇多。比较有代表性的专著是《国际法中习惯的概念》（Anthony D'Amato，1971），梳理了习惯国际法的历史，并对当时的各种习惯国际法理论作出了评价。此外，还有许多涉及或包含论述习惯国际法的章节的国际法著作，以及相关期刊论文。其研究路径和视角也更加丰富，除了经典的法哲学方法，还有学者使用法社会学、法解释学、法律经济学方法，并以自然法、实证主义、批判法学、博弈论（Jack L. Goldsmith，Richard Allen Posner，1999；Mark A. Chinen，2001；George Norman，2005；）、工具主义（Helfer，Laurence R，2016）等视角探讨习惯国际法（或国际习惯）问题，关于习惯国际法的构成、性质、效力、限制以及形成都存在过激烈的争论。一些早期研究所坚持的习惯国际法两点构成要件（国家实践和法律确信），认为习惯规则只能通过国家的一致实践演化而来，并否认国际组织在习惯法产生中的直接作用（Karol Wolfe，1964），这一传统习惯国际法观点显然已不符合现代国际法发展趋势。条约规则可以成为一般习惯法为学界普遍承认（Villiger M. E. 1997），国际法院在"北海大陆架案"中也确认了这已成为习惯国际法形成的一种途径。无论何种理论派别，实践研究都表明了习惯国际法正处于加速形成阶段（Scharf M P，2014）。在条约可以通过推动国家实践快速产生新的习惯国际法规则的情况下，国际组织在习惯国际法的形成中起着重要作用（Wood Michael，2015；Odermatt Jed，2017）。

习惯国际法构成要素的研究中存在一定争论，"法律确信"和"国家实践"两个要素的判别和权重是习惯国际法的传统理论问题（Daniel Harold Levine，2005；Lefkowitz D，2008）。在实践中，识别或确认习惯国际法也是这两个要素的举证证明过程，"两要素"理论存在的理论争议也增加了习惯国际法适用的难度。现代习惯国际法研究出现了更加重视法律确信而不再强调国家实践的"现代习惯"理论（Roberts，2001）。围绕习惯国际法的现代与传统理论产生了大量争论：其中"现代派"的支持者认为，习惯国际法的形成不是一个缓慢谨慎的过程，而是动态且迅速的（Bin Cheng，1983；Ted Stein，1985），"法律确信"独立构成了习惯国际法的来源（Charney Jonathan I，1993），而"国家实践"的概念则不够精确，缺乏程度及规律的标准（Michael Byers，1999）。有学者认为存在一些由条约创造的原则、规则和制度，由于通过条约得到许多国家普遍承认，而无须产生实在的国家实践就可以"速成"习惯国际法（郑斌，1982）。Anthony D'Amato 可以被认为是主张将条约视为创造习惯国际法的一派的倡导者。如其本人所言，"我跳到了条约直接产生习惯规则的激进立场"（Anthony D'Amato，1988），认为多边条约有时一经批准就产生了习惯国际法。这种观点的追随者随后补充了一些条约规则直接产生习惯法的条件（Gary Scott，Craig Carr，1996；1998），也引发了更多争议，这些争议在 D'Amato 与 Weisburd 的辩论中具体化为：在确定习惯国际法的内容时，应该给予条约多大的权重（Weisburd，1988）？"传统派"的学者坚持"国家实践"和"法律确信"具有同等的重要地位，有必要将志存高远的或象征性的行为（aspirational or symbolic acts）与意在立法的行为区别开来（Weisburd，2003），缺乏"国家实践"的习惯国际法规范缺乏合法性（Weisburd，1988）。此外，学界还产生了许多旨在解决习惯国际法构成要素间混乱现象的新方法理论，如根据实际情况在"国家实践"和"法律确信"两个标准之间"滑动"权衡，在有足够充分实践的情况下降低对习惯法形成中"法律确信"的要求，反之在缺乏实践的情况下强调"法律确信"的作用（Frederic Kirgis，1987）；还有学者不以两要素为出发点，借用经济学的理性行为模型，以国家重视自身国际声誉（某种程度上这使其在与他国谈判时处于更强的地位）为前提，认为习惯国际法产生于国家对于状况的判断，即国际规范是否存在，以及未遵守规范是否会损害其声誉（以及由此而来的谈判地位）（Guzman，2002）。众多新理论仍然各自存在理论或适用上的缺陷（Baker Roozbeh B，2016），也无法为传统国家实践和法律确信的不确定性提供解决办法，联合国国际法委员会（ILC）目前更倾向于认可传统的两要素说，并直接否认了条约规则无缝转化为习惯国际法的可能。在此基础上，我国学者对速成习惯国际法进行了批判性借鉴，尝试反思并回避其理论缺陷并重构有实效的替代理论（何志鹏，魏晓旭，2020）。

对习惯国际法的一些国际政治角度的看法值得注意。国际习惯法早期的发展并没有发展中国家的参与，在联合国宪章时期就制定了许多习惯法规则，但一些国家只有在 20 世纪 50 年代和 60 年代独立后才能够影响国际习惯法的制定（Mohamad，Rahmat，2016）。耶鲁法学院的 Myers McDougal 教授将传统的习惯国际法形成描述为一个"持续的诉求与回应"（continuous claim and response）的过程。考察现有习惯国际法规则和原则可以发现，新的习惯法规则出现时并非每个国家都积极地支持，然而几乎所有国家都承认习惯法规则的拘束力，这些习惯规则形成的实质似乎更接近以下过程：一些国家通过创造或模仿一种实践做法，而另一些国家直接受到（明示或默示）主张的影响，并默许前述国家的做法。最开始，模仿和默许似乎是自愿的，没有受到直接影响的国家无动于衷，然而最后却发现自己受到了新兴规则的约束（Michael P. Scharf，2014）。

（三）南极条约体系对第三方效力问题研究

这类研究集中于上述南极问题研究时期的第一阶段，之所以将其单列出来，一是因为这类研究与本研究命题高度相关，二是因为它联系了第一部分对南极问题的研究，与第二部分对习惯国际法问题研究的内容。条约对第三方效力的问题在国际法学界一直是重要议题，而《南极条约》对第三方效力问题也曾引起过小范围的讨论。现有研究主要试图援引"客观制度"理论或"对世义务"（Simma，1986；Anna，1991），希望通过证明《南极条约》的规则符合"客观制度"要件从而引起了第三方义务。其中，有学者认为根据《维也纳条约法公约》第三十八条，形成习惯国际法的条约规则，即发展为一般国际法的规则，是可以产生"对世义务"的（Charney，1996）。但也有反对的声音提出了《南极条约》在习惯国际法构成要件方面的一些瑕疵，比如《南极条约》的过渡性以及可以单方面退约的问题（Simma，Anna），《南极条约》缔约方在数量上缺乏代表性的问题，以及缺乏第三方积极实践的问题等。Anna 在结论中表示，"目前没有发展出足够广泛的实践来创造习惯。它们只能证明各国意识到，或者说正在意识到上述规则对国际社会极端重要，但并不能证明这些规则具有习惯性"。

值得注意的是，以上研究距今已有 30 年时间，而当时《南极条约》还未能完全从联合国大会的讨论中"脱身"，仍然陷于对矿产资源分配制度的争议中，《议定书》也未拟定或生效。不可否认，这些研究在当时的背景下，有着深刻的必要性，甚至有时任国际法庭的法官参与其中，可以说它们在南极条约体系的转型期起到了积极作用。问题在于，经过 30 年的发展后，南极条约体系已不可同日而语：《议定书》的生效及该体系的转型，条约体系进一步的开放伴随着新缔约方的加入，也有更多国家取得了协商地位，技术和经济的发展带来更为频繁的南极活动和第三方实践。此外，如今通过网络可以查阅到大量资料作为考察"国家实践"的要素的证据，这些环境和条件都是此前的研究所不具备的。

在南极条约体系形成习惯国际法的问题研究上，现有的研究成果的论述多集中于理论层面，采用演绎法推理证成或证伪，缺乏对国家实践的细致考察和实证分析研究，且存在一定的历史局限性，难以适应当下的环境和需要。在现有研究成果基础上，本书拟关注近年来南极条约体系的发展变化，结合对具体国家的实践的实证考察，希望回答南极条约体系规则是否可能发展形成习惯国际法，如果可能，这种过程又是如何发生的。

三、研究思路及目标

本研究的开展基于对南极条约体系规则的一个假设：南极条约体系的部分核心规则已经构成了习惯国际法或者正在成为习惯法，并且超越南极领域，开始在国际法的一般问题上显示出效力。南极条约体系发展至今，目前缔约方数量增加至 54 个。虽然单从数量上看，南极条约体系的适用范围不甚广泛，但国际社会普遍认可其在南极的稳固地位，南极条约体系的实效和影响已超出缔约方范围，非缔约方将来开展南极活动时几乎没有可能规避南极条约体系的规制。依《维也纳条约法公约》，条约对非缔约方无绝对拘束力，那么南极条约体系对非缔约方是否有实际或潜在拘束力？拘束力从何而来？是否可以说一些规则发展成了习惯国际法？又如何判明？简单来说，本书围绕一个问题展开，即南极条约体系的规则是否可能发展形成习惯国际法？如果存在这种可能，有哪些事实可以证明这一过程？

探讨南极条约体系发展出习惯国际法的可能性，实际是对南极条约体系中具体规则依识别习惯国际法的要件进行检验的问题。具体思路是：首先，阐述问题产生的背景，本书希望探讨的南极条约体系是否可能形成习惯国际法这一问题，研究条约规则的国际法效力问题，不能脱离南极条约体系的发展政治背景以及现实构成和效力的情况，因此需要对南极条约体系本身整理出一个客观全面的认识。其次，围绕习惯国际法的形成或构成要件曾有着许多争议和研究，国际法院在案件中援引、适用或确定习惯国际法规则时有许多经典论断，2018年联合国国际法委员会关于识别习惯国际法的报告驱散了一些理论迷雾，为习惯国际法的应用提供了较为明确的指导，结合以上三方面的观点，在不违背该委员会明确意见的情况下，确定如何描述条约规则形成习惯国际法的过程，并确定如何通过实证分析证明这一过程。最后，回到南极条约体系，选出需要研究的实质性规则，从条约解释的角度分析规则的内容；再根据习惯国际法的理论识别要求，以及理论研究得出的对习惯国际法形成过程的描述，实证考察南极条约体系中具体规则的国家实践情况，并尝试从南极条约体系外寻找证据，探讨这些规则是否有可能形成习惯国际法规则。

总的来讲，本研究将采取"从现实提取理论问题—通过一般理论研究得出标准或规律—回到现实适用标准解释理论问题"的思路。需要说明的是，本书无法对所有南极条约体系提出的规则进行逐一检验，篇幅所限也不能在本书完成这一工作。本书的研究目的只是证明存在这样一种可能：南极条约体系中的规则脱离条约效力范围，转化为习惯国际法规则从而对所有国家具有约束力。这种转化过程没有违背权威理论的要求，也能够在现实中获得支持性的证据。

第一章 南极条约体系的形成、发展与国际法效力

第一节 南极概况与领土争端

一、南极的自然地理环境及人类活动

南极洲是地球上最后一个被人类发现的区域，因此也被称为"第七大陆"。中文字面上，南极就是地球的最南端。南极是地球自转中轴的最南端，它通常表示地理上的南极区域，有一个固定的位置。地理上的南极是指南纬66.5度（南极圈）以南的地区。从国际法角度来看，南极是指《南极条约》规定的南纬60度以南的区域，包括大陆、冰架及其附属海域，总面积占地球表面的近十分之一，约6500万平方公里。[1]广义的南极区域则包括南极辐合带以南的全部冰架、大陆、岛屿和海域。南极是所有大陆中海拔最高、风力最强且最为干燥和寒冷的地方。由于南极陆地上覆盖的高耸冰盖，这片大陆平均海拔接近1700米。南极洲被称为"白色沙漠"，尽管它的冰盖含有世界上75%的淡水，但当地的降雨量比撒哈拉沙漠还要少。地球上有记录的最低温度，零下89.2℃是于1983年在南极东部内陆的沃斯托克研究站测量到的。[2]从环境上讲，它是一个几乎原始的冰封荒野，没有永久居住的人类。在只占整个大陆面积2%的

---

〔1〕 周定国："国人在南极称谓上的误区"，载《海洋世界》1995年第12期。

〔2〕 Joyner C C, *Governing the Frozen Commons*：*The Antarctic Regime and Environmental Protection*，Columbia：University of South Carolina Press，1998，p. 2.

无冰层土地上，顽强的动物和植物有了一小块立足之地。[1]从国际法和国际政治的角度来看，南极洲称得上是国际区域治理中最具独特性的实验台。

从18世纪中期开始到19世纪末期，俄国、英国、法国、挪威、美国的许多探险家以帆船为主要交通工具，先后对南极多个区域和海域进行发现、探索与测绘，历史称这一时期为帆船时代。早期的南极探索伴随着工业革命及资本扩张的需要，主要目的在于发现新大陆并获取资源和财富，而南大洋海域丰富的鲸类和海豹资源可以为工业领域提供大量天然油脂。虽然探险家发现了南极，但严酷的气候和与世隔绝的地理环境限制了人类更进一步的活动。直到近百年得益于技术水平的进步，人类开始逐步进入南极大陆。20世纪初期到第一次世界大战前的十几年间，人类抵达了南磁极和南极点。历史上狗拉雪橇一直被用作运输食物、其他供应物资和科研样品的重要工具。随着时间的推移，人类开始使用小型飞机、拖拉机和雪车，以提高穿越作业的范围和效率，人类认识南极历程经历了英雄时代与机械化时代。早期的探索和勘测为新的研究打下基础，各国相继建立了科学考察站，到了20世纪中叶，澳大利亚在南极建立了首个永久性考察站。众多科学家涌向南极，在南极开展多学科的科学研究，人类南极活动迎来了科学考察时代。

南极属于世界的敏感地区，有脆弱的生态系统，并有着丰富的海洋资源和可能的矿产资源。南极独特的保存完好的原始生态对人类认识地球环境和气候演变有重要的研究价值；南极鸟类、海豹、鲸、鱼类和磷虾等生物资源，是地球生态系统中极为重要的一环；南极与调节整个地球系统的物理、化学和生物过程有着密切的联系，科学研究促进了人类对南极的认知。除了无可替代的科研价值，南极还蕴藏着丰富的海洋生物资源、矿产和油气资源、淡水资源以及特种微生物资源。人类的生存与发展依赖对自然资源的获取，技术和经济的发展提高了人类开发利用各种南极资源的能力，全球人口的增长与资源的耗竭也加剧了这一需求。南极对于国际和平与安全、世界的经济、环境、气象、电信等来说有着

---

〔1〕 参见英国南极局网站，网址为 https://www.bas.ac.uk/。

十分重大的意义，使人类认识南极的活动过程中充斥着各国的竞争。

二、南极圈地运动引发国际纷争

随着人类在南极活动能力的提升及活动范围的扩大，在 1908 年至 1947 年进行《南极条约》谈判之前，有七个国家根据"扇形法则"〔1〕和先占原则，对南极提出领土主权要求，总面积占南极大陆的 83%。其中英国、阿根廷和智利主张的领土部分重叠，国际纠纷的阴霾笼罩了这块原本平静的冰封之地。

（一）从探险到圈地——七国的南极领土声索

1908 年英国第一个提出单方面主张，其主张范围位于南纬 60 度以南，西经 20 度和西经 80 度之间的扇形区域，扩展至南极极点。该领地包含南极半岛，南设得兰群岛、南奥克尼群岛、威德尔海地龙尼冰架以及南极中心大陆的其他部分。〔2〕

1923 年英国政府颁发"枢密令"（An Order of Council），委托新西兰总督宣布对南纬 60 度以南，东经 160 度至 150 度之间范围内的土地和岛屿拥有主权，并命名为"罗斯属地"（Ross Dependency）。罗斯属地包括大陆架和冰架，总面积约为 77 万平方千米。〔3〕新西兰总督代行英国王权治下区域的管理，英国把罗斯属地的行政管理权移交给了新西兰总督。〔4〕

英国最早提出依据扇形理论瓜分南极后，法国表示赞成。1924 年法国宣布对南纬 67 度以南的阿德利地（Terre-Adélie）拥有主权，这块地区位于东经 136 度至 142 度之间，切断了澳大利亚所主张的扇形区域，面积

---

〔1〕 "扇形法则"，英国于 1908 年提出，即以南极的极点为顶点、以两条相关的经线为两个腰、以纬线为底所形成的扇形范围归邻接南极的国家所有，法国、澳大利亚、新西兰等国表示赞成；阿根廷、巴西、智利等美洲国家主张先占原则，即把南极视为无主土地，无论什么地方，哪个国家先占即为其所有。

〔2〕 参见英国政府网站关于南极主张的介绍。

〔3〕 中国极地研究中心颜其德、朱建钢主编：《南极洲领土主权与资源权属问题研究》，上海科学技术出版社 2009 年版，第 114 页。

〔4〕 参见新西兰立法网站，网址为 http://www.legislation.govt.nz/regulation/imperial/1923/0974/latest/DLM1195.Html。

43.2 万平方千米。[1]1938 年，法国又重申此要求，将这块地域延伸到极点和南纬 60 度，并与英国、澳大利亚、新西兰、挪威相互承认了个各自在南极洲的领土主权。

澳大利亚对南极领土的主权要求同样承袭于英国。英国在 1933 年 2 月颁发"枢密令"，宣布上述范围内的土地为澳大利亚英联邦所有，将上述区域的领土主权权利转让给澳大利亚。澳大利亚政府议会在同年的 6 月通过了《澳大利亚南极国土接收法》（Australian Antarctic Territory Acceptance Act 1933），正式确认了这些权利。1936 年，澳大利亚政府发表声明，宣布对"澳大利亚南极领地"的管理正式生效。澳大利亚宣称对位于南纬 60 度以南，东经 45 度至 136 度之间，以及东经 142 度至 160 度之间的南极大陆与岸外岛屿享有主权。这个范围的地区被命名为"澳大利亚南极领地"（Australian Antarctic Territory，AAT），面积为 590 万平方千米，占南极大陆面积的 42 % 左右。

1927 年至 1938 年，挪威探险队一直在对南极的岛屿和陆地进行测绘。1938 年 12 月，挪威探险队注意到德国在现今的毛德皇后地附近有所行动，为了领先德国一步，在外交部的建议下，挪威 1939 年 1 月通过了一项皇家法令，宣布对毛德皇后地的主权。由外交部部长撰写的建议报告中采取了如下措辞，"……位于这个海滩前面的陆地和向内的海洋被纳入挪威"，[2]该措辞是经过深思熟虑的，强调其极地政策在南极与北极的主张是基于同样的原则，而在南极的主张并非扇形。[3]从 20 世纪初期开始，挪威一直反对其他几个南北极主张国提出的"扇形原则"，这是挪威极地政策的重要组成部分。挪威所主张的毛德皇后地为西经 20 度至东经 45 度之间的范围，南部和大陆向海一侧的边界在早期并未清晰划定。[4]

---

〔1〕 法属南部和南极领地，TAAF，载 https://taaf.fr/collectivites/presentation-des-territories/laterreadelie/，最后访问时间：2021 年 2 月 1 日。

〔2〕 原文为："… det landet som ligg innafor denne stranda og det havet som ligg innåt，blir dregen inn under norsk statsvelde."

〔3〕 原文为："Med denne formuleringa understreka Norge at vår polarpolitikk bygde på dei same prinsippa i nord og sør，ved å markere at det norske kravet i Antarktis ikkje utgjorde ein sektor."

〔4〕 "南极洲的挪威城镇名称"，载 http://www.npolar.no/nyhet/norske-stadnamn-i-antarktis/，最后访问时间：2022 年 2 月 3 日。

在智利与阿根廷独立前，西班牙殖民者就对其已发现或发现中的"从北极到南极"一线以西的所有领土提出了主权要求，体现在1494年西班牙与葡萄牙的《托尔德西利亚斯条约》（Treaty of Tordesillas）中，当时的教皇通过划定一条延伸到南极的线来决定殖民地归属。阿根廷与智利继承了西班牙殖民者的领土，自19世纪初独立以来一直认为它们的领土延伸到南极。在20世纪欧洲帝国主义争夺南极的过程中，智利和阿根廷认识到有必要以新的发现和有效占领方式提出对南极领土的所有权。[1] 1940年第二次世界大战之际，智利正式对南极提出了主权要求。智利外交部第1747号法令称，"智利南极或智利南极领土是所有的土地，岛屿，小岛，珊瑚礁，冰川（包冰）等，已知或尚未被发现的，以及各自的领海"，具体为西经53度至90度的南极地区。

阿根廷是距离南极最近的国家之一，于20世纪初加入南极探险活动的队列中。1904年，阿根廷接收了英国人在南极奥克尼群岛中的劳瑞岛所建的气象站，并举行了升旗仪式，[2]这标志着阿根廷正式在南极地区开展活动。1927年，阿根廷在南奥克尼群岛建成了南极洲的第一个无线电报站，同年阿根廷邮电总局向万国邮政联盟国际局通报了其对南极以及南大西洋其他岛屿的要求情况。1942年，阿根廷政府根据扇形理论，正式宣布了对西经25度至74度之间，南纬60度以南的南极领土主张，称之为"阿根廷南极属地"。[3]但在此之前智利、英国就早已经对南极半岛为核心的地区提出了主权要求，因此，在最初的南极领土主张中，阿根廷在对南极领土分割的扇形图中就与英国、智利有交叠。[4]

（二）"冷战"及军备竞赛蔓延至南极

虽然美国探险家发现并测绘了大部分的南极陆地，[5]但在当时南极

---

〔1〕　Dodds K J, "Sovereignty Watch: Claimant States, Resources, and Territory in Contemporary Antarctica", *Polar Record*, 2011, 47（3）, pp. 231-243.

〔2〕　"阿根廷南极日"，载http://www.ign.gob.ar/node/1303，最后访问时间：2022年2月3日。

〔3〕　Beck P J, *The International Politics of Antarctica（Routledge Revivals）*, Croom Helm, 1986, p. 119.

〔4〕　郭培清："阿根廷、智利与南极洲"，载《海洋世界》2007年第6期。

〔5〕　[美]德博拉·沙普利：《第七大陆——资源时代的南极洲》，张辉旭等译，中国环境科学出版社1990年版，第20页。

领土的经济价值并不明显，美国政府又坚持"有效占领原则"，[1]因此未效仿他国提出南极领土要求。苏联作为最早参与南极探险活动的国家之一，也未对南极宣布主权，但这并不意味着二者对南极领土不感兴趣。

"二战"后，美国认真考虑了南极的军事及战略价值。在1946年，美国在南极进行了高空跳伞行动，这是美国派往南极洲的最大一支军事远征军，由13艘船，4700名人员和众多空中设备组成。目标是在极端寒冷的条件下训练军事人员并测试材料，在南极为战争进行准备。[2]

1947年后，英国、智利、阿根廷就南极领土要求交叉部分的争端日趋白热化。阿根廷于1948年向南极派遣了一支由8艘军舰组成的舰队，使其与英国和智利的关系高度紧张，但三方于次年签署了一份海军宣言，[3]承诺不向南纬60度以南派遣军舰。但是1952年2月，阿根廷军方在南极希望湾向英国人发射了警告枪，对英国测量船的登陆队进行驱离，英国随即派出护卫舰前往现场。海军宣言只能勉强抑制三方的实质性武装冲突。1955年5月，英国分别在国际法院对阿根廷和智利提起两项诉讼，宣布两国对南极和次南极地区主权的主张无效。智利政府于同年7月否认了该案的国际法院管辖权，阿根廷政府也于同年8月拒绝了国际法院的管辖，国际法院次年将案件作为"有争议的案件"进行存档。[4]

苏联于1949年提出本国在南极地区存在利益，并于两年后声明称：除非苏联参与其中，将拒绝承认任何南极版图解决方式。1954年美国国家安全委员会NSC-5424号文件强调，"南极可能具有目前尚不能确定的潜

---

〔1〕"有效占领原则"要求土地占有国必须对宣布占领的土地派出公民或军队进行有效管理，仅口头或书面宣布主权是无效的。美国国务院认为，探险家们的发现无法作为美国在南极要求主权的充分依据。1924年美国政府发表的关于南极的第一个政策性声明表示："……国务院不打算对这个地区提出领土主权要求。"

〔2〕Benninghoff W S, "Antarctic Treaty System: An Assessment - Proceedings of a Workshop Held at Beardmore South Field Camp", *Arctic and Alpine Research*, 1985 (17), p. 257.

〔3〕Marjorie M. Whiteman, "Tripartite Naval Declaration", *Digest of International Law*, 1963 (2), p. 1238.

〔4〕International Court of Justice: "Contentious Cases", 载 https://www.icj-cij.org/en/contentious-cases, 最后访问时间：2021年8月10日。

在价值,随着知识的积累和新技术的发展它的重要性必将大大增加"。[1]
1952 年至 1957 年,美国政府先后成立了两个专门机构执行南极事务,此
阶段美国的目标是"确保南极洲的控制权掌握在美国与其盟国手中"。[2]

从 1955 年起,苏联频繁地向南极洲运送大量物资设备,并宣布打算
在考察中使用核潜艇与核动力破冰船,拟在南极洲用核能发射卫星。不
仅如此,在强化自身南极存在的同时,苏联希望通过协助建站的方式把
华约国家引入南极。[3]这一势头引起了各国恐慌,美国担心苏联获得南
极事务的主导权,在南极洲活动的国家也担心美苏"冷战"的竞争可能
会蔓延到那里,特别是南极洲可能会被用作洲际弹道导弹的发射场。这
反映在 1957 年澳大利亚外交部部长理查德·凯西在堪培拉对加拿大高级
专员的评论中,他直言:"我们不希望俄罗斯人在南极安装装置,从那里
他们可以向墨尔本或悉尼投掷导弹。"[4]此外,南极广阔的开放空间似
乎是进行核试验的理想场所,而美国或苏联的军事演习和部队部署将会
是有用的宣传,并展示他们将军事影响投射到"边境地区"或遥远的、
环境恶劣的空间的能力。[5]澳大利亚认为南大洋的苏联海军对其国家安
全构成了威胁,甚至催促美国划定自己的势力范围以牵制苏联。

事实上,早在 1948 年,美国就曾提议对南极成立一个由阿根廷、澳
大利亚、智利、法国、美国、英国和新西兰进行共同管理的信托机构,
并由联合国进行监督,由此将苏联排除在南极之外,但这一想法遭到了
主张国的拒绝。作为回应,智利提出了一个计划,根据智利法学家埃斯
库德罗(Julio Escudero Guzmán)提出的南极中立化思想,建议在 5 年至

---

〔1〕　陈玉刚、琴倩等编著:《南极:地缘政治与国家权益》,时事出版社 2017 年版,第 15 页。

〔2〕　The Department of State:"United States Policy With Regard to Antarctica", *Foreign Relations of the United States 1952-1954*, Vol. I(Part 2),pp. 1737-1739.

〔3〕　Boczek B. A,"The Soviet Union and the Antarctic Regime", *The American Journal of International Law*,1984,78(4),pp. 834-858.

〔4〕　Elizabeth Nyman:"Contemporary Security Concerns", *Handbook on the Politics of Antarctica*, Klaus J Dodds,Alan D. Hemmings,Peter Roberts(eds.),Edward Elgar Publishing,2017,p. 572.

〔5〕　Elizabeth Nyman:"Contemporary Security Concerns", *Handbook on the Politics of Antarctica*, Klaus J Dodds,Alan D. Hemmings,Peter Roberts(eds.),Edward Elgar Publishing,2017,pp. 572-573.

10 年内暂停任何南极主张，[1] 同时谈判最终解决方案，但这一计划未能成功。随着主张国的南极领土争端的升级与"冷战"期间的美苏军备竞赛，南极面临着前所未有的军事对抗的威胁，各国不得不开始考虑如何避免南极走向糟糕的未来。

三、《南极条约》的谈判与签订

（一）作为契机的国际地球物理年

20 世纪 50 年代中期，一些科学家说服联合国开展一项科学交流合作活动，以促进科学领域的合作。为此，联合国国际科学联合理事会（International Council for Science，ICSU）将 1957 年 7 月 1 日至 1958 年 12 月 31 日定为"国际地球物理年"（International Geography Year，IGY）。1957 年在斯德哥尔摩举行的 ICSU 会议上，批准成立了南极研究特别委员会（Special Committee for Antarctic Research），邀请进行南极研究的 12 个国家派代表参加该委员会，以交换科学知识。以为期 18 个月的 IGY 为契机，来自 12 个国家的科学家在南极共同工作，内容涉及南极科学研究的多个领域。阿根廷和智利表示，在国际地球物理年期间进行的研究不会给参与者以任何领土权利，该年所建立的设施应在该年底拆除。在美国提议将南极调查再延长一年之后，1958 年 2 月，苏联报告说它将保留其科学设施，直到完成研究。项目结束时，各国一致认为 IGY 是成功的，科学家们强烈要求政治和法律分歧不应干扰科学研究计划。在这一象征性事件的势头下，为延续友好合作的氛围，[2] 美国邀请国际地球物理年期间活跃的十二个国家召开预备性协商会议，以签署一项条约。

主流观点认为，是 IGY 为《南极条约》的谈判铺平了道路，但近年来出现一些不同视角的解释，例如，有学者认为，IGY 可能并没有激发或启动最终导致《南极条约》的外交进程，一定程度上它是这一进程的

---

〔1〕 刘明："1940—1982 年智利的南极政策探究"，载《西南科技大学学报（哲学社会科学版）》2013 年第 2 期。

〔2〕 1959 年《南极条约》第二条：有如在国际物理年中所实行的那样，在南极洲进行科学调查的自由，和以此为目的而实行的合作，均应继续……

回应。[1]或有学者将《南极条约》视为美国帝国主义政治运作的产物，认为美国利用多边条约和机构广泛传播其政策偏好。[2]很少有人否认，几十年来，美国在南极事务中扮演了重要角色，是《南极条约》缔结的推动力，是现有南极法律和制度的主要设计者。美国参与南极洲的法律基础源于 1959 年《南极条约》，该条约最初由美国呼吁并在很大程度上强迫其他国家妥协而达成。[3]

（二）《南极条约》的签署与主要内容

1958 年 6 月至 1959 年 12 月期间，12 个国家前后共举行了 60 余次会议，确定了基本的谈判框架，并就条约的初步草案达成共识，最终于 1959 年在华盛顿拟定了《南极条约》。谈判该条约时，美国和苏联之间的"冷战"斗争定义了地缘政治环境；对南极洲领土要求重叠的国家之间也存在着非常现实的冲突可能性，达成协议的障碍在于两个超级大国和有主权争议的国家间的利益协调。谈判最终达成的妥协是对一个棘手的问题的新颖解决方案：包括所有主张国和两个超级大国在内的国家都暂停了对南极洲的主权要求，并同意共同努力，以期合作实现超越纯粹单一国家的目标。12 个原始缔约方同意让南极免于冲突、非军事化，并作为一个国际科学实验室保留下来。《南极条约》是各国相互竞争制约的结果，在形势严峻的"冷战"时期，矛盾突出的南极能够得以远离战争、实现中立和平，并建立起相对稳定、受到认可的南极秩序，实在难能可贵。如条约前言所说，《南极条约》致力于南极的和平稳定和科学研究，防止各国纷争，是缔约各国乃至全人类的共同利益所在。

《南极条约》为南极地区初步建立了国际法秩序，其条文可以归纳为以下四个主题：和平、科学合作、主权冻结以及联合决策、互相监督的机制。根据《南极条约》，包括冰架在内的南纬 60 度以南地区，应仅用

---

〔1〕 Bulkeley R,"The Political Origins of the Antarctic Treaty",*Polar Record*,2010,46（236），pp. 9–11.

〔2〕 Klaus J Dodds, "Sovereignty Watch: Claimant States, Resources, and Territory in Contemporary Antarctica", *Polar Record*, 2011, 47（3），pp. 231–243.

〔3〕 Christopher C. Joyner, *Eagle Over the Ice: the U.S. in the Antarctic*, Hanover, NH: University Press of New England, 1997.

于和平目的，禁止在条约区域开展任何军事性质的活动，禁止一切核爆炸和核废料处理（第一条、第五条）；鼓励缔约方在遵守条约的情况下进行南极科学考察和研究的国际合作（第二条、第三条）；未承认也未否认七个国家的主权主张，通过维持现状的方式及技术性措辞中止了相关争议（第四条）；规定了缔约方的可依照条约互相视察南极的设施，以监督条约的遵守情况（第七条）；建立了南极条约协商会议（ATCM）制度，作为缔约方交流信息并制定和审议进一步措施的平台（第九条）。

从促进南极地区和平与避免国际争端的角度看，《南极条约》无疑是成功的，且为后续的南极国际法规则的制定与实施提供了大部分基础性原则和运作框架。但是对最突出矛盾的选择性冷处理，导致南极洲法律地位问题依然悬而未决；比起条约前言中所说的"人类共同利益"，原始缔约方显然更看重自身的既得利益，而倾向于结成小规模集团；加上没有明确规定环境保护等重要内容的条款，这些因素为后来《南极条约》受到批评与考验埋下了伏笔。

1. 《南极条约》第四条的故意模糊没有解决主权问题

在 20 世纪 50 年代末进行的《南极条约》谈判中，提出领土主张的国家不愿意放弃其声称的领土主权权利（除新西兰外[1]），但是各国在决心确保非军事化、无核化和科学合作方面找到了共同利益。主张国和非主张国互不相容的观点因《南极条约》第四条（见图 1-1）而达成妥协，第四条采用了"双焦点主义"的谈判策略，表明同一条款对不同的人蕴含不同含义，从而能被所有人接受，是一种故意制造的模糊规定。[2]

---

〔1〕 新西兰曾考虑过撤销其提出的领土要求。参见 Gillian Triggs, "The Antarctic Treaty System: A Model of Legal Creativity and Cooperation", *Science Diplomacy: Antarctica, Science, and the Governance of International Spaces*, edited by Paul Arthur Berkman, Michael A Lang, David W H Walton, Oran R. Young, Smithsonian Institution Scholarly Press, 2011, p. 41。

〔2〕 Marcus Haward, N Cooper, "Australian Interests, Bifocalism, Bipartisanship, and the Antarctic Treaty System", *Polar Record*, 2014, 50 (1), pp. 60-71.

ARTICLE IV

1.　　Nothing contained in the present Treaty shall be interpreted as:

(a)　a renunciation by any Contracting Party of previously asserted rights of or claims to territorial sovereignty in Antarctica;

(b)　a renunciation or diminution by any Contracting Party of any basis of claim to territorial sovereignty in Antarctica which it may have whether as a result of its activities or those of its nationals in Antarctica, or otherwise;

(c)　prejudicing the position of any Contracting Party as regards its recognition or non-recognition of any other State's right of or claim or basis of claim to territorial sovereignty in Antarctica.

2.　　No acts or activities taking place while the present Treaty is in force shall constitute a basis for asserting, supporting or denying a claim to territorial sovereignty in Antarctica or create any rights of sovereignty in Antarctica. No new claim, or enlargement of an existing claim, to territorial sovereignty in Antarctica shall be asserted while the present Treaty is in force.

图 1-1　《南极条约》第四条

　　基于这一特殊策略提出的"主权冻结"淡化了南极领土主权争端，主张国、保留主张国以及非主张国的不同立场都得以留存，可以认为正是第四条的模糊性支撑了《南极条约》的稳定，各方均可以从自身利益出发，有权以任何方式解释条约的条款和意图，作出对自己有利的解释，但其行为根据第四条不能成为支持其立场的证据，从而不会产生实质争端或损害整个条约。

　　第四条可以被认为是《南极条约》的"关键"，如果没有这一条款，"其他的一切都会在众所周知的情况下崩溃"。[1]这在当时是十分明智的，参与起草的专家并没有执着于立刻解决政治争端，而是旨在建立一个制度来管理这些问题，并促进各方之间的持续合作。这一条有效地确保了各缔约方之间不会因为领土主权问题发生冲突。但有学者指出，第四条"掩盖了而不是解决了潜在的紧张关系和矛盾"，并将第四条的功能描述

---

〔1〕　Klaus J Dodds, *The Antarctic: A Very Short Introduction*, Oxford University Press, 2012, p. 64.

为"政治麻醉剂"。[1]

未能解决的南极的领土主权问题可以分为两个部分。其一，论其存在本身，七个国家的领土主张面临着道德上和国际法上的质疑。如果从后殖民主义的角度来审视南极的主权声索及《南极条约》，如本章第一节所述追溯其历史，是否可以认为，20世纪初期各国对南极领土的宣称占有是一种殖民主义行为，而《南极条约》则在某种程度上是殖民主义的延续？另外，对于一块没有固定人口、无法永久定居的冰封"废土"，而七个国家仅仅宣称了对领土的占有或者说"先占"，国际法能支持通过这种象征性的主权主张来获得领土吗？其二，虽然在《南极条约》生效期间，领土主张无法实现，但第四条也起到了维持领土主张存在的作用。主张国对南极始终抱持着潜在的主权意识，一方面可能通过单方面行为强化其主权存在（尽管由于第四条存在而不会获得认可或实际效果），另一方面也可能在《南极条约》所确立的南极制度中寻求能够实现的主权权利。固守主权以及这些行为的累积，是否能够形成足以危及《南极条约》的质变？抑或成为南极制度发展过程中的隐患？

2. 缺乏环境保护规则的问题

1988年，"南极洲与全球大气、气候、海洋和地质进程的相关性得到承认"。[2]这种新的生态认知很大程度上要归功于非政府环保组织的行动，如绿色和平组织（Greenpeace）和南极与南大洋联盟（Antarctic and Southern Oceans Coalition）。人类活动导致的环境灾难也提高了这种意识，[3]保护环境和生态成为世界各国普遍关注的事项。

《南极条约》的主要目标是确保和平利用南极和在该地区进行科学调查的自由，没有明文规定环境及生态保护目标。条款内容只包括对核爆炸及处置放射性废料的禁令（如果把这款视作环境保护内容的话），以及

---

[1] Klaus J Dodds, *Post-colonial Antarctica*: *An Emerging Engagement*, Cambridge University Press, 2006, p. 59.

[2] Peter J Beck, "Antarctica at the United Nations 1988: Seeking a Bridge of Understanding", *Polar Record*, 1989, Vol. 25, p. 329.

[3] 特别是北冰洋的埃克森·瓦尔迪兹石油泄漏事件，见联合国文件：A/C. 1/44/42。

在规定协商会议制度时附带提到了采取措施保护和养护生物资源的可能性。[1]虽然从 1961 年条约生效之后的协商会工作内容来看，环境保护及资源养护已成为其主要议题，但缺乏明确的环境保护目标、具体的条约规则和有效执行机制，使得缔约方环境保护工作的效果并不明显。例如，1988 年法国试图在南极杜蒙维尔地区修建简易机场，但修建计划中包括毁坏一部分筑巢企鹅的栖息地，最终法国因绿色和平组织的抗议不得不放弃了施工。[2]巴伊亚帕拉伊索（Bahia Paraiso）漏油事件是另一个例子：1989 年载有 130 名游客和 810 吨柴油的阿根廷船舶在前往阿根廷帕尔默科考站的途中沉没，导致南极海域发生约 510 吨的柴油泄漏。[3]但是，阿根廷起初没有采取任何行动清除石油，并未试图淡化漏油的范围和严重程度，直到视觉材料由媒体传播，在他国科学家的一再呼吁下才引起人们对灾难性后果的重视。[4]最早清理活动是由美国科学基地帕尔默站的人员进行的，而且因为阿根廷想要打捞宝贵的设备，甚至导致了双方的对抗。[5]由于该事件中阿根廷的态度，以及其他类似事件，导致条约所建立的南极制度在环境保护话题中风评不佳，国际社会认为《南极条约》缔约方在实践中表明国家利益高于共同的环境利益，质疑现有制度的有效性是否能够承担南极环境保护的重任。

3. 决策机制的封闭性问题

根据《南极条约》第九条第二款，《南极条约》协商方的地位只保留给（a）12 个原始缔约方及（b）在南极洲进行实质性科学研究的缔约

---

〔1〕《南极条约》第五条及第九条第一款（f）。

〔2〕 Francis M. Auburn，"Aspects of the Antarctic Treaty System"，*Archiv Des Völkerrechts*，1988，26（2），pp. 203-215. 另见"建立南极世界公园"，载 https://www. greenpeace. org/usa/victories/creating-the-world-park-antarctica/，最后访问时间：2021 年 2 月 14 日。

〔3〕 Cedre："Bahia Paraiso"，载 http://wwz. cedre. fr/en/Resources/Spills/Spills/Bahia-Paraiso，最后访问时间：2021 年 8 月 11 日。

〔4〕 John Noble Wilford："U. S. and Argentina Beginning Cleanup of Antarctic Oil Spill"，载 https://www. nytimes. com/1989/02/07/world/us-and-argentina-beginning-cleanup-of-antarctic-oil-spill. html，最后访问时间：2021 年 5 月 10 日。

〔5〕 R. Lefeber，"The Exercise of Jurisdiction in the Antarctic Region and the Changing Structure of International Law：The International Community and Common Interests"，*Netherlans Yearbook of International Law*，1990，Vol. 21，p. 107.

方。该程序并没有建立客观标准，而是由协商方在 ATCM 上协商一致决定判断一个国家是否符合第二项要求。1989 年，厄瓜多尔和荷兰对协商席位的申请被拒绝，从协商方的决议表述看来，这两个国家的研究方案不符合实质性科学研究的条件。但根据荷兰外交部发言人的说法，与荷兰的研究方案相比，厄瓜多尔的研究方案"据说非常糟糕"，因此美国投票反对厄瓜多尔的申请，而与厄瓜多尔同属拉丁美洲阵营的智利随即决定，相对地给另一个西方国家荷兰的申请投出反对票。在被拒绝给予协商地位后，厄瓜多尔于 1990 年在智利协助下建立了一个季节站，[1] 而荷兰则组织了一次独立的考察，二者在当年 11 月都获得了协商地位。由于"实质性科学研究"一词含混不清，无法客观地评估研究方案是否符合《南极条约》规定的条件，[2] 协商地位的认定容易被政治目的滥用。

协商地位人为设置了缔约方之间的差别待遇，虽然联合国的任何会员国都可以加入《南极条约》，但只有对南极洲表现出重大兴趣的国家才能成为协商成员。此外，协商方完全掌握了决定审核协商席位申请的权利，这一进程与国际舞台上决策民主化的趋势背道而驰。没有协商地位的缔约方无法参与协商会议的决策，这让一些非缔约方对加入条约抱有疑虑。许多国家指出，《南极条约》系统中协商缔约方的特殊地位是它们不愿意加入《南极条约》的主要原因。[3] 对协商席位的限制性准入规定，体现了在最初缔结条约时原始缔约方抱有的"狭隘的功能主义"目的。[4] 南极没有完全国际化，而是变成了比之前大一些的小团体，供那些有能力斥资进行科学研究的国家使用。这种关键决策机制的封闭性与排他性在后来备受非议，国际社会也因此认为《南极条约》的合法性有所欠缺。

---

〔1〕 Pedro Vicente Maldonado Station，1990 年建成时容量为 22 人，2012 年扩建后可容纳 32 人。

〔2〕 一说认为，"实质性科学研究"标准等于在南极建立科学考察设施。事实上，荷兰直到 2013 年才建立第一个季节站，在此前都没有计划在南极建立永久基地，而是与其他国家合作进行科学考察。因此，建立考察站不是一贯地获得协商地位的必要条件，具有建立科学工作站或派遣科学考察队的能力，就有可能被认定为具备"实质性科学研究"。

〔3〕 R. Lefeber, "The Exercise of Jurisdiction in the Antarctic Region and the Changing Structure of International Law: The International Community and Common Interests", *Netherlans Yearbook of International Law*, 1990, Vol. 21, p. 107.

〔4〕 A. E Boyle, "From Sovereignty to Common Heritage: International Law for Antarctic", *Texas International Law Journal*, 1990, Vol. 25 (2), p. 309.

第二节 南极条约体系的发展过程

一、从《南极条约》到 CRAMRA[1]

《南极条约》签订后，各成员方在南极的合作进入了一个较为平稳的发展时期。科学研究得到了保障，科研成果快速积累，带动了极地活动技术水平的提高。到 1982 年前，有 11 个国家成了新的缔约方。《南极条约》为成员方开展更加深入的南极资源活动提供了平台，ATCM 成员方在《南极条约》的基础上，不断制定新的制度规范，初步形成了南极条约体系。

1972 年 6 月，协商会议通过了《南极海豹养护公约》（CCAS），该公约的目的是防止 19 世纪对南极海豹捕杀的重演，完全禁止了商业目的的捕捉，并限制捕捉的季节、地点、品种，要求缔约方对各自从事海豹捕获工作的船只通过特别许可证的方式进行管理，且对每年的捕获数量和种类负有报告义务。各国通过规范化的方式对海豹进行保护，曾因获取毛皮和油脂被无情猎杀的海豹物种不再濒危。[2]随后协商方在《保护野生动物迁徙物种公约》项下制定了新的保护海鸟的协议《关于保护信天翁和海燕的协定》；[3]南极海域面临所有渔业管理所面临的同样问题：非法、无管制和未报告的捕捞活动。[4]1980 年 5 月通过《南极海洋生物资源养护公约》（CCAMLR），1982 年根据该公约成立了南极海洋生物资源养护委员会，是负责南极海洋生物资源养护的政府间国际组织。南极海洋生物资源养护委员会组织协商了一系列措施，采用"生态系统方法"

---

[1] 《南极矿产资源活动管理公约》（CRAMRA）。

[2] J. Jabour, "Successful conservation-then what? The de-listing of Arctocephalus fur species in Antarctica", *Journal of International Wildlife Law and Policy*, 2008, Vol. 11 (1), pp. 1-29.

[3] 《关于保护信天翁和海燕的协定》（2001 年 6 月 19 日，堪培拉），这项协议是在《保护野生动物迁徙物种公约》（1979 年 6 月 23 日，波恩）的范围内通过的。

[4] 非法的（illegal）、未报告的（unreported）和不受管制的（unregulated）捕捞活动，简称 IUU 捕捞。

"风险预防原则"〔1〕使一些地区的 IUU 捕捞量实际减少（也可能是因为目标鱼类在经济上已经不可持续）；并通过管理措施减少了对海鸟的误捕，特别是信天翁和海燕。〔2〕CCAS 和 CCAMLR 是独立的协议，但它们承诺其成员遵守《南极条约》的基本条款，尤其是涉及领土声索法律地位的第四条。《南极条约》及其协商会议在这一阶段展现了高效的国际造法能力，以上这些新增文书并未引起明显的国际反对意见。

20 世纪 70 年代，随着地质学研究，南极陆地和大陆架上可开采矿藏的可能性获得了实质性的数据证明。南极洲的这一经济发现与世界矿物资源的国际地位的重要变化同时发生，非殖民化运动浪潮后，逐渐独立并登上国际政治舞台的第三世界国家表现出对国际经济新秩序的强烈需求。1979 年《关于各国在月球和其他天体上活动的协定》（以下简称《月球协定》）和 1982 年 UNCLOS 的通过，展现了对主权管辖范围外的资源，以人类共同继承财产原则为基础进行国际管理的未来，这顺应了第三世界国家对建立国际经济新秩序的大背景。当世界其他国家发现《南极条约》缔约方正在谈判建立一个法律制度来管理南极矿产资源开采。在马来西亚的领导下，被排除在外的国家将《南极条约》、新约的谈判进程以及缔约方贴上了精英主义、神秘、过时的俱乐部等标签。〔3〕

从 1982 年关于南极矿产资源新制度的谈判启动开始，资源问题的讨论热潮一度成为整个国际社会南极政治问题的核心，甚至有动摇《南极条约》第四条所冻结的领土主张的势头。《南极动植物保护协定》和 CCAS 的谈判中，各国没有明显的利益分歧，且只有少数国家存在南大洋捕捞的产业，CCAMLR 的目的也主要在于管制 IUU 捕捞，符合各参与国的整体利益，以及世界范围对海洋资源养护的关切。在存在共同利益的

---

〔1〕 CCAMLR 采用的"生态系统方法"则指考虑构成南极海洋生态系统的不同生物之间微妙与综合的关系及其物理进程包括海洋、陆地与空气空间；采用的"风险预防方法"是指"CCAMLR 收集所有可能的数据，并在决定采取相关管理措施前衡量上述数据的不确定性与缺口（如不足）的范围与效果"。参见陈力："南极海洋保护区的国际法依据辨析"，载《复旦学报（社会科学版）》2016 年第 2 期。

〔2〕 CCAMLR Commission：*XXV Final Report*，2006，paras. 16，23.

〔3〕 B. A. Hamzah，*Antarctica in International Affairs*，Institute of Strategic and International Studies，1987，p. 143.

情况下，对规则的内容较容易达成一致。但由于 CRAMRA 涉及矿产资源这一块"大蛋糕"的利益分配，一方面，在协商方内部，有部分国家担心大规模商业开发会带来无可估量的环境生态损失，并不情愿推动这一进程。由于对矿产资源或资源产业的依赖，智利和日本是南极矿产资源开发的积极推动者，而法国和澳大利亚等国则持消极态度，更加重视开展南极矿产资源开发将引起的连锁反应。另一方面，矿产资源制度的谈判引发了当时被排除在南极议事机制之外国家的不满。事实上，1980 年后南极条约缔约方数量的增加，通常被推测为是由于各国对南极矿产资源兴趣所致，因为围绕 CRAMRA 的谈判，新的缔约方希望确保在南极进行矿产开采时能够参与其中。但公约依然收到了许多反对意见，以马来西亚为首的广大发展中国家对该公约提出了严厉批评，就此在联合国展开了对《南极条约》及其协商会议制度的广泛讨论。

在 CRAMRA 长达 6 年的谈判中，始终伴随着联合国大会上对南极条约体系的质疑。直到 1988 年 CRAMRA 拟定时，争议也未能停歇。最终，澳大利亚和法国发表了一份联合声明，他们在声明中指出，开发南极矿产资源与保护脆弱的南极环境是不相容的。事实上，澳大利亚拒绝 CRAMRA 的另一个原因是，该制度设计中并没有给予澳大利亚这样的领土主张国特许使用的规定，因而担心"没有足够的措施来保护澳大利亚采矿业免受来自南极矿产资源活动的竞争"。[1]由于 CRAMRA 实际要求所有主张国都批准作为公约生效的先决条件，[2]而法国和澳大利亚最终拒绝签署这一条约，且当时已经签署了的新西兰随后宣布不打算批准该公约，因此到了 1989 年春天，CRAMRA 已经没有了生效的前景。协商方转而开始谈判一项新的环境保护文书，对南极矿产资源商业开发设立全面禁止令，才使得南极资源开发的相关争议冷却下来。

从主要内容来看，CRAMRA 实际上是一项环境法的开创性文书，但被冠以矿产公约的称谓，给人留下它将促进而不是管制南极的矿产资源

---

〔1〕 Li Jingchang, "New Relationship of the Antarctic Treaty System and the UNCLOS System: Coordination and Cooperation", *Advances in Social Science*, *Education and Humanities Research* (*ASSE-HR*), Vol. 181, 2018, p. 374.

〔2〕 CRAMRA 第六十二条。

活动的印象。CRAMRA 失败的原因，并不是因为其环境保障制度不足，事实上 CRAMRA 中对南极矿产资源商业开发已经设置了对当时来讲比较严格的环境限制，而更重要的是因为政治和经济因素的复杂结合。一方面，受制于环境关切下的技术、运输成本，可预见的时间内南极的矿产开发缺乏明显的商业意义；另一方面，环境主题相较于资源主题更容易被公众认可从而获得合法性支持。此外，《南极条约》第四条的模糊性没有从根本上解决主权问题，因此难以界定南极的资源权属性质，且公约内容并未包含收益分配的方式，多方利益的纠葛使得资源分配制度难调众口。

二、联合国大会对南极问题的讨论

1982 年 UNSLOS 生效，国际海底区域成为外空之后的又一个"人类共同继承财产"。此时矿产资源管理制度的谈判进程引起了一些非缔约方的注意。1982 年，马来西亚总理马哈蒂尔在联合国大会上发表讲话，谴责《南极条约》是"一群特定国家之间的协议，没有反映联合国成员的真实感受或他们的正当要求"。[1] 如马哈蒂尔所言，《南极条约》当时的缔约方数量只占联合国成员数量的 1/6 左右，而这些缔约方所设置的准入条件，即获得有决策权的协商席位的条件，等同于为自己设置了排他性的规则。马来西亚代表在发言中指出，鉴于第三次联合国海洋法会议的成功结束，联合国应将注意力转向南极。建议由联合国管理该地区，或由"现有的占领者"作为国际社会的托管人管理，如此一来南极资源开发利用的受益方会普及化，而不是让一些南极资源勘探开发技术领先与经济能力雄厚的国家独享其成果。1983 年，由马来西亚提议的"南极问题"被列入第 38 届联合国大会议程，自此联合国大会对"南极问题"的关注与讨论持续了 20 多年。

在辩论早期，联合国大会中有大量国家表示支持联合国完全接管南极洲。许多国家认为，南极事务的谈判和决策机制应该由联合国进行管

---

〔1〕 联合国文件：A/37/PV10。

理。[1]《南极条约》缔约方则认为，南极条约体系是民主的，所有相关国家都可以参与到这一管理南极的机制中来。[2]在随后的一段时间里，《南极条约》缔约方，与非缔约方但参加联合国大会辩论的其他国家之间，有三个主要争议焦点：南非的种族隔离政策（1948—1991）、人类共同继承财产和南极洲矿产资源开发。许多国家谴责《南极条约》缔约方不顾南非政府所采取的种族隔离政策，允许南非以协商方身份参加会议。随着几年后南非种族隔离问题的解决，这个问题已经消失，反对者无法继续以此为由批评《南极条约》制度的合法性。后两个争论焦点往往同时出现，反对者认为南极资源应适用人类共同继承财产，而缔约方无权在没有大部分国家参与的情况下，谈判一个涉及矿产资源开发利用的制度，发展中国家推广共同遗产原则的同时也呼吁公平分配南极的资源。

1985 年秋季举行的联合国大会第四十届会议在未能达成共识的情况下，在《南极条约》协商方的抵制下，联合国大会对三项决议进行了表决：一项决议涉及南非的种族隔离政策，另外两项决议为联合国的作用及矿产资源谈判。除中国和秘鲁外，所有条约缔约方都宣布不参加这后两项表决。中国投了弃权票，并宣布支持南极条约体系和共识。秘鲁对一项决议投了赞成票，并表示该决议不损害南极条约体系，最终后两项决议获得通过。

为了安抚《南极条约》缔约方，联合国大会关于南极洲的决议没有提到共同遗产的概念。尽管如此，这些决议的合法性仍然受到《南极条约》缔约方的质疑。[3]

在辩论中，《南极条约》缔约方及其批评者最早能够达成一致的是，南极洲作为一个和平区、一个科学大陆以及"地球环境健康的晴雨表"的重要性。[4]但在这些原则性问题之外，缔约方和非缔约方之间仍然存在着巨大的鸿沟，而且南极条约体系和联合国系统之间未来联系的确切

---

〔1〕　如马来西亚、埃及、安提瓜和巴布达等，见联合国文件：A/C.1/38/PV.42-45。

〔2〕　如澳大利亚、英国、智利，见联合国文件：A/C.1/38/PV.42-45。

〔3〕　Jonathon. I. Charney, "Customary International Law in the Nicaragua Case Judgment on the Merits", *Hague Yearbook of International Law*, 1988, p.16.

〔4〕　联合国文件：A/C.1/45/PV.40-44。

性质依然不确定。尽管争议仍然存在，但 1987 年后，辩论的性质已经发生了变化。大多数国家似乎认识到南极条约体系的重要性，以及该制度被取代的可能性是有限的。[1]

一些非缔约方，如印度尼西亚，寻求通过联合国秘书长在 ATCM 中的参与来确保两个系统之间的"有机联系"。联合国大会的代表们没有继续寻求用联合国来取代该体系，而是向《南极条约》缔约方施压，要求它们依照联合国大会辩论中得到支持的事项采取进一步措施，包括许多程序性的建议。各方意见包括：第一，南极条约体系不接受非条约方的南极治理意见的决策程序不够民主和开放；第二，南极研究科学委员会（SCAR）在 ATCM 中没有被赋予决策的权利，只就决策提供技术方面的咨询，难以保证南极条约体系对南极环境的保护能力；第三，《南极条约》虽声称代表全人类的利益，但 ATCM 为协商地位设置了门槛，只赋予少数国家特权而更多数量的国家被排除在决策的议事过程之外，会议决策仅能代表与会的少数国家利益。另外《南极条约》及其相关组织与联合国及其他国际机构的合作不多，使得条约体系保护南极的功能受到了限制。这些改进事项，旨在让非协商方的缔约方和其他组织有机会参与 ATCM 的决策：使协商会议向其他国家开放，使联合国有机会跟进协商会议的讨论，同时公布协商会议的工作情况，并允许非政府组织参与相关工作。

联合国大会对《南极条约》空前关注的结果是，马来西亚的一些论点，特别是主张发展中国家更多参与南极事务的论点被多方接纳。因此在接下来的 15 年里，条约缔约方开始使议事进程和结果更加透明和便于获取。首先，当南非放弃种族隔离政策时，南非作为协商方参与会议所引起的敏感政治问题被消除了。其次，当 CRAMRA 未能生效并被《议定书》（禁止矿产开发）所取代时，第三世界从南极开发中获得经济利益的愿望也消失了。[2]随着政治和经济利害关系的降低，再加上南极条约体

---

〔1〕 非缔约方的诉求由联合国主持下的新制度变为要求能够参与 ATCM 进行中的谈判，见联合国大会会议记录：A/42/PV.85。

〔2〕 1988 年，《卫报》（The Guardian）马来西亚总理马哈蒂尔博士（Dr Mahathir）称："我听说南极是金子做的，我想要我那块金子。"虽然这种观点通常没有在联合国大会上明确地表达，但显然非缔约方希望对开发南极矿物采取某种程度的控制。

系更加开放、反应更加迅速、更加有利于环境，反对的声音已经减少。虽然联合国大会决议确认南极洲存在全人类利益，但随着南极条约体系采取了提高条约体系透明度和开放性的措施，国际化的呼声逐渐减弱。

三、《议定书》与永久秘书处

CRAMRA 在最后开放签署的阶段被澳大利亚和法国拒绝，两国在 1989 年第十五届协商会议上联合提出了"综合保护南极环境以及其特有和相关的生态系统"的建议。[1]《南极条约》协商方在两年内快速谈判并定稿了一份以环境保护为主题的法律文书：《议定书》，这标志着南极条约体系由此开始向全面实施南极环境保护的方向转变。另外一个发展是《南极条约》生效 40 年后，2001 年 7 月协商方决定设立条约会议的常设秘书处。[2]这无疑会有助于加强条约，并为更为广泛的南极条约体系，特别是 1991 年开放签署的《议定书》提供支持，这是南极条约体系中里程碑式的机制进步。

（一）《议定书》建立的环境保护制度

《议定书》的基础是条约签署以来几次 ATCM 商定的一系列环境规定，包括 1964 年《南极动植物保护协定》及其附件 B 所规定的特别保护区（Specially Protected Areas，SPA）制度，还吸收了 CRAMRA 谈判年制定的环境管理规则，如应急响应的条款及对活动进行环境影响评估的要求，[3]以及南极研究科学委员会和国际海事组织以前分别就废弃物管理和防止海洋污染的工作成果，并编纂了 ATCM30 年以来通过的一些建议。《议定书》的谈判和最终协议文本综合了多年以来的环境标准和实践发展，通过确定全面南极环境保护的规则，包括对人类在南极活动的新限制，保护南极环境与和平利用、国际科学合作一起，被确立为《南极条约》的

---

〔1〕　ATCM XV："Comprehensive System for the Protection of the Antarctic Environment"，*Recommendation XV-1*，1989.

〔2〕　ATCM XXIV："Establishment of Secretariat in Buenos Aires"，*Decision* 1，2001.

〔3〕　CRAMRA 第四条规定了判断矿产资源活动是否可以开展的原则性条件：需要根据对南极环境及其相关生态系统的可能影响的评估。第四条第一款："于南极矿物资源活动的决定应以足以使人对其可能的影响作出知情判断的资料为依据，除非这些资料可供作出与这些活动有关的决定，否则不得进行这类活动。"

第三个支柱。

《议定书》是对《南极条约》的补充，既不修改也未修正该条约，并特别规定了与《南极条约》的其他组成部分的一致性。[1]《议定书》序言部分概述了缔约方为了全人类的利益制定保护南极环境及其附属和相关生态系统的综合制度的愿望。《议定书》是围绕一套核心环境原则设计的，并由一系列附件制定更详细的规则和标准。采用附件的形式是为了适应环境认识和管理的变化，在需要时可以增加附件。正文与附件之间内容相关，但批准程序上相对独立，各个附件在 ATCM 获得通过后，与其他正式公约或协议文书一样，需要取得全部协商方的批准后才能正式生效。

《议定书》正文所确立的核心规则是：

（1）南极洲被指定为"致力于和平与科学的自然保护区"；

（2）禁止在南极条约地区进行采矿和矿物资源活动；

（3）要求在南极规划和开展所有活动时，应把保护环境作为一项基本考虑；

（4）一套事先评估所有南极活动的环境影响的综合框架；

（5）要求制订应急计划，对南极的环境紧急情况作出迅速和有效的反应；

（6）成立环境保护委员会（Committee for Environmental Protection，CEP）

《议定书》共有六个附件。这些附件是《议定书》及其法律框架的组成部分，包括：

附件一：环境影响评估

《议定书》第八条要求各缔约方对其任何拟在南极洲开展的活动，在开始之前都应评估其环境影响，以便：确定对环境的任何影响，包括累积影响；确定可能危害较小的替代办法，以及为核实活动的预期影响所

---

〔1〕《议定书》第四条第一款，第五条。

需的任何监测。根据每种活动的潜在影响规定三个层次的评估。《议定书》附件一详细介绍了环境影响评估的程序。如果在评估的初步阶段确定拟议活动的影响不大，则可以继续进行。如果确定某项活动可能会造成较小或暂时的影响，则必须准备初始环境评估（IEE）。如果独立外部评价表明可能会产生较小的影响或暂时性影响，或者如果确定其他可能的影响，则必须进行全面环境影响评估（CEE）。活动所需要的环境影响评估的复杂程度，取决于预评估的影响是否可能造成小于、等于或大于"轻微或短的"影响。针对可能产生轻微或短暂以上程度影响的活动，需编写全面环境评估草案，该草案需要在活动前向公众公布，分发给所有缔约方求意见，并转交给环境保护委员会审议。其他缔约方和 ATCM提供的意见必须在最终的 CEE 中处理，该 CEE 可以作为决定是否以及如何进行活动的基础。

附件二：南极动植物的保护

该附件规定了保护南极洲动物和植物的规则和框架。与南极本地物种发生任何有害的相互作用都必须颁发许可证。除经许可授权的有限目的外，不允许引进非本地物种。该附件还指定了"特别保护物种"，2009年对附件二的修订中增加了保护动物的物种。

附件三：废弃物处置与管理

该附件规定了一项原则，即应尽量减少在南极洲产生或处理废物的数量，以保护环境和其他南极价值。它还规定了清理前期南极陆上废物场地的框架；处理人类活动产生的废弃物和使用焚化炉的规则；以及制订废物管理计划的要求。一些特殊的化学物品在南极被禁止使用。

附件四：防止海洋污染

附件四禁止船舶向海洋排放有毒液体物质、塑料和其他垃圾。其框架与经 1978 年议定书修订的 1973 年《国际防止船舶造成污染公约》（MARPOL）基本一致。该附件还要求《南极条约》缔约方为南极条约地区的海洋污染紧急情况制订应急计划。

附件五：保护区管理

附件五规定了两种形式的保护区（南极特别保护区和南极特别管理区，ASPA 与 ASMA）。南极特别保护区和南极特别管理区都要求制定管理计划，必须至少每五年审查一次。制定 ASPA 的目的是管理和"保护独特的环境、科学、历史、美学或荒野价值"和科学研究。进入保护区并在保护区内开展活动需要获得许可。指定非物质文化遗产保护区是为了"协助规划和协调各项活动，避免可能的冲突，改善缔约方之间的合作或最大限度地减少环境影响"。附件五还规定了历史遗迹或纪念物，以保护和保存具有公认历史价值的遗址。

附件六：对环境紧急情况的责任

该附件概述了在《南极条约》地区预防和应对因科学研究方案、旅游业和其他政府和非政府活动引起的环境紧急情况的安排。它规定了关于环境紧急情况责任的规则，并规定如果污染者没有采取迅速和有效的反应行动，可向该污染者要求赔偿。

其中附件一至附件四，与《议定书》正文一同于 1991 年获得通过，并于 1998 年正式生效。附件五于 2002 年正式生效，附件六于 2005 年通过，但截至目前只有 17 个协商方批准，所以仍未生效。[1]

此外，根据《议定书》第十一条，1998 年正式成立了环境保护委员会（CEP），该委员会的作用是就《议定书》的执行向《南极条约》协商方提供咨询意见和制定建议，包括评估根据《议定书》所采取的措施的有效性，以及更新、加强或改进这些措施的必要性，包括是否需要增加附件提出建议。环境保护委员会（CEP）自 1998 年以来每年都举行会议，通常与 ATCM 同时举行。《议定书》缔约方有权成为委员会成员并参与决策。

---

〔1〕 协商方目前共有 29 个，但其中捷克成为协商方晚于附件六谈判并在会议上通过的时间，因此附件六的生效不以捷克的批准为必要条件，只需要另外 28 个协商方的批准。

任何不是《议定书》缔约方的《南极条约》缔约方都有权派观察员参加委员会的会议。南极研究科学委员会（SCAR）、南极海洋生物资源养护委员会（CCAMLR）和国家南极局局长理事会（COMNAP）以观察员身份出席委员会会议。此外，经 ATCM 同意，委员会还可以邀请其他有关专家和组织参加。[1] 委员会向 ATCM 提交会议报告，ATCM 则审议该报告和任何建议。自《议定书》生效以来，在 ATCM 通过的 100 多项措施、决定和决议中，有 40% 以上来自委员会的工作。这反映了《南极条约》缔约方对不断加强南极全面环境保护的国际政策和法律框架的高度重视。

促成《南极条约》谈判与签订的，是当初少数几个有南极活动国家的内部压力，通过《南极条约》也确实化解了部分内部矛盾。而在《议定书》谈判之前的《南极条约》协商，则面临着更多各种类型的外部压力，包括来自联合国大会关于"南极问题"的讨论，还有环境保护组织，甚至是各国国内的公众。ATCM 如此迅速地谈判并通过了环境保护规则，可以看作是缔约方为紧急解决南极条约体系内由 CRAMRA 所带来的危机而采取的行动。除环境保护的现实需求外，也是担心矿产资源开发会破坏南极地区敏感的主权平衡，还有各国国内政策考虑到国际社会的政治、意识形态批评，以及来自环境非政府组织的压力所作出的决策。因此，协商方迅速地通过《议定书》的政治动机可能大于环境保护动机。[2]《议定书》在很多方面都极大地促进了南极条约体系内部国际合作的加强，并改变了更广泛的国际社会对《南极条约》的看法。《议定书》通过后不久，外界对该南极条约体系的批评就明显减弱，最终几乎销声匿迹。然而，目前，随着《议定书》的生效和与南极事务有关的政治环境的改变，对《议定书》的真正考验将是它作为环境保护和管理工具的实施效果。

（二）ATCM 常设秘书处

最初《南极条约》没有常设秘书处，这一点以现代制度创建的背景

---

　　〔1〕　包括南极与南大洋联盟（ASOC）、国际南极旅游从业者协会（IAATO）、国际水文组织、世界自然保护联盟、联合国环境规划署、世界气象组织。

　　〔2〕　Davor Vidas，"Implementing the Environmental Protection Regime for the Antarctic"，In：Vidas D.（eds）*Implementing the Environmental Protection Regime for the Antarctic. Environment & Policy*，vol 28. Springer，Dordrecht，2000，p. 4.

来看有些令人惊讶，但这实际上是起草时有意为之。[1]在最初的谈判中，澳大利亚、阿根廷和智利不愿意接受任何形式的永久性行政机构，导致当时只建立了最低限度的配套机制。[2]按照最初的设想，《南极条约》的目的是为政府间合作提供论坛，而不是成为建立国际机构的基础。会议的行政和组织任务落到了南极条约会议当届及前后两届的主办方这三个国家上，在一些国家看来当时这种松散的管理方式足以处理 ATCM 的相关事务。[3]

直到 20 世纪 80 年代中期，已经有 32 个国家成为条约的缔约方，相比只有 12 个缔约方的缔约初期，后期任务明显加重了。这包括在会议前以电子方式和更为传统的纸质方式整理、翻译和分发文件，以及会议结束后编写最终报告的行政支持。此前这种任务由应届主办国承担，例如，在 1999 年的协商会议举办期间，秘鲁负责分发了超过 31 680 份正式文件，[4]主办一次 ATCM 为其提供行政管理，显然是对协商方而言的巨大行政负担。此外，南极活动的范围和复杂性也显著增加，特别是环境保护方面，缔约方逐渐意识到某种形式的永久性行政机制不仅是可取的，而且也是南极条约体系继续运作的必要条件。

就设立秘书处这一观点上达成了初步共识后，协商方在近 10 年的时间中进行了漫长的谈判，Karen Scott 梳理了《南极条约》机制发展的过程和其中的国家博弈：[5]一些缔约方编写了工作文件，提出了它们对秘

〔1〕 Francesco Francioni，"Establishment of an Antarctic Treaty Secretariat：Pending Legal Issues"，In：Vidas D. （eds）*Implementing the Environmental Protection Regime for the Antarctic. Environment & Policy*，vol 28. Springer，Dordrecht，2000，p. 125.

〔2〕 John Hanessian，"The Antarctic Treaty 1959"，*The International and Comparative Law Quarterly*，1960，Vol. 9，pp. 436-480.

〔3〕 在第十四届、十五届和十六届协商会议期间，一些国家曾多次表示，认为没有必要设立常设秘书处。参见 ATCM XIV：Final Report，1987，pp. 27-28；ATCM XV：Final Report，1989，p. 30；ATCM XVI：1991，p. 39。

〔4〕 Davor Vidas and Birgit Njåstad，"The ATS on the Web：Introducing Modern Information Technology in Antarctic Affairs"，In：Vidas D. （eds）*Implementing the Environmental Protection Regime for the Antarctic. Environment & Policy*，vol 28. Springer，Dordrecht，2000，Springer Netherlands，2000，p. 145.

〔5〕 Karen Scott，"Institutional Developments Within the Antarctic Treaty System. International and Comparative Law"，*Quarterly*，2003，Vol. 52 （2），pp. 473-487.

书处的职能、结构和法律人格的看法。〔1〕然而一些成员方仍然怀疑，设立秘书处可能会最终导致南极的国际化，从而对提出过主权声索的国家造成挑战。秘书处的职能、法律人格以及选址问题在 ATCM 的舞台上都引起了激烈的辩论。

"秘书处"这一说法及其现代特征起源于国际联盟，如今秘书处已经成为所有国际组织的核心机构。〔2〕自 1972 年以来谈判的几乎所有环境条约，都规定要建立一个常设秘书处，如 1985 年《保护臭氧层维也纳公约》第七条规定暂由联合国环境规划署代行秘书处职责，以及《生物多样性公约》第二十四条在蒙特利尔设立的秘书处。〔3〕制度的成功在一定程度上取决于机构的质量和能力，而秘书处的影响力在很大程度上取决于有关条约组织赋予它的权力、预算、成员方利益的同质化程度和工作人员素质。〔4〕在协商方的讨论中，乌拉圭等拉美国家认为秘书处需要具备独立的国际法律人格，并有履行其职能所需的法律能力，〔5〕但大多数协商方并不支持这种主张，多数协商方对可能导致南极国际化的发展路径持否定态度。

2003 年第二十六届 ATCM 会议，协商方就秘书处的性质和职能等问题达成一致，通过了措施 1 （2003）。〔6〕该措施规定阿根廷政府为秘书处提供办公室，ATCM 授权代表与阿根廷政府签订《总部协议》。秘书

---

〔1〕 荷兰（XVII ATCM/ WP 7），澳大利亚 I ATCM/WP 19），乌拉圭（XVII ATCM/INFO 33），美国（XVII ATCM / INFO 36）在 1992 年的协商会议提交了文件；澳大利亚（XVIII ATCM/WP 8）、比利时（XVIII ATCM/WP 15）、意大利（XVIII ATCM/WP 16）在 1994 年会议上提交了相关文件；阿根廷、巴西、智利、厄瓜多尔、秘鲁、乌拉圭、挪威于 1997 年会议提交了相关文件；1998 年澳大利亚及阿根廷再次提交意见。

〔2〕 Henry G Schermers and Niels M Blokker, "International Institutional Law", *The Hague*: *Kluwer Law International*, 2001, p. 435.

〔3〕 类似的还有 1973 年《濒危野生动植物种国际贸易公约》第十二条；1989 年《控制危险废物越境转移及其处置巴塞尔公约》第十六条；1992 年《联合国气候变化框架公约》第八条。

〔4〕 Philippe Sands, Pierre Klein, Derek William Bowett, *Law of International Institutions*, London: Sweet & Maxwell, 2001, p. 302.

〔5〕 Argentina, Brazil, Chile, Italy, New Zealand, Peru, Uruguay: "Antarctic Treaty Secretariat: Modalities", *ATCM XXIV WP*037, 2001.

〔6〕 ATCM XXVI: "Secretariat of the Antarctic Treaty", *Measure* 1, 2003.

处及其工作由协商缔约方提供资金，[1]预算每年由 ATCM 批准。职能方面，秘书处的任务包括支持年度 ATCM 和环境保护委员会（CEP）的会议；促进《南极条约》和《议定书》所要求的缔约方之间的信息交流；收集，存储，存档和提供 ATCM 的文档；提供和传播有关《南极条约》系统和南极活动的信息。秘书处可在授权范围内为履行职能而订立合同并取得和处置不动产，但未经 ATCM 批准不得提起法律诉讼。

总的来看，秘书处的设立没有将南极条约体系转变为一个国际组织，没有独立法律人格的秘书处是协商会议这一政府间论坛的分支，但常设秘书处标志着《南极条约》从抽象到现实的转变。[2]《议定书》着重体现了环境价值，以及整个南极制度在开放参与和信息交互方面的重大变化，这些变化削弱了联合国大会对南极条约体系的批评，并将公众的焦点转移到了现有南极制度与其他几个国际组织和国际法体系的关系上，包括国际海事组织、联合国环境规划署以及根据 UNCLOS 建立的海洋法委员会、国际海底管理局和大陆架界限委员会。

第三节　南极条约体系的现状与存在的问题

目前所称"南极条约体系"是《南极条约》及随后以其为核心缔结的一系列适用于南极的国际法律协定的统称。内容主要包括 1959 年《南极条约》、1972 年《南极海豹养护公约》、1980 年 CCAMLR 以及 1991 年《议定书》。1959 年《南极条约》所确立的南极条约协商会议制度，是南极条约体系的主要决策机制，在 60 余年的过程中产生了大量为实现条约体系目的而管理和规制各国南极活动、统筹协调国际南极事务的工作文书，包括不同效力层级的建议（recommendation）、措施（measure）、决

---

〔1〕 2003 年第二十六届 ATCM 通过的 Measure 1，第四条规定，秘书处预算的 50%由协商方均摊，另外的 50%由其他缔约方根据其活动规模和支付能力缴纳。

〔2〕 Karen Scott，"Institutional Developments within the Antarctic Treaty System. International and Comparative Law"，*Quarterly*，2003，Vol. 52（2），pp. 473-487.

议（resolution）和决定（decision），[1]以及多项涉及南极活动中操作或技术标准的指南性文件。[2]其中的"措施"指包含具有法律效力条款的文书，这类文书经协商方在出席会议时协商一致通过（adopted），并由各协商方分别批准（approval）后，则具备对全体协商方生效的法律效力。[3]其他不能产生严格意义上的法律约束力的文书，如倡议性质的决议、约定内部组织事务的决定、非经措施通过的指导意见性质的指南，虽是南极条约体系具体实施中的必要组成部分，但不构成本书所称"南极条约体系"。

一、南极条约体系缔约方概况

自 1959 年以来，其他 42 个国家先后加入了《南极条约》，[4]目前成员共计 54 个。根据《南极条约》第九条第二款，缔约方通过"在南极洲进行实质性科学研究活动"表明对南极洲的兴趣时，可以成为协商方，目前条约项下共有 29 个协商方席位。另外 25 个非协商缔约方能够参加协商会议，但不能参与决策。除《南极条约》外，南极条约体系内其他相关条约的缔约数量相对较少，目前有 16 个国家加入了 CCAS，30 个国家加入了 CCAMLR，签署了《议定书》的国家则有 41 个（详见附录 1：南极条约体系各条约缔约名单）。

二、南极条约体系决策机制与配套制度

《南极条约》本身只规定了协商方应"间隔适当的时间"举行会议（第九条），ATCM 最初每两年举行一次，从 1994 年起正式决定改为每年举办。协商会议机制的目的是提供一个论坛，以便各方交换资料，就与

---

〔1〕 早期协商会议通过的文书统称"建议"（recommendation），其法律效力存在分歧观点。参见陈力等：《中国南极权益维护的法律保障》，上海人民出版社 2018 年版，第 29 页。1995 年第十九届 ATCM 通过的决定 Decision 1，对文书类型及命名进行了澄清，此后的文书按内容及效力分为措施、决议、决定三类。

〔2〕 例如《南极环境影响评价指南》《南极鸟群附近飞行器操作指南》《南极废弃物清理手册》等。这些指南性文件多经由决议通过，效力参考决议，不具有法律约束力。

〔3〕 这里需要区分"通过"后文书一般意义上的生效，以及措施经过"批准"后的生效。会议中的"通过"只是协商方的单次意思表示，表示其赞成会议某项决定，不会对其后的行为产生法律约束。而批准后对其后的行为产生法律约束，是某种程度的法律确信。

〔4〕 截至成书时间 2021 年 8 月。

南极洲有关的共同关心的问题进行协商，审议和向各方政府建议为促进条约的原则和目的而制定的措施。

南极条约体系中其他条约也建立了相应配套体制。1980 年 CCAMLR 除根据第七条建立南极海洋生物资源养护委员会外，还设立了一个科学委员会和秘书处（第十四条、第十六条）。1991 年设立了环境保护委员会（CEP），CEP 通常与 ATCM 一同举行，以解决与环境保护和管理有关的事宜，并向 ATCM 提供建议。除了 ATCM 和 CEP 例行会议，协商方还偶尔召开南极条约特别协商会议（SATCM）和专家会议（Meeting of Experts，ME），以解决特定议题。

1983 年协商会议通过的第 XII-6 号建议将会议文件的传播范围扩大到除协商方之外的南极条约缔约方、联合国秘书长和其他专门机构。协商会议秘书处成立后，建立了官方网站，各类会议议程、会议上各国提交的所有文件及会议决议都向全社会公开。1985 年以后，ATCM 允许非协商方和某些非政府组织作为观察员参加。现行的《南极条约协商会议议事规则》（2016 年修订）中，ATCM 的参加者包括协商方、非协商方以及观察员和受邀专家。[1] 非协商方及观察员没有参与决策的权利，但可以受邀发言并向秘书处递交分发给其他与会方的书面材料，为讨论作出贡献；观察员包括南极研究科学委员会（SCAR），[2] 南极海洋生物资源养护委员会和国家南极局局长理事会；受邀的专家，如南极与南大洋联盟（ASOC）和国际南极旅游从业者协会（IAATO）。截至 2021 年 3 月，协商方共召开了 42 次 ATCM，共有 43 个国家和 16 个非政府组织或国际机构提交文件参与讨论。

随着南极条约体系采取了提高条约体系透明度和开放性的措施，越来越多的国家和行为主体参与南极事务，各国在 ATCM 上采取的合作方式，减少或消除了许多对条约制度的反对意见。当年反对《南极条约》立

---

〔1〕《南极条约协商会议议事规则》（2016 年修订）第二条。

〔2〕 南极研究科学委员会（SCAR）的前身是联合国国际科学联合理事会（ICSU）设立的南极研究特别委员会，该委员会在国际极地年期间负责协调南极的研究工作。虽然它是一个非政府组织，与《南极条约》没有正式的关系，但它与各协商方建立了密切的联系，在会议中为集体决策提供客观的、独立的科学建议。

场最为坚决的马来西亚，也于 2011 年成了缔约方，并签署了《议定书》。

三、关于条约的期限

《南极条约》并未规定明确的生效时间。根据该条约第十二条第二款（a），任何缔约方均可在 30 年期满后要求召开审议大会，审查条约的实施情况，但没有任何缔约方这样做。1991 年在《南极条约》生效 30 周年之际，缔约方在 ATCM 上发表联合声明，充分肯定《南极条约》在南极事务中的积极作用，承认《南极条约》的持续力量，认为持续和平利用南极符合全人类的利益，并一致同意将《南极条约》延长 10 年；[1]1999年，缔约方在第二十三届 ATCM 上再次发表声明，各方认为秉承合作和协商一致的精神，南极应永远贡献于和平及科学事业，并以此应对未来的挑战。事实上是《南极条约》无限延长，直到认为有必要修改为止。[2]

《议定书》于 1998 年 1 月 14 日生效，根据其第二十五条第二款，生效之日起 50 年后，若有协商方提出要求，应在可行的情况下召开会议审查本议定书，推算时间为 2048 年 1 月 14 日后。但 2016 年第三十九届 ATCM 会议，通过的第 6 号决议以及作为《议定书》开放签署 25 周年纪念的《圣地亚哥宣言》表示，这并不意味着议定书将于 2048 年到期（原文用词为"错误地认为"），决议重申了第七条（矿产资源活动禁令）的重要性，各国宣布把坚决承诺并继续执行该规定，作为实现全面保护南极环境及其生态系统的最高级别优先事项；《圣地亚哥宣言》特别重申了对《议定书》第六条和第七条的强烈和明确承诺；2019 年第四十二届 ATCM 所通过的《〈南极条约〉60 周年之际的布拉格宣言》再次重申了矿产资源禁令内容。

四、南极条约体系所处的国际法环境

国际海事组织（IMO）的海事安全委员会在为北极拟定《极地水域

---

〔1〕　ATCM XVI："Declaration by Contracting Parties"，*Final Report of the Sixteenth Antarctic Treaty Consultative Meeting*，1991，p. 133.

〔2〕　ATCM XXIII："Lima Declaration"，*Final Report of the Twenty-third Antarctic Treaty Consultative Meeting*，1999，p. 39.

航运船舶指南》（Polar Shipping Guidelines）草案时，曾表示除非《南极条约》缔约方另有安排，否则会将南极条约地区排除在拟定规则的适用范围之外。协商方随后在会议中表决同意在《南极条约》范围内制定进一步南极航运安全准则，并寻求国际海事组织通过拟议草案中的相关准则，以适用于非《南极条约》协商方的 IMO 成员。[1]但是召开了专家会议后，关于这一准则具体文书的谈判从未开始，直到 2017 年《极地水域航行船舶国际规则》生效，这意味着该规则成为与 MARROL 一样的在国际航运领域有约束力的国际规则。该文书的介入填补了南极航行技术准则的空白，南极在该问题上也得到了更加国际化的监管。

CCAMLR 所管理的南极海洋生物资源中特意排除了鲸类，因为这是《国际捕鲸公约》及国际捕鲸委员会（IWC）的范畴。后者并没有完全禁止捕鲸，而是加以限制。自 1986 年以来，全球范围内来看商业捕鲸基本上已经暂停，但在南极洲和北半球几个国家周围仍有捕鲸活动。由于 IWC 缺乏强制执行权，澳大利亚最终将日本在南大洋的捕鲸活动诉于国际法庭。[2]但由于区分了规则适用范畴，这一冲突没有被纳入南极条约体系的讨论范围。

除上述主动纳入或区分适用的情况之外，南极条约体系通常情况下并不排除一般国际法的适用，如《联合国宪章》《生物多样性公约》《联合国气候变化框架公约》《濒危野生动植物种国际贸易公约》等，特别值得注意的是 UNCLOS 在南极海域部分的适用。该公约的缔结与生效时间晚于《南极条约》及 CCAMLR，其中没有特别提到是否适用于南极。根据《南极条约》第六条，本条约任何条款不影响任何国家根据国际法在公海享有的权利或权利的行使，虽然从时间上来讲，此处的"公海权利"可以理解为并不包含 UNCLOS 规定的每一项公海权利，但 UNCLOS 作为联合国管理下的适用于所有海洋空间的全球公约，对南大洋也有重要意义。近年来，关于国家管辖范围以外区域海洋生物资源多样性（BBNJ）

---

〔1〕 ATCM XXIII: "Guidelines for Antarctic Shipping and Related Activites", *Final Report of the Twenty-third Antarctic Treaty Consultative Meeting*, *Decision 2*, p. 53.

〔2〕 2014 年国际法庭裁决要求日本停止商业捕鲸行为；之后日本多次游说 IWC 成员方放松捕鲸要求，其提案被否决后，日本于 2019 年 6 月 30 日退出了 IWC。

的法律文书已经举行了四次筹备谈判会议，该文书将成为继《"公约"第十一部分执行协定》[1]、《跨界鱼类种群和高度洄游鱼类种群执行协定》[2]之后的第三个 UNCLOS 项下的可执行协定。在多项协定的补充下，UNCLOS 适用于南极海域时，会与南极条约体系产生更为复杂的冲突，主要体现在：南纬 60 度以南海域的公海地位、南极外和亚南极岛屿专属经济区权利及外大陆架划界、南大洋海洋生物资源养护，以及南大洋海洋生物资源勘探与惠益分享。

《南极条约》对主权的"冻结"使南极公海的边界难以界定。UNCLOS 所规制的所有海洋区域都是以领海基线为基础，而基线的前提条件是领土。《南极条约》对主权的模糊化处理使得不同国家可以对其作出不同解释。在南极领土非主张国看来，南极条约适用范围内的海域应当是公海，其海床及底土理论上可以适用 UNCLOS 第十一部分所规定的国际海底区域制度，[3]虽然《议定书》中的矿产资源禁令使区域制度的适用并不具有现实意义。领土主张国则可能将《南极条约》第四条第一款（b）的规定解释为，《南极条约》不影响既有的南极领土主权，而专属经济区和大陆架权利属于专属性的主权权利，因而可以对其进行主张；当然也有国家并不认可这一观点，认为根据第四条第二款，《南极条约》有效期内不得创设在南极的任何主权权利，也不得提出新的或扩大现有的南极领土主权要求，而专属经济区是 UNCLOS 创立的制度，从时间上来讲晚于《南极条约》生效，因此在南极的专属经济区权利是创设主权权利，也是对已有主权主张的扩大。

联合国大会下设筹委会 BBNJ 协定谈判进程中的考虑事项，包括海洋遗传资源及其惠益分享问题，以及保护区等区域管理工具问题。当新的执行协定适用于南大洋时，与南极条约体系现有的 CCAMLR 会产生一些需要协调的问题。

---

〔1〕 1994 年《关于执行 1982 年 12 月 10 日〈联合国海洋法公约〉第十一部分的协定》。

〔2〕 1995 年《执行 1982 年 12 月 10 日〈联合国海洋法公约〉有关养护和管理跨界鱼类种群和高度洄游鱼类种群的规定的协定》。

〔3〕 UNCLOS 第十一部分是专门建立一个机构来规范"区域"内的矿产资源开发活动，即国际海底管理局。

首先，CCAMLR 对应对范围内 IUU 捕捞问题有着悠久的历史，并已经采取了保护南极海洋生物多样性的一系列措施，但 CCAMLR 难以管辖非缔约方船只从事的 IUU 捕捞。在 BBNJ 的讨论过程中也包括 IUU 捕捞问题，有观点认为，IUU 以及某些破坏性捕捞行为是国家管辖范围以外海洋生物多样性保护和可持续利用的最大威胁。如果能在 UNCLOS 的基础上达成某种安排，将会减轻南极海洋生物资源委员会的压力，也有助于更好地解决南大洋 IUU 的问题。但前提是 BBNJ 协定所确立的管理制度与 CCAMLR 保持一致，或者调整后相互协调，否则会产生更加复杂的冲突。[1]

其次，海洋保护区制度近年成为南极条约体系运行中的新热点。CCAMLR 中虽未明确规定"海洋保护区"制度，但委员会 2011 年通过的养护措施 91-04，包括了一份关于建立 CCAMLR 海洋保护区的总体框架。框架序言称南极海洋保护区的法律依据是该公约第二条及第九条部分条款，其中规定了养护措施可以包括在适用范围内指定开放或封闭区域。根据该框架已经设立的南极海洋保护区包括南奥克尼群岛南部陆架海洋保护区及罗斯海保护区，另有东南极保护区、威德尔海保护区等提案正处于审议阶段。目前国际上对于"海洋保护区"的定义未达成统一，尤其是公海保护区制度仍未健全，[2]BBNJ 协定若对此设置一套明确的制度，则需要考虑适用范围与现有的南极海洋保护区相协调的问题。

再次，南极条约体系目前虽然没有制定明确的生物勘探管理与惠益分享制度，但生物勘探议题已经多次出现在 ATCM 上。生物勘探涉及的核心问题是遗传资源材料的生境获取和知识产权问题。获取的过程涉及环境及生态保护与相应区域管理权，知识产权则会引起产权保护和人类

---

〔1〕 Li Jingchang, "New Relationship of the Antarctic Treaty System and the UNCLOS System: Coordination and Cooperation", *Advances in Social Science, Education and Humanities Research (ASSE-HR)*, Vol. 181, 2018, p.374.

〔2〕 UNCLOS 中并未出现"海洋保护区"概念，《生物多样性公约》也未直接规定"海洋保护区"，但在近年会议中愈发重视海洋保护区作为有效的工具或管理手段，在国家管辖范围以外地区生物多样性保护和可持续利用中所起到的作用。参见陈力："南极海洋保护区的国际法依据辨析"，载《复旦学报（社会科学版）》2016 年第 2 期。

共同继承财产的观念之争，而且在南极范围内，生物遗传信息专利的保密性，可能有悖于《南极条约》第三条所规定的科学信息自由交换。参考当年 CRAMRA 方案的失败，涉及资源实质利益分配的 BBNJ 的惠益分享设计，可能在南极海域产生无法调和的衍生冲突。

最后，CCAMLR 规定的适用范围为南极辐合带〔1〕以南，不同于《南极条约》的南纬 60 度以南，这一差异使得解决这些冲突问题时，需要结合具体情况更加细化地进行区分。

由于国际法的不成体系，国际强行法和"对世义务"等新国际法规范概念的出现，以及"人类共同继承财产""代际公平"等形成中的概念，使得条约数量及所涉领域不断扩展和深化，未来南极地区或许会面临更多的条约冲突。在南极这一特殊地区，比起使用"新法优于旧法""特别法优于一般法"等抽象原则先验地解决条约规范之间的冲突，可能更需要根据不同的具体问题，考虑以文书的实际目的和宗旨为基础评价其实施效果的方式来解释其效力。

五、南极条约体系存在的问题和现实挑战

南极条约体系为南极区域提供了一套国际法律制度，通过四项主要条约、每年的两次会议（ATCM 与 CEP 会议），以及秘书处在闭会期间开展小范围的工作。但是这种结构是零散的、不连续的，〔2〕参与主体仍然只涉及国际社会的有限部分，而且相较于现实南极事务的发展，制度的发展进展缓慢。南极条约体系面临的挑战仍然是一些未解决的核心问题，如主权问题和由此引起的管辖权、管理权问题，对商业活动进行监管的现实需求，以及越来越多的协商方利益难以协调的问题。

（一）未解决的主权问题

从条约谈判过程、20 世纪 80 年代在联合国大会上对南极问题的辩论以及关于秘书处长达 10 年的讨论中，可以看出多方的利益冲突。主权主

---

〔1〕　辐合带的地理位置在南纬 48 度至 62 度之间，是个不规则的圆圈。在印度洋、大西洋一侧的南纬 50 度附近，在太平洋一侧的南纬 55 度至 62 度之间。

〔2〕　Julia Jabour, A. D. Hemmings, L Kriwoken, *Looking south: Australia's Antarctic Agenda*, Federation Press, 2007, pp. 176-190.

张国从始至终都在抵触南极的国际化：反对《南极条约》谈判前有国家提出的南极托管议案、联合国大会中南极与联合国关系问题的辩论、限制南极条约协商会议秘书处的法律人格和权限。主张国对主权的追求一方面表现为各种阻止南极国际化的态度，另一方面体现在近年单方面强化主权的行为。各国除了在其国内政策、立法及外交文书中强调其南极领土的存在，还通过主张南极范围内专属经济区或外大陆架的方式宣示主权。

根据 UNCLOS 第七十六条的规定，"沿海国的大陆架包括其领海以外依其陆地领土的全部自然延伸，扩展到大陆边外缘的海底区域的海床和底土，如果从测算领海宽度的基线量起到大陆边的外缘的距离不到二百海里，即扩展到二百海里的距离"。沿岸国对大陆架部分海床及底土拥有勘探及开发自然资源的专属主权权利。同时，大陆架外部界限也是人类共同继承财产——国际海底区域的边界。

对于沿岸国主张 200 海里外大陆架，需要向大陆架划界委员会（CLCS）提交外大陆架划界案，委员会给出的建议具有一定的法律意义。[1]还规定了可以提出这种主张并被归档留存的时限。在世界大部分地区，这种做法的后果是可能减少全球公共资源的数量，沿海国对这种扩展时常产生争议，南极的情况也如此。七个南极领土主张国都是 UNCLOS 缔约方，其主张的南极领土范围中也都包含沿海地区，因此理论上存在申请和扩大主张到岸外的可能。虽然根据《南极条约》第四条第二款的规定，任何领土要求都不能变更，但如果《南极条约》因为任何原因失效，对各国主张的冻结也将被解除。主张国因此不会错过任何巩固其领土主张基础的机会，加上登记大陆架主张的时间限制，各国在澳大利亚的抢跑后开始了南极外大陆架申请比赛。

2004 年，澳大利亚向大陆架划界委员会提交了外大陆架划界案，其

---

〔1〕 对于大陆架划界委员会审核意见的效力，有的学者认为意见只是专家建议的性质，并不足以约束各国，参见 Suzette V. Suarez, *The Outer Limits of the Continental Shelf: Legal Aspects of their Establishment*, Springer-Verlag Berlin Heidelberg, 2008, p. 84. 大陆架划界委员会官方网站在发布通过的划界意见时，注释为"材料的发表并不意味着联合国秘书处就任何国家、领土、城市或地区或其当局的法律地位，或对其边界、界线的划分发表任何意见"。

中包括根据其主张的澳大利亚南极领地范围向南大洋延伸的大陆架部分，也包括澳大利亚的两处亚南极岛屿，其大陆架均进入了南纬 60 度以南的区域。同时，澳大利亚就其划界案向联合国秘书长提交照会，表示澳大利亚重视《南极条约》特别的法律和政治地位，请求大陆架划界委员会据此规则暂不就本划界案中延伸自南极领土部分的大陆架的资料采取任何行动。[1]美国、俄罗斯、日本、荷兰、德国以及印度在随后提交的外交照会中，表示不承认任何国家的南极领土主张，反对澳大利亚建立其南极领地大陆架，但其中多数国家也明确赞赏了澳大利亚要求委员会暂不审议这一部分的做法。对澳大利亚的划界案的建议于 2008 年通过，但委员会审议并大致认可了澳大利亚亚南极岛屿部分的大陆架，而且各国并未对此提出明确异议。[2]有学者认为，"澳大利亚身先士卒提交其南极领地数据的另一个重要原因是，最大限度地加强自身的地位以避免在其他主张国的后续行动中处于不利局面，即使委员会暂不审议澳大利亚南极领地数据，澳大利亚的主张亦可持续下去，直到问题解决"。[3]

　　各主张国关于南极地区的大陆架主张可分为两类：一是主张由南极大陆向南大洋自然延伸的大陆架，二是主张南极地区以外的亚南极岛屿或地区的大陆架，向南延伸越过南纬 60 度进入南极地区。[4]澳大利亚提出的主张兼有两类；挪威和阿根廷提出的主张是第一类，智利即将提出的极有可能也属于此类；其他国家则属于第二类。各国选择了不同方式明示或暗示大陆架主张：提出涉南极部分的主张并请求不予审议，或暂不提出涉南极部分主张同时表示以后可能会这样做（见表 1-1）。

---

〔1〕 "Note from the Permanent Mission of Australia to the Secretary-General of the United Nations Accompanying the Lodgment of Australia's Submission"，载 https://www. un. org/Depts/los/clcs_ new/submissions_ files/aus04/Documents/aus_ doc_ es_ attachment. pdf，最后访问时间：2021 年 8 月 11 日。

〔2〕 参见德国、俄罗斯、荷兰、美国、日本和印度针对澳大利亚划界案向联合国秘书长提交的照会，载 Website of Commission on the Limits of the Continental Shelf，https://www. un. org/Depts/los/clcs_ new/submissions_ files/submission_ aus. htm，最后访问时间：2021 年 3 月 15 日。

〔3〕 潘军："一次卓有成效的国家实践——200 海里外大陆架法律制度下澳大利亚划界案的实证分析"，载《太平洋学报》2012 年第 8 期。

〔4〕 刘亮："大陆架界限委员会建议的性质问题研究"，武汉大学 2015 年博士学位论文。

表 1-1 各国涉南极外大陆架划界案概况〔1〕

	正式提交年份	涉南极部分	委员会意见
澳大利亚	2004 年	请求不审议南极大陆部分；申请的南大洋岛屿部分进入南极区域	2008 年，认可岛屿延伸到南极的大陆架
新西兰	2006 年（含新西兰南部地区）	部分提交，"不包括南极部分"；表示以后可能会提交〔2〕	2008 年
法国	2009 年，法属安德烈斯群岛和克格伦群岛	部分提交，"不包括与南极毗邻的大陆区域"，表示以后可能会提交〔3〕	2012 年
英国	2009 年弗兰克群岛、南乔治亚岛、南桑威奇岛	部分提交，"不包括南极部分"；但此前表示保留提交的权利〔4〕	—
挪威	2009 年（含南大洋毛德皇后地）	提交了涉南极大陆架，但请求不审议南极大陆部分〔5〕	2019 年
阿根廷	2009 年	提交了延伸自"阿根廷南极扇形"的大陆架，未请求不审议	2017 年委员会决定不审议南极部分
智利	未正式提交，2009 年提交涉南极初步信息	2020 年正式提交复活节岛划界案中表示将随后提交智利南极领地部分	—

---

〔1〕 表 1-1 为本书作者根据大陆架划界委员会网站公布的划界案相关信息编制。

〔2〕 New Zealand："Note from the Permanent Mission of New Zealand to the Secretary-General of the United Nations accompanying the lodgment of New ZealanD's submission"，载 Website of Commission on the Limits of the Continental Shelf, https://www.un.org/Depts/los/clcs_new/submissions_files/nzl06/nzl_doc_es_attachment.pdf，最后访问时间：2021 年 8 月 11 日。

〔3〕 "Note verbale dated 5 February 2009"，载 https://www.un.org/Depts/los/clcs_new/submissions_files/fra09/fra_note_feb2009e.pdf，最后访问时间：2021 年 8 月 11 日。

〔4〕 "Note from the Permanent Mission of the United Kingdom of Great Britain and Northern Ireland to the Secretary-General of the United Nations Accompanying the Lodgment of the Partial Submission of the United Kingdom"，载 https://www.un.org/Depts/los/clcs_new/submissions_files/gbr08/gbr_nv_9may2008.pdf，最后访问时间：2021 年 8 月 11 日。

〔5〕 Norway："Note from the Permanent Mission of Norway addressed to the Secretary-General of the United Nations Accompanying the Lodgement of Norway's Submission"，载 https://www.un.org/Depts/los/clcs_new/submissions_files/nor30_09/nor2009_note.pdf，最后访问时间：2021 年 8 月 11 日。

从结果上来看，无论是主张国主动要求不审议，还是委员会最终作出不审议决定，延伸自南极大陆的大陆架目前无法获得大陆架划界委员会的意见。值得一提的是，委员会对澳大利亚划界案的意见以及其他国家的默许（没有明确反对），已经承认了可以根据南大洋岛屿的自然延伸，获得进入南极条约体系范围内的大陆架。

对于南极主张国来说，海洋法的发展既创造了机会，也造成了困境。机会在于他们能够主张新的权利，或通过大陆架及专属经济区要求，为将来留下维护南极主权的部署。而困境在于，这些主张一方面可以被解释为因"冻结"状态而不能成为新的证据，另一方面也可能构成对《南极条约》第四条的违反。事实上，各国在提交申请时就明知南极外大陆架主张会受到反对，也并没有打算促成或实现这一部分申请，各国采用"暂不提交"或"提交但申请不审议"的策略，重申南极主权主张的同时避免对南极条约体系造成实质性冲击。

主张国的外大陆架划界行动再次展现了《南极条约》未能解决的主权问题，会在今后的时间里继续产生新的分歧。各国看似矛盾的行为，体现了主张国对既得权利的执着，包括旧有的主权主张，以及通过条约体系获得的相应权利。如前文所述，《南极条约》某种程度上维持了主张国的主权权利，仅仅是"冻结"而没有在 20 世纪 60 年代非殖民化浪潮中被清算。虽然《南极条约》持续期间很成功地压制了主权问题，但主权问题不时地渗透到南极法律、管理、政策和政治的表面。[1]南极条约体系维持的稳定已跟不上时代发展的要求，需要对《南极条约》作出新的解释。[2]

（二）应对新的南极活动与国际事件的现实压力

自 1991 年《议定书》以来，近 30 年内南极条约体系没有进一步的制度发展，尽管需要集体决策来解决的问题明显增加，最突出的问题是南极区域的生物勘探问题以及南极旅游活动管理规制问题。虽然南极至今还未受到国际事件的实际影响，但随着越来越多国家积极开展南极活

---

〔1〕　D. R. Rothwell, "Sovereignty and the Antarctic Treaty", *Polar Record*, 2010, Vol. 46（236），pp. 17-20.

〔2〕　潘军："一次卓有成效的国家实践——200 海里外大陆架法律制度下澳大利亚划界案的实证分析"，载《太平洋学报》2012 年第 8 期。

动，整体上南极活动频度和范围都在增加，新冠肺炎疫情也向全世界展示了全球化的结果——没有任何地区可以独善其身，南极可能无法继续享受与过去相同的安稳环境。

1. 生物资源勘探问题

南极洲的极端环境条件使许多动植物和微生物物种演化出独特的特性和能力，可用于生物技术的发展。2005 年 ATCM 通过了一项决议，[1]呼吁各条约缔约方的国家南极计划，和其他从事南极生物勘探活动的研究机构遵守《南极条约》第三条第一款关于科学交流的规定，即考虑科学交流，以及来自南极的科学观察和成果的交流。2009 年的决议重申了以上内容，[2]并提请各方在生物勘探活动过程中注意《议定书》所规定的环境影响评估、动植物保护和区域保护管理要求，以及 CCAMLR 对海洋生物捕捞方面的安排。南极生物资源勘探活动及其成果转化是当前南极资源利用的热点且前景广阔，但 ATCM 至今仍未就此通过一项具有强制力的措施或新条约。这一问题在南极地区涉及可能会在缔约方中引发法律分歧的一些事项，例如，在惠益分享制度设计中，协商方是否应该作为一个特殊群体获得利益? 抑或应该有一个共同的基金，使世界各国能够从南极洲的资源中获益? 关于《南极条约》地区的科学研究自由，是否应该在利益分享的范围内对基础科学研究、应用科学研究和商业使用加以区分?[3]

从 2002 年英国向 ATCM 提交了第一份生物勘探主题的工作文件开始，每届 ATCM 都有缔约方或国际组织就此议题发表意见，其中包括这一事项的国际议程发展。从工作文件中对 UNCLOS 项下 BBNJ 谈判进程的关注来看，[4]各国可能注意到了这一进程将产生的可执行协定生效的结

〔1〕 ATCM XXXII: "Biological Prospecting", *ATCM XXXIII Final Report Resolution* 7, 2005.

〔2〕 ATCM XXXII: "Collection and Use of Antarctic Biological Material", *ATCM XXII Final Report Resolution* 9, 2009.

〔3〕 Christopher C. J, "Potential Challenges to the Antarctic Treaty", Science Diplomacy: Antarctica, Science, and the Governance of International Spaces, edited by Paul Arthur Berkman, Michael A Lang, David W H Walton, Oran R. Young, Smithsonian Institution Scholarly Press, 2011, p. 97.

〔4〕 如荷兰在 2017 年第四十届 ATCM 上提交的工作文件（ATCM XL IP168）: "An Update on Status and Trends Biological Prospecting in Antarctica and Recent Policy Developments at the International Level"。此前还有许多同类文件。

果，鉴于所有协商方都是 UNCLOS 的缔约方，为了避免适用上的冲突，对可能会在 BBNJ 协定的内容确定后继续开展南极生物资源勘探管理措施的进一步讨论或法律文书谈判。如果南极陆地部分的生物勘探制度需要适用或重新设计一套惠益分享制度，将无法回避上文提到的观念冲突问题。

2. 南极旅游活动管理问题

协商方自第五届 ATCM 起，开始关注南极旅游问题。澳大利亚、新西兰、美国、南非、英国等协商方报告了其科考站的游客访问情况，表示游客的密集访问对科考站的研究工作造成了一定影响，且构成对南极环境和生态的潜在威胁。一些国家在会议上就其各自考察站的具体情况对游客来访提出了一些行为规范要求，并敦促各国引导、约束其国民，如有可能，需要进一步协商制定规范性文件。根据现有的科学认知，南极生态极为脆弱，南极旅游活动已对部分南极地区生态造成了不可逆的损害。如 2012 年第三十五届 ATCM 通过的决议 5 表示，某南极岛屿由于人类反复的步行踩踏，造成了苔藓床的重大损失，并呼吁各缔约方"在自己的法律和行政系统内采取适当步骤，限制其国民和经营者进入"。

自 1966 年起，ATCM 共通过了 43 份"旅游和非政府活动"相关的决策文件。但多数为不具有强制力的决议，仅有的两项措施则因为没有全部协商方的批准而未能生效，[1]这意味着仍有部分国家不接受这些措施对自身产生法律约束力。尽管 ATCM 在生效的决议中呼吁各方尽快履行对本国南极活动的管理义务，强调访问南极、组织或进行南极旅游需要受到法律约束，非政府活动人员负有受到法律约束的义务，但是管理实效很难得到保证。目前来看，南极旅游活动主要由国际南极旅游从业者协会（IAATO）进行行业自治，以及各协商方通过国内立法进行自我规制。南极条约体系中还未制定有强制力的综合性旅游管理制度，对各缔约方没有形成统一的国际法义务，各国在是否遵守与如何执行方面有很大的自由空间，不过这一部分还可以用《议定书》中对于一切南极活动

---

〔1〕　ATCM XXVII："Tourism and Non-Governmental activities"，*ATCM XXXVII Final Report Measure* 4，2004；ATCM XXXII："Landing of Persons from Passenger Vessels"，*ATCM XXXII Final Report Measure*15，2009.

首先考虑环境保护的原则性要求和具体规定进行兜底；但差异性的立法和不确定的管辖权可能引起一些冲突，如2002年，一艘由澳大利亚公司经营、悬挂瓦努阿图国旗的旅游船 Hubert Wilkins 爵士号，在南极洲阿德莱德的杜蒙居维尔港（port of Dumont D'urville）停泊，法国政府通知该船就停泊和载客上岸缴纳"抛锚税"和"基本参观费"，该公司拒绝，并与法国站站长谈判后，法国政府撤回了征税要求。更重要的是，南极旅游活动主体的范围广泛且分散，有一些非缔约方参与其中，南极条约体系无法直接对其进行规制，这一原因也同样存在于南大洋 IUU 捕捞问题中。

3. 新冠肺炎疫情

2020年12月22日，据智利《第三版时报》报道，智利的南极科考站贝尔纳多奥希金斯站暴发疫情，36人感染新冠病毒。智利军方发表声明，称感染人员已经撤离并接受核酸检测，其中包括陆军人员及负责站点维护工作的后勤公司的员工。[1]由于担心将新冠病毒带到南极，各国都缩减了南极科考的规模，[2]同时也对前往南极的科考队员采取出发前严格的隔离措施、终止了科考站间的交流活动，所有的旅游活动也都被取消了。但智利站的疫情意味着地球上最后一片净土也被新冠病毒攻破，其影响可能是长期的。其一，虽暂无明确的科学数据，但新冠病毒对南极本土动物可能存在潜在威胁；其二，南极的低温可能使新冠病毒被保存下来；其三，类似事件在南极没有先例可循，这次感染虽没有继续扩散但值得警惕，南极条约体系缺乏对这类事件的综合性预防和应对机制。

30年来南极条约体系内的制度发展缓慢，现实制度需求却客观存在甚至不断增长。或许可以在一定程度上将其归因于主权问题没有得到根本解决，导致在解决这些制度问题的过程中，暴露出南极条约体系的局限性；但从另一个角度来看，参与方的增加往往导致决策成本（包括时间）的增加。但如果 ATCM 在新的现实问题中只能发挥形式主义的作用，最终

---

〔1〕 "智利—南极基地出现新冠疫情"，载 http://health. people. com. cn/n1/2020/1223/c14739-31975936. html，最后访问时间：2021年1月28日。

〔2〕 比如中国2019年南极科考是雪龙号与雪龙2号两条破冰船"双龙探极"，2020年只派出了雪龙2号。

将会破坏南极条约体系作为国际治理制度的合法性以及南极地区的和平。

（三）各国地位差距与利益分化问题

随着事实参与国家的增多，该体系在南极事务处理上正向着更加务实、更多合作且轻意识形态的方向发展。[1]尽管如此，由于各国实力及南极事业起步的早晚差异，成员方之间的南极活动能力不尽相同，而今南极治理制度中的关键仍然是科学成果，收集和传播科学知识的能力掌握在少数国家手中，由此获得的发言权力被用以在南极治理中塑造为保护自身国家利益的政治议程，并确保治理南极的主要权力仍然为少数国家所垄断。[2]在南极事务的实际进程中，主权主张国与非主张国、协商方与非协商方间存在明显的差异。

《南极条约》虽然冻结了主权声索，但主张国对南极事务的高度关注始终抱有潜在的主权意识。各主张国在南极问题上既是领土主张者，也是南极条约体系科学合作和环境保护规范的拥护者，一方面致力于维护和发展现有南极模式，另一方面也强调了在治理中加强"战略部署"，以保证在未来可能出现实质利益的领域（尤其是资源方面）保有优势地位。基于此双重角色，主张国可能将主权要求降低为共同管理制度中的"副产品"，通过在南极条约体系提供的制度中实现，如《议定书》附件五所规定的特别保护区制度。虽然南极特别保护区的管理权，不具有主权需要具备的对外独立性与排他性，因此严格来讲不是主权权利，但这种管理权实际彰显了国家在南极的实质性存在。[3]事实上过去的时间里，各国提出的保护区分布在很大程度上反映了各国科学考察站的位置，而这些考察站的位置又受到国家地缘政治因素的影响。建立南极特别保护区的驱动因素包括实用主义、地缘政治和客观保护需求。[4]

---

〔1〕 陈力："论南极条约体系的法律实施与执行"，载《极地研究》2017年第4期。

〔2〕 Klaus Dodds& Christy Collis, "Post-colonial Antarctica", in K. Dodds, P. Roberts, A. D. Hemmings (eds), *Handbook on the politics of Antarctica*, Edward Elgar Publishing, 2017, p. 63.

〔3〕 刘惠荣、陈明慧、董跃："南极特别保护区管理权辨析"，载《中国海洋大学学报（社会科学版）》2014年第6期。

〔4〕 K. A. Hughes, S. M. Grant, "The Spatial Distribution of Antarctica's Protected Areas: A product of Pragmatism, Geopolitics or Conservation Need?", *Environmental Science and Policy*, 2017, Vol. 72, pp. 41-51.

在南极条约体系所确定的现有治理模式中，参与协商议事、提交工作文件代表了一定程度的规则制定权及管理权，通过这种途径发挥的影响，累积起来甚至可以在具体南极事务处理中发挥主导作用。《南极条约》最初签订时规定了协商会议制度，但并没有为会议制度设置具体的组织运作机制。同时会议拟定的"措施"需经协商方全体一致通过，并在所有协商方政府批准的情况下才能生效。但这种"去中心化"的倾向随着南极事务的外延与内涵不断发展而逐渐弱化。这一趋势下，非协商方与协商方之间原本就不平等的南极权利与利益也将进一步拉开差距。因为南极治理规则的制定、会议措施及决议是各方利益博弈的结果，无权参与决策，利益更无从谈起。协商方内部也存在参与治理的阶层划分。有观点认为，在南极现有的治理中作出主要贡献的是少数国家。1995—2012 年，所有协商方的政治和科学成果数据表明，最初的 12 个条约签署国，包括 7 个主张国以及美国和俄罗斯，不仅为南极制定了政治议程，而且提供了大部分科学成果，产出最多科学成果的协商方有着最大政治影响力。与此相比，后来的条约签署国中并没有能在管理南极中发挥重要作用的成员，这些协商方共计只制定了 7% 的政策文件。[1] 从特别保护区制度来看，科研实力更强的少数国家也掌握着更多数量的保护区管理。

虽然目前没有国家从内部挑战南极条约系统或推动系统改革，但南极条约缔约方似乎担心该体系管理南极地区的能力，不足以面对来自其他新兴国际秩序的竞争。各国试图通过增加自身在南极的影响力来面对系统中潜在的威胁。在增加影响力的过程中，各国倾向于采用提高国家南极计划的投入或建设新的南极设施来互相竞争。内部竞争将进一步拉开各国之间的差距，随着协商方和缔约方的增加，利益分化将更加严重，可能使各国在将来的议题上更难达成一致。

---

〔1〕 John R. Dudeney 在其《南极条约中的政治和科学领导》一文中，使用政策性文件和科学出版物的数量来评估过去的 18 年间所有协商方的政治和科学成果。虽然成为协商方需要具有实质性的科学计划，但条约没有正式的机制来对协商方是否持续符合这一标准进行审查。作为完善这一缺陷的第一步，作者建议协商方全体表决，定期对各自的科学计划进行国际同行评审，并将结果提供给其他协商方成员。J. R. Dudeney, D. W. H. Walton, "Leadership in Politics and Science Within the Antarctic Treaty", *Polar Research*, 2012, Vol. 31.

第四节　南极条约体系的效力问题

讨论南极条约体系的效力，需要对其中的内容进行区分，如前文第三节所述，本书所称"南极条约体系"，主要指《南极条约》和与其相关的另外三项条约，以及 ATCM 中通过的经协商方批准后具有法律约束力的措施（measure）。因此对这一问题的讨论可以分为两个部分，一是南极条约体系中具体条约的效力，二是南极条约体系下会议通过的措施的效力。

一、南极条约体系中具体条约的效力

条约的效力通常指条约的效力范围，包括对缔约方和非缔约方的效力，条约的时间和空间效力，以及条约冲突时的效力，本节主要讨论南极条约体系中条约效力的前两项内容。

（一）对缔约方的效力

《南极条约》和 CCAMLR 分别在布宜诺斯艾利斯和堪培拉设有秘书处，但没有行政机构监督其执行情况。《南极条约》提供的解决争端的方法是谈判或仲裁，或者如果争端的所有当事方都同意，则由国际法院裁决。与其他国际条约通常情况一样，由于没有强制执行机构，南极条约体系中的条约对缔约方的约束力，也主要依靠缔约方的主动遵守。

传统国际法中"条约必须遵守"是一项原则，指国家缔结条约后，必须按照条约的规定行使权利和履行义务。国际常设仲裁法院在 1910 年对"英美北大西洋渔业案"的裁决中称，"任何国家都有义务履行由条约产生的义务，并且由于国际法上存在遵守条约义务的惯常而被促使履行这些义务"。1945 年《联合国宪章》也包含相关内容，并且国际法院在判例中一贯强调，国家应尊重、诚实遵守由条约和国际法其他渊源而承担的义务。[1] 1969 年《维也纳条约法公约》第二十六条规定："凡有效之条约对各当事方有约束力，必须由各当事方善意履行。"传统国际法学

---

〔1〕　周鲠生：《国际法》（下册），商务印书馆 1976 年版，第 649 页。

者认为，国家应当基于"有约必守"的法律理念，或出于对国家声誉和名望的珍惜、履行法律义务的道德感、对国际秩序的尊重等理由而遵守包括条约在内的国际法。[1]更具现实性的解释是现代国际法学者戈德史密斯和波斯纳以理性选择和博弈论作为分析工具提出的国家遵守理论，即国家并不是基于某种法律义务感而践行国际法，而是由于存在利益耦合、胁迫、合作以及协调这四种国家间的博弈关系。[2]当国家不顾其他国家的行为而遵守一项规范时，就会发生利益耦合；当强国强迫弱国遵守时，即为胁迫；当国家处于纯粹的自身利益和对等的期望并遵守某项规则时，就会发生合作和协调。在博弈过程中出于对自身国家利益的诉求，导致国家选择采取某种行为，包括遵守或不遵守条约、习惯等国际法。

戈德史密斯和波斯纳的出发角度为国际关系的超现实主义，但"博弈论的研究方法主要是一种描述性方法，其价值在于剖析社会（包括法治）运行的方式和过程，而法律的价值在于预测、评判、规范社会行为"。[3]德沃金认为，法律处于变动的动态过程中，静态的描述无法反映它的真实状态，[4]而国家利益也并非一成不变的。由于利益观念的形成"依赖人类一系列的认识，包括对客观世界、正义理念、全球策略、道德信念等"，[5]而这些认识一部分是由"法律意识"塑造的，可以说利益观念本身就是由法律意识建构的。在真实世界运行的复杂环境中形成的国家利益，不会是单一的、恒定的，也不会孤立于社会现实，时刻都不能脱离国际社会法律意识的塑造。此外，还要认识到，无论各国遵守国际规范的真正动机与其法律义务感是否应该分开看，遵守规范的任何证

〔1〕 陈奕彤："国际环境法的遵守研究：以北极环境治理为分析对象"，中国海洋大学2014年博士学位论文。

〔2〕 ［美］杰克·戈德史密斯、埃里克·波斯纳：《国际法的局限性》，龚宇译，法律出版社2010年版，第23-29页。

〔3〕 姜世波："习惯国际法真的是一个幻象吗？——美国学者的博弈论研究述评"，载《武大国际法评论》2008年第2期。

〔4〕 高鸿钧："德沃金法律理论评析"，载《清华法学》2015年第2期。

〔5〕 姜世波："习惯国际法真的是一个幻象吗？——美国学者的博弈论研究述评"，载《武大国际法评论》2008年第2期。

据仍然可以作为国际法律义务存在的证据。虽然国家对某一规范的遵守可能始于期待、默认甚至恐惧，但最终都可以产生确定的法律义务。[1]

根据上述理论，对于南极条约体系中的各项条约，可以说缔约方出于一定的道德义务感遵守之并使之产生实际效力，如对南极国际秩序的尊重；也可以认为，由于条约规则中为缔约方创设的权利和义务，结合起来并不会减损缔约方的国家利益，同时缔约方期待通过遵守条约来实现其国家利益，无论是维护主权主张的政治利益、环境和生态保护利益，还是未来资源开发产生的商业利益，缔约方诉求这些利益的过程中，希望获得条约建立的制度规范所提供的安全感、行为后果的可预见性，甚至与其他国家互相制衡的作用，如此才会促成条约发生实际效力。更重要的是，换一个角度说，当能够提供这些实现某种利益的功能时，条约规范可以作为缔约方所追求的国家利益的一部分。南极条约体系作为国际法律规范，为相关国家实践提供了特定的观点和力量，影响了或者说一定程度上塑造了各国的国家利益。

（二）对第三方的效力

"国家主权独立且平等的前提下，任何国家未经第三国同意，无权凭双边或多边条约将权利或义务强加于该国"，[2]即条约的效力具有相对性或符合"条约对第三方无损益"原则。这一原则反映在《维也纳条约法公约》中第三十四条，"条约非经第三国同意，不为该国创设义务或权利"。但实际上也存在一些特殊情形，《奥本海国际法》（第九版）就列举了八种条约可能对第三方产生效力的情况，其中三种情形可能用来讨论南极各条约。

1. 为第三方创设权利义务

《维也纳条约法公约》第三十五条及第三十六条分别规定了条约为第三国创设义务和权利的条件。若条约（缔约方）有意以条约规定为第三国创设义务，则只有第三国书面明示接受的情况下，第三国才负有条约所设义务；若条约有意以规定为第三国创设权利，第三国可以通过明示

〔1〕　David J. Bederman, "Acquiescence, Objection and the Death of Customary International Law", *Duke Journal of Comparative & International Law*, 2010, Vol. 21, p. 31.

〔2〕　梁西主编：《国际法》，武汉大学出版社1993年版，第348页。

同意行使该权利，也可以在没有相反意思表示的情况下被推定为同意，但前提是条约未排除这种"默认"。从这两条规定来看，判断条约是否通过为第三方创设权利义务的方式，使规定该权利义务的条约规则对第三方发生效力，需要考虑两点基本要素：一是缔约方的意思表示，即订立条约时"有意"为第三方创设权利或义务；二是第三国的意思表示，即对义务的明示同意，对权利的明示同意或默认。

南极条约体系中是否有条约规则体现了缔约方的这种意图？《南极条约》序言中提到"为了全人类的利益"，《议定书》序言中称"符合全人类利益"，似乎体现出各条约有意指向除缔约方外其他主体的利益。但"人类的利益"过于宽泛，没有具体的指代对象，难以确认对象的同意与否；"利益"也不等于具体的权利，而《维也纳条约法公约》中所规定的创设应当理解为创设某种特定的、具体可执行的权利或义务，否则就过于模糊且脱离条款文本能涵盖的范畴。从南极条约体系四个条约的内容来看，主要是对缔约方权利义务的规定，有些权利甚至仅限于协商方。

有学者认为《南极条约》第十条可能为第三方创设了义务，该条规定，缔约每一方保证作出符合《联合国宪章》的适当努力，务必使任何人不得在南极从事违反本条约的原则和宗旨的任务活动。这一条款"相当于对权限的宣称，且被早期没有提出反对意见的国家接受"。[1]但是，一方面创设义务需要第三方书面明示同意，此处不能推定"没有反对意见"便是同意，[2]尽管在联合国大会的讨论中有多个第三方国家的代表团对南极条约体系中的一些原则性规定表示了支持（将在本书第三章、第四章详述）。本书认为，这些支持性的表示仅代表对这些原则本身所具

---

〔1〕 R. Lefeber, "The Exercise of Jurisdiction in the Antarctic Region and the Changing Structure of International Law: The International Community and Common Interests", *Netherlans Yearbook of International Law*, 1990, Vol. 21, pp. 81-137.

〔2〕 Jonathan I. Charney 1996 年的文章在讨论《南极条约》为第三方创设义务时表示："习惯法在某些情况下，不那么正式地表示接受可能就足够了，因此支持将规范适用于南极洲的官方声明可能足够支持第三方国家接受条约义务的观点。"必须指出的是，这里 Charney 将条约为第三方创设义务的情形，与条约规则发展为习惯国际法的情形混同了，为第三方创设义务时需要的是书面明示同意，而习惯法的情形则需要进行另一套认定程序（其中的法律确信认定可能包括默示推定），但两种情形对"同意"的要求明显不同，不应该混淆使用。

有的合理性或合法性的认可，虽然我们很容易就此联想到作出这些表示的国家更有可能成为条约潜在的缔约方，但这种表示距离直接接受条约义务还是有一些差距，肯定他人的做法不等于表示自己也会采取同样的做法，因此仅仅是支持的表示并不等于其书面同意接受《南极条约》的约束；此外，这些支持是在是否要将南极条约体系纳入联合国框架的讨论中作出的，《南极条约》的地位会受到讨论结果的影响，此时认为这些支持等于接受条约义务就更缺乏说服力了。另一方面假设该条款意在宣称缔约方有特别的权限可以要求其他国家不从事某些活动，也仅仅是条约为缔约方设定的权限，即使这种所谓权限真的导致非缔约方的作为或不作为，也不能看作是条约的效力直接作用于非缔约方。从这一角度来看，第十条也应属于缔约方的义务而非权利。能够想象现实中可能发生缔约方通过胁迫、利益交换或其他和平方式使非缔约方选择某行为，就算该缔约方是出于第十条的目的，使非缔约方选择符合《南极条约》的原则和宗旨的行为，也只是缔约方与非缔约方之间的情势或合同，而非由于第三方遵守了《南极条约》创设的义务。

类似的条款见于 CCAMLR 第二十二条[1]和《议定书》第十三条第二款。[2]

2. 是否构成习惯国际法而对第三方产生效力

《维也纳条约法公约》第三十八条规定，"条约所载规则由于国际习惯而对第三国有拘束力"，且前款对条约效力相对性的规定，以及条约为第三方创设权利或义务的限制性规定，"不妨碍条约所载规则成为公认国际法习惯规则"。在这种情况下，不是条约有拘束力，而是习惯规则具有拘束力，条约则是对该规则的反映。[3]在这一层面，条约就不再被仅仅视为条约。条约作为条约，影响的是缔约方之间的关系，而条约规则成为习惯国际法规则，其影响范围将不再限于条约的效力范围。

---

〔1〕 CCAMLR 第二十二条："一、在遵守《联合国宪章》的前提下，各缔约方应尽力杜绝任何违背公约目的的活动；二、各缔约方应将其知悉的任何此种活动通报委员会。"

〔2〕《议定书》第十三条第二款："各缔约方应作出符合《联合国宪章》的适当努力以使任何人不得从事违反本议定书的活动。"

〔3〕［英］詹宁斯、瓦茨修订：《奥本海国际法》（第一卷第一分册），王铁崖等译，中国大百科全书出版社 1995 年版，第 628 页。

因此，存在一种可能使南极条约体系对第三方产生拘束力，即南极条约体系中具体条约所载规则成为对第三国有拘束力之公认习惯国际法规则。需要注意的是，此时需要讨论的对象就不再是整个条约体系或者单一条约本身，而是限缩到了某些具体的规则。在对南极条约体系中的习惯国际法规则进行识别时，首先要判断众多条款中蕴含了哪些具备这种潜力的规则。从条约条款中筛选或抽象出符合特定条件的规则，需要对条约条款进行解释。根据《维也纳条约法公约》第三十一条对条约之解释的一般规定，应按照条约上下文并参照其目的、宗旨所具有的通常意义，善意地对其进行解释。此外还需要考虑：（1）南极条约体系中具体条约的缔约方嗣后所订关于条约的解释或适用的协定，如缔约方作出的"解释性协定"或"解释性声明"；（2）条约缔约方适用条约的共同的、一致或协调的嗣后实践，如 ATCM 通过的措施、决议、决定，或缔约方共同发布的宣言性文件；（3）适用于条约当事国之间的其他相关国际法规则，如有可能，包括《联合国宪章》、UNCLOS、《生物多样性公约》等。

从 1983 年开始的联合国大会上"南极洲问题"专题辩论中，与会各国尽管对《南极条约》提出了一些批评，也对一些没有太多争议的规则表现出较为普遍的肯定态度。例如，禁止在南极洲使用核武器和放射性废物这一项目得到了数十个国家的明确支持，[1]和平利用、科学自由等原则性问题对世界所有国家来说也存在共同利益，意大利代表在联合国大会第一委员会辩论期间指出：《南极条约》的一些条款得到接受，如非军事化、无核化、科研自由、开放准入以及保护环境和海洋生物资源等，可以说它们"正在被承认为属于习惯国际法"。[2]

3. 条约直接适用于第三方——客观制度理论

有学者认为，《维也纳条约法公约》第三十八条涵盖了一种"客观制度"（objective regimes），这种制度直接对第三国产生效力，而且不由第

---

〔1〕 见联合国文件：A/C. I/38；A/C. I/39；A/C. I/40。

〔2〕 原文为："in the process of being recognized as belonging to customary international law"。见1985 年第 40 届联合国大会记录，联合国文件：A/C. I/40/P. V49，第 3 页。

三国的同意来解释。[1]事实上，国际法委员会在拟定《维也纳条约法公约》的时候，虽然注意到了"客观制度"会出现条约规则对第三方生效的情况，但并没有将其纳入条约条文。

习惯有时将条约所载规则的适用范围扩大到缔约方以外，这一作用是公认的。某些国家之间缔结的条约可能会制定一项规则，或建立一种领土、河流或海洋制度，随后被其他国家普遍接受为习惯国际法。[2]例如，《陆战法规和惯例公约》（1907年海牙第四公约）、关于瑞士中立化的协定，以及关于国际河道和海洋水道的各种条约。同样，一项旨在阐明现有习惯法规则的编纂公约，即使不是公约缔约方，也可能被视为对有关习惯法规则的普遍接受的拟订。

但是在这些情况下，不能说明条约本身对非缔约方具有法律效力。简而言之，对第三方国家而言，规则的约束力来源是习惯，而不是条约。因此，委员会认为客观制度不应作为条约对第三国具有法律效力的情况而列入条约法中。但是考虑到这一进程的重要性，委员会在该条中添加了一项保留规定，即《维也纳条约法公约》第三十八条所表述的："本条约第三十四条至第三十七条的规定，不妨碍条约所载规则成为对第三国有拘束力的公认国际法习惯规则。"

委员会审议了建立所谓"客观制度"的条约，即其权利和义务是普适的，考察了这种情况是否应作为对第三国有影响的条约的特殊情况而单独处理。他们认为，属于这一概念范围的条约，包括使特定领土或地区中立化或非军事化的条约，规定国际河流或海上航道航行自由的条约，委员会列举《南极条约》作为这种条约的最新例子。虽然委员会认识到在某些情况下，条约权利和义务可能变得普遍有效，但并不认为这些情况是由任何特殊的条约法概念或制度造成的。这些情况，要么可以适用

---

〔1〕　国际法委员会以1815年维也纳会议中关于瑞士中立化的规定为例，国际法委员会进一步解释说，这些"客观制度"（指瑞士的中立国地位）根据第三十八条对整个国际社会有效，但该条的准备材料又建议：它们应与抽象性的条约规则有区别。实际上，瑞士的中立国地位是根据"客观制度"对整个国际社会有效的，而不是根据《维也纳条约法公约》第三十八条，中立国家应遵守的规则才是根据第三十八条形成的习惯法规则。参见 International Law Commission, *Yearbook of the International Law Commssion 1964 II*, United Nations, 1964, p. 184。

〔2〕　李浩培：《国际法的概念与渊源》，贵州人民出版社1994年版，第95页。

《维也纳条约法公约》所规定的为第三国创设义务或权利的规定，要么实际上是国际习惯与条约的嫁接。条约建立客观制度的这一理论是有争议的，各国是否能接受这一理论也令人怀疑，委员会的结论是，在国际关系发展的目前阶段，承认这类条约对非缔约方产生特殊的法律效力还为时过早。委员会认为，有第三十六条规定缔约方意图创造有利于其他国家的一般权利的条约，加上第三十八条提供的转化为习惯法的程序，为确立普遍有效的条约义务和权利提供了法律基础，即使没有达到理想程度，也是各国可能接受的程度。因此，委员会决定不制定任何关于建立所谓客观制度的条约的特别条款。

援引"客观制度"理论来讨论《南极条约》效力问题的方法，整体上是一种演绎推理的方式。在"客观制度"代表着"对世义务"的前提下，如果证明《南极条约》形成了"客观制度"，则说明《南极条约》形成了"对世义务"，从而对第三方国家产生约束力。但事实上，目前关于南极领土主张冻结的问题还未得到根本的解决，很难说《南极条约》建立的是一种领土制度；而且南极条约体系发展到今天，内容已经远远超出最初的《南极条约》的范围，缔约方的目的和意图也随着国际情势发生了转变，在这种情况下，也很难证明南极条约体系产生了理论意义上的"客观制度"；加上国际法委员会对于"客观制度"的效力源于第三国对规则内容所形成的习惯法的遵守的论断，本书认为，关于南极条约体系对第三方效力问题的讨论，还是应该回到习惯国际法的形成或识别这一角度。

二、南极条约体系下会议通过的措施的效力

ATCM 通过的措施，包括还未对文书进行细致分类之前（1995 年之前）的部分"建议"，按照《南极条约》的议事规则及 1995 年决定 1 的说法，都包含具备法律约束力的条款，其发生效力的条件是经所有协商方批准，即协商方全部明示接受约束。那么非协商方是否会受到约束？

首先，《南极条约》中并未明确规定措施的效力及于所有缔约方。前文所述，没有协商地位的普通缔约方并不参与这些文书通过与否的决策，只是可以听取这些文书的讨论并经允许后发表意见，并没有机会对是否

承认文书的法律约束力作出意思表示。措施中的规定多是对正式条约内容的细化，有着促进并协调缔约方遵守条约的诸多好处，但不应想当然地认为这些措施生效后也会直接对普通缔约方产生法律效力。需要说明的是，本书并不赞成把所有国际义务都视为是以自愿接受为前提的义务这一抽象教条，只是条约区别于一般性国际法律渊源，所提供的应当是任择性和个性化的承诺，在这一范畴内谈论规则效力（是否适用）应当首先考虑同意和接受的问题。具体来讲，在南极条约体系的小范围内，这些措施可以类比为一些新的条约条款，其严格的程序也类似条约的谈判、签署、批准，协商方是完整参与这一过程的当事国，而此时没有权利参与决策签署和批准的非协商方，可以视为这些措施的第三方，在这种情况下，应当参考条约对第三方的效力情形，来考虑措施对非协商方的效力。

其次，必须注意的是，目前 ATCM 所通过的近 200 项措施中，约 97%都是关于历史遗迹和纪念碑、特别保护区、特别管理区的管理计划，以及《议定书》生效之前施行的特殊科学价值地点（SSSI）管理计划方面的内容。这些措施以及另外两项不属于此类的措施，经过协商方批准而生效，[1]余下三项仍处于未生效状态。[2]根据《议定书》附件五第七条第一款规定，缔约方有义务通过颁发许可证的形式，要求其公民或法人在南极的行为不违反生效的区域管理计划。[3]因此，如果一个国家加入《议定书》（不允许保留），该缔约方就会受到这一条款的约束，在其国内的行政管理中使用到这类措施的内容。这是否可以视为这类措施的效力对《议定书》附件五的所有缔约方有效，而非只是前段所说的对参与决策的协商方有效？本书认为，《议定书》附件五第七条只是为缔约方规定了通过"许可"进行对内管理的义务，对于"管理计划"的内容只

---

〔1〕　"另外两项措施"指：2006 年措施 4（修改《议定书》附件二所附特殊保护物种的指定名单），和 2003 年措施 1（设立秘书处）。

〔2〕　未生效的措施为：2004 年措施 4（旅游与非政府活动）、2005 年措施 1（《议定书》附件六）、2009 年措施 15（关于游船旅客登陆的事项）。

〔3〕　每一缔约方应根据"管理计划"关于该地区的要求，指定一个适当的权力机构签发进入和参与在南极特别保护区内的活动的许可。许可证应附有"管理计划"的有关章节，并应具体说明"区域"的范围和地点，经授权的活动以及授权活动的时间、地点，以及"管理计划"规定的任何其他条件。

要求进行一定的告知或说明，从字面上理解，这一条款并没有创设所有缔约方都应当遵守"管理计划"具体内容的义务。因此，虽然区域管理计划类的措施可能产生更大范围的实际影响，但其文书的法律效力范围与其他类别的措施并无二致。

再次，尽管理论上措施只有在所有协商方批准后才具有法律约束力，但实际操作中，往往一经会议通过就会被相关国家付诸实践。例如设立条约秘书处的措施于 2003 年的会议上通过，2004 年秘书处就开始正式运行了，但直到 2009 年该措施才被所有协商方批准。[1]措施会先于发生法律效力产生实际效果，可以推测这种实际效果或者说实践的力量，能够推动措施被更多国家接受并批准。

最后，ATCM 并不是严格意义上的国际组织，国际组织决议尚不具备严格的法律约束力，只是软法性质的国际法律文件，ATCM 的决议和决定的效力亦应如此。但还存在一种情况，即协商会议通过的文书（建议、措施、决议、决定）被编纂成为新的条约，如《议定书》就吸纳了许多此前会议通过的建议，此时这些建议所载规则就成为条约规则。

CCAMLR 的情况有所不同，每年召开的会议都会通过一系列关于渔获量的限制和适用于下一个年度关于其他问题的养护措施，尽管这些措施在通过时不具有约束力，但除非缔约方在 90 天内提出反对意见，否则它们在 90 天后将对所有缔约方具有约束力。

因此，南极海洋生物资源养护委员会通过的养护措施，在生效后可如条约一样约束缔约方；但 ATCM 通过的措施仅作为措施来讲，生效后只对协商方而非全体缔约方具有直接法律约束力。措施所载规则如果今后被编纂成为条约，则能够发生作为条约规则的效力，甚至成为习惯国际法规则产生一般效力，但与条约的情形一样，此时具有拘束力的不是措施，而是习惯规则。

小　结

南极条约体系及其配套制度取得了许多成就，但也面临着诸如条约

---

〔1〕　波兰 2009 年 1 月 15 日批准；巴西 2009 年 6 月 10 日最后批准。

冲突问题、历史遗留的主权问题、新兴南极活动和内部分歧造成的管理压力等许多需要解决的现实困难，这些困难引起了学界对于南极条约体系规则效力问题的讨论。关于南极条约体系或《南极条约》对第三方效力的寥寥研究文献，多是选取从客观制度或对世义务视角入手。[1]以习惯国际法为视角讨论《南极条约》缺乏实证研究且年代较为久远。[2]这些文献写就的时期刚好是联合国大会对南极问题展开激烈讨论的时期，也是习惯国际法理论蓬勃发展、众说纷纭的时期。除了传统习惯国际法理论固有的缺陷，国际法院的新判例和国际刑事法庭对国际人权、人道法的发展也对传统习惯国际法理论造成了冲击。"二战"后国际关系理论从传统的强调国家利益为核心的新现实主义和新自由主义，逐渐发展到重视规范作用的制度主义和建构主义，[3]其中许多工作成果也丰富了对习惯国际法规则的形成、发展、维持或变化过程的解读角度及深度。在这一过程中，国际条约数量的增加、国际组织的规模和影响力扩大，伴随着非殖民化浪潮及局部冲突后，许多新国家登上历史舞台，整个国际法体系及其所处环境都发生了变动。第三世界国家对国际政治经济新秩序的要求逐渐受到重视，第三世界国际法进路、破除西方中心主义、对后殖民主义的反思都产生了不容小觑的影响。国际法不是脱离政治的避难所，而是一个政治性叙事。[4]国际法研究也不应该在一个真空的实验室环境中进行，这也是本章尽可能详细叙述南极条约体系发展历程的原因。

许多学者曾预测"习惯国际濒临死亡"，并通过反复努力希望复活与

---

〔1〕　Bruno Simma,"The Antarctic Treaty as a Treaty Providing for an "Objective Regime", *Cornell International Law Journal*, 1986, Vol. 19（2）, p. 189.

〔2〕　Anna Wyrozumska, "Antarctic Treaty as a Customary Law", *Materials of Polish-Dutch Conference on International Law*, 1992, Vol. 19, pp. 227-240; Jonathan I. Charney, "The Antarctic System and Customary International Law", in Fancioni &Scovazzi, *International Law for Antarctica*, *Kluwer Law International 2nd edition*, Kluwer Law International, 1996, pp. 51-102.

〔3〕　关于国际关系理论的历史发展及当代的三次大论战，参见倪世雄等：《当代西方国际关系理论》，复旦大学出版社 2001 年版。

〔4〕　魏磊杰："我国国际法研究的主体性缺失问题：反思与祛魅"，载《学术月刊》2020年第 8 期。

改革习惯国际法。[1]习惯国际法理论问题频出，国际法院也始终没有就其如何适用习惯国际法给出一个能解决所有困惑的答案，以至于学者们在研究南极问题时似乎并不愿意使用这个概念。国际法委员会在 2018 年完成了其专题研究"识别习惯国际法"结论草案的二读，这一权威解释是否能为习惯国际法注入活力，为南极法律问题的这一研究视角带来转机呢？又或者，南极大陆上自始至终的主角——各位立场不一、"个性"鲜明的主权国家的现实行动才能证实或证伪这一命题？国际社会所期望的、多数国家都愿意相信的南极国际法又应是怎样的？

德沃金认为，法律处于变动不居的动态过程中，对它的内容和形态进行任何静态描述，都无法反映它的真实状态。南极现有法律制度中存在着可能处于形成中的习惯国际法。在国际法理论与现实政治环境难以预测的变数中，南极可以作为国际法研究的实况实验室，有望在其中观测到真实的习惯国际法规则的形成。选取习惯国际法视角研究南极问题无疑是一项困难的工作，但挑战的难度与其意义可能是成正比的。

---

〔1〕［加］劳伦斯·赫尔佛、英格丽·伍尔特："习惯国际法：一种工具选择的视角"，孙琳琳编译，载《国际关系与国际法学刊》2017 年第 7 卷。

第二章　习惯国际法理论与实践问题

第一节　传统习惯法理论问题及其争议

一、习惯国际法的两要素及约束力理论

习惯国际法源自被接受为法律的惯例的不成文法，是《国际法院规约》第三十八条第一款所列的国际法渊源之一。该规约第三十八条第一款（丑）项提到了"国际习惯，作为通例之证明而经接受为法律者"。"1920年，国际联盟设立了法学家咨询委员会以编写《常设国际法院规约》草案，该委员会提出了这一措辞；1945年《国际法院规约》中继续使用了这一措辞。虽然这种起草方式曾被批评为不准确，但这一程式化语句仍被广泛视为体现了习惯国际法的实质所在。"[1]这一措辞反映了习惯国际法的两个构成要素：一般惯例（general practice），以及该惯例被接受为法律，即"法律确信"（opinio juris）。

人们普遍认为，习惯国际法的源头是各国广泛一致的实践。[2]如果国家以某种一致的方式行事，那么这些国家就有可能出于一种法律义务感而遵循这种行事方式，即所谓的法律确信。显然，除国家实践之外，习惯国际法还应该有一些必要的东西，使行为者得以区分具有法律约束力的规则和没有法律要求的行为模式。如果有足够多的国家出于法律义务感，在足够长的时间内以这种一致的方式行事，就会产生新的习惯国

---

〔1〕 国际法委员会："习惯国际法的识别"，载2018年联合国文件A/73/10，第121页。

〔2〕 T. Buergenthal, S. D. Murphy, *Public International Law*, 5th edition, West Academic Publishing, 2013, sect. 2-4.

际法规则。[1]国际法院在判例中提到,习惯国际法"必须满足两项条件",[2]并反复指出"要确定存在一项习惯国际法规则,除法律确信外,还需要存在既定惯例"。[3]

国际法委员会自 2012 年起开始了对"识别习惯国际法"的专题研究,最终形成了 16 条结论草案和评注,并于 2018 年完成了二读(以下简称 ILC 结论)。该项结论报告可以视为目前对习惯国际法的识别方法及相关基础问题的权威解释,其中也坚持了两要素说:惯例和被接受为法律(法律确信)同时具备方能提供识别习惯国际法所必需的信息,两个构成要素事实上可能相互交织,但就识别习惯国际法规则的目的而言,每个要素在概念上都是独立的。[4]

（一）一般惯例（国家实践）

该要素又称实质要素或客观要素,主要指有助于习惯国际法规则形成或表述的国家实践。习惯国际法对国家实践的要求是一般的(general),只要求存在基本一致的、有共性的行为,而并没有要求普遍的(universal)行为。正如有学者评论说:"在过去几年中,作为习惯规则基础要求,对实践的普遍性程度要求一直在不断降低,相反的是,这种规则一旦形成,其约束性范围就被认为越来越广。"[5] ILC 结论中具体说明了对惯例的一般性要求,即必须足够广泛和有代表性,还必须是一贯的,但是并不要求特定的存续时间。[6]相关问题是,什么形式的行为构成支持或不支持习惯国际法规则的国家实践,另外,在评估惯例时,不一致的国家实践又该如何对待。

---

[1] 本书的习惯国际法规则,所指对象包括那些因为具有更加通用、更加基本的特点而可能被称为"原则"的规则。

[2] North Sea Continental Shelf (Federal Republic of Germany v. Denmark; Federal Republic of Germany v. Netherlands), *ICJ Reports* 1969, pp. 43-44.

[3] Jurisdictional Immunities of the State (Germany v. Italy: Greece intervening), *ICJ Reports* 2012, pp. 122-123; Continental Shelf (Libyan Arab Jamahiriya/Malta), *ICJ Reports* 1985, pp. 29-30.

[4] 国际法委员会:"习惯国际法的识别",载 2018 年联合国文件 A/73/10,第 133 页。

[5] Prosper Weil, "Towards Relative Normativity in International Law?", *The American Journal of International Law*, 1983, Vol. 77, pp. 413-443.

[6] 国际法委员会:"习惯国际法的识别",载 2018 年联合国文件 A/73/10,第 140 页。

1. 国家实践的形式

D'Amato 和 Wolfke 等一些学者认为，只有行为而不是声明，才能算作国家实践。这意味着任何希望支持或反对发展、维持或改变一项习惯规则的国家，都必须采取某种行动，仅仅声明或主张是不够的。[1] 这种立场受到许多反对的原因是，如果只有具体的行为才能发挥作用，就改变习惯规则而言，似乎要求国家实际作出违反习惯国际法的行为。这种做法很难被任何希望在国际关系中加强法治的人推荐。[2] 它几乎没有给外交和平说服留下什么余地，这样一来，在习惯国际法的进程中，实力较弱的国家会被边缘化。

相反的立场认为，任何国家行为实例，包括行为、不行为、声明、条约批准、谈判立场（反映在准备工作文件中）以及对决议和声明的投票支持或反对，都可能构成习惯国际法意义上的国家实践。国家习惯涵盖一国的任何行为或声明，从中可以推断出该国对国际法的看法，包括不作为和沉默。这种更具包容性的做法也体现在国际法院判例中，例如法院依靠"官方意见"和条约批准书来确定 1950 年庇护案中不存在"经常和统一的惯例"（constant and uniform usage）。在 1952 年摩洛哥美国国民权利案中，法院还审查了外交信函，以确定该案没有"基于习惯或惯例"的行使领事管辖权的权利。ILC 结论也支持了这一立场，认为国家实践的形式既包括实际行为，也包括言语行为，在某些情况下还包括不作为。具体而言，国家实践的形式见下文。

2. 不一致的国家实践

ILC 结论认为，确定习惯国际法规则的存在并不要求各国实践完全一致，只需要基本上或实质上一致。"即便存在一些不一致和矛盾之处，也不一定不能认定"存在一般的惯例。[3] 例如在尼加拉瓜案中，国际法院

---

〔1〕 见 Read 法官在英挪渔业案（1951 年）中的个人意见，Fisheries（United Kingdom v. Norway），*ICJ Reports* 1951，p. 191.

〔2〕 Michael A Morris，"Custom as a Source of International Law"，*British Yearbook of International Law*，1976，Vol. 1，pp. 1—53.

〔3〕 国际法委员会："习惯国际法的识别"，载 2018 年联合国文件 A/73/10，第 141 页。

指出，"各国行为只要大体上与这种规则一致，就足以推导出习惯规则的存在……"〔1〕

此处需要注意到国家说法与做法并不一致的问题。有些习惯法规则，如禁止酷刑，在国际组织的论坛上几乎得到了所有国家的广泛支持，但禁止酷刑的《公民及政治权利国际公约》缔约方中依然有许多国家据说是在一直违反这些规则。〔2〕此时不能认为违反规则的国家的实践，都不利于规则习惯国际法化的进程。在这种情况下，否认和试图隐瞒其违反行为，似乎比使用违反规则本身更与认定习惯的程序有关。当规则的实质性义务被"回避"或"违反"的时候，并不排除该规则在某种程度上有效的可能。正如犯罪嫌疑人试图逃避刑法的制裁而掩盖犯罪行为，但这种掩盖恰恰证明了刑法规则是有效的。国际法院曾作出类似的表述："某国的行为方式与其承认的规则不符，但援引该规则的例外情况为自己辩护……这种态度是确认该规则，而非削弱该规则。"〔3〕当然这种情况是边缘性的。很多时候法律只在某一方面或某一部分被违反，又或以不同程度的诚意，寻求将违反法律的行为当作合法。考虑到形成习惯国际法的过程，这种违反或不遵守往往是暂时的。例如缅甸在 1991 年加入 1989 年《儿童权利公约》时，对第三十七条提出了保留，〔4〕保留其不受限制的"逮捕、拘留、监禁、驱逐、审讯、询问和调查的权力"，而这项保留在 1993 年就被撤回了。因此，某一不符合规则的实践，不一定妨碍符合该规则的实践，最后依然可以形成一般惯例。

需要注意的是，将国际法律体系与国内法律体系进行类比可能会导致不完整的推论，因为国家在国际法律制度中具有双重性质，国家既是国

---

〔1〕 Military and Paramilitary Activities in and against Nicaragua (Nicaragua v. United States of America), *ICJ Reports* 1986, p. 98.

〔2〕 Nigel S. Rodley, "The Definitions of Torture in International Law", *Current Legal Problems*, 1998, Vol. 55 (1), pp. 467-493.

〔3〕 检察官诉萨姆·辛加·诺曼案，塞拉利昂特别法庭案件号 SCSL-2004-14-AR72 (E)，对以缺乏管辖权为由提出的初步请求所作裁定（招募儿童），2004 年 5 月 31 日。见 "SPECIAL COURT FOR SIERRA LEONE: PROSECUTOR V. SAM HINGA NORMAN", *International Legal Materials*, Cambridge University Press, 2004, Vol. 43, pp. 1129-1165.

〔4〕 《儿童权利公约》第三十七条，禁止酷刑、残忍、不人道或有辱人格的待遇或处罚。见联合国文件 A/RES/44/25。

际法的行为者也是立法者。[1]国家行为在违反国际法规则的同时可能意味着改变规则，因此上文提到的"违反行为是确认而非削弱规则"的论断，仅限于国家明确承认并援引规则的情况。相反，当国家行为出现违反规则，而且表现出不同意现有规则和改变规则的意图时，[2]就应另当别论了。

ILC 结论并未直接论及习惯国际法随时间发展的过程，而习惯规则确实会随着时间的推移而演变。每一个违反现有习惯的国家实践都包含着"新规则的种子"。[3]国际法院在 1986 年尼加拉瓜案的判决中似乎认可了这一点。法院指出，国家行为与某一特定习惯性规则不一致的情况，不仅可以被视为"违反"该规则，而且还可以被视为"承认新规则的迹象"。一国对一项新权利或对现有习惯规则的前所未有的例外的依赖，如果其他国家原则上同意，可能会导致对习惯国际法的修改。[4]在 1982 年突尼斯—利比亚大陆架案中，Aréchaga 法官的个人意见认为，仅靠模糊或不完整的声明颠覆现有的习惯是不够的，需"反复宣布旧规则不存在"才可以改变现习惯国际法规则。由于只有新的法律规则才可以做到废除先前的法律规则，这种效果需要新规则具有习惯法规则的性质。[5]换句话说，要解除一个现有习惯，其基本构成要素必须受到动摇，即必须有相反的国家实践，旧的规则必须不再得到法律确信的支持。如果相当多的国家一再有效地违反习惯规则，特别是在这样做的时候还确信他们是在创造新的法律，那么就很难坚持认为旧的法律没有发生变更。[6]

---

〔1〕 Oscar Schachter, *International Law In Theory And Practice General Course in Public International Law*, Collected Courses of the Hague Academy of International Law, Vol. 178, Brill, 1982.

〔2〕 有学者认为违反行为改变规则不必以法律确信为前提，因为相反的法律确信实际上要求国家在行动之前证明其自由，而不是让那些寻求限制国家自由的国家承担证明存在限制性法律规则的责任。参见 Arthur M. Weisburd, "Customary International Law: The Problem of Treaties", *Vanderbilt Journal of Transnational Law*, 1988, Vol. 21 (1), pp. 1–46。

〔3〕 David J. Bederman, " Acquiescence, Objection and the Death of Customary International Law", *Duke Journal of Comparative & International Law*, 2010, Vol. 21, p. 31.

〔4〕 Military and Paramilitary Activities in and against Nicaragua (Nicaragua v. United States of America), *ICJ Reports* 1986, para. 207.

〔5〕 见 1982 年突尼斯—利比亚大陆架案，Jiménez de Aréchaga 法官的个人意见。Continental Shelf (Tunisia/Libyan Arab Jamahiriya), *ICJ Reports* 1982, pp. 114–115.

〔6〕 [美]汉斯·凯尔森：《国际法原理》，王铁崖译，华夏出版社 1989 年版，第 257 页。

（二）法律确信

法律确信要素又称为主观要素或心理要素。国际法院一再申明，国家实践构成的一般惯例本身不足以确认习惯国际法规则，必须要求各国接受有关惯例的约束性。即 ILC 结论所解释的：在国家实践时"带有一种法律权利或义务感"，[1]包括相信该实践是被习惯国际法规则所允许的、要求的信念，或认为实践是有悖于规则、被规则禁止的信念。法律确信意味着需要与礼让、政治权宜之计或便利等法律以外的行动动机区别开，学界在这一点上并没有什么争议。国际法院在庇护案、莲花号案、尼加拉瓜案等判例中，都曾以国家实践遵守某规则的动机并非出于法律义务感而拒绝承认规则的习惯地位。结论 9（法律确信的要求）评注中将法律确信所指向的规则限定为习惯国际法规则，限缩了结论 9 中提到的"法律权利或义务感"的范围，依然无法解决法律确信经典的逻辑缺陷：时序悖论问题，关于该悖论的讨论会在第二部分详细阐述。对于法律确信要素的评估，还存在的问题是：法律确信与同意的区别、法律确信的形式以及法律确信如何从"默许"中推断？

1. 与同意的区别

ILC 结论指出，"草案和评注中所使用的拉丁文术语 opinio juris（法律确信）与'被接受为法律'一同保留，因为该术语常见于法律话语（包括在国际法院的判例中），而且该术语可更好地体现出习惯国际法主观要素的实质在于法律信念，而非正式同意"。

同意理论认为，未经国家同意，国际法不能约束国家。在关于法律确信的辩论中，有些学者赞成只要求国家相信存在一项规则，而另一些人则赞成要求国家同意习惯国际法的规则。[2]从结论草案来看，国际法委员会在习惯国际法的问题上并没有采用同意理论，受到习惯国际法规则约束的国家可能从未对规则明确表示过同意，但却在习惯形成过程中

---

〔1〕 同更常用的"法律义务感"，因为习惯国际法的实质规则可能既有权利也有义务，国际法委员会在结论草案中选择了更宽泛的措辞。见国际法委员会："习惯国际法的识别"，载 2018 年联合国文件 A/73/10，第 142 页。

〔2〕 Maurice H. Mendelson, *The Formation of Customary International Law*, Collected Courses of the Hague Academy of International Law, Vol. 272, Brill, 1998, p. 155.

与规则绑定在一起。

法律确信不等于对习惯国际法规则的同意，通说同意理论中"同意"的概念与习惯法理论上的效力存在矛盾，尤其是相较于条约而言。对条约的同意通常是通过签署以及在许多情况下通过批准或加入，以明确和准确的方式作出的，但对习惯国际法规则的同意很少有明确的表示。如果以同意为前提，那么只有当一个国家正式表示接受习惯国际法规则为其法律义务时，习惯国际法才会对该国产生约束力。这意味着法律确信要求国际社会广泛且有代表性的对习惯国际法规则的同意，而通常情况下无法实际从规则中受益的国家往往不会采取积极实践，也就无法考察其是否存在正式的同意。ILC 结论也只要求"广泛有代表性的承认（接受为法律），以及没有反对或很少反对"。[1] 但是这也意味着习惯国际法并没有忽视可能出现的"反对"。在习惯国际法的形成中，因不同意规则而作出的反向实践可能属于上文提到的不一致的实践，在具体规则的认定中得到不同的对待；或者这种不同意和反对满足"持续反对者"理论的要求，从而在理论上将反对者自身从规则适用中豁免，该情形将在下文阐述。

从结论上来看，习惯国际法不是"默示的条约法"，任何特定国家不一定要同意习惯国际法规则才能受其约束，相关国家的同意只是其受习惯国际法约束的充分不必要条件。

2. 法律确信的证据形式

根据 ILC 结论，国家可以通过多种方式对一项习惯国际法规则的存在表示承认或拒绝。从结论草案所列证据形式清单以及后文评注中的解释来看，法律确信与国家实践两个要素可能经常出现在同一材料之中（见表 2-1）。委员会强调，即使在这种情况下也需要在具体案件中分别对两个要素进行识别，并且指出：声明可以作为惯例的实例，也能体现法律确信，但后者往往更有意义。

---

〔1〕 国际法委员会："习惯国际法的识别"，载 2018 年联合国文件 A/73/10，第 144 页。

表 2-1　国家实践与法律确信证据常见形式〔1〕

国家实践形式	法律确信证据形式
外交行为	官方出版物
条约的谈判、缔结、执行	条约规定
立法和行政行为	政府的法律意见
行政部门行为（包括实地作业）	
外交信函	
以国家名义的公开声明（包括条约起草过程谈判中的声明）〔2〕	
与国际组织通过的或政府间会议上通过的决议有关的行为	
各国法院的判决	

注：排序不分先后、没有预先确定的等级、左右两列无对应关系、并非穷尽列举。

尽管国际法委员会以部分列举的方式给出了看似有一点区别的两要素形式，但事实上依然很难甚至不可能将这两个据称是不同的要素分开。Haggenmacher 甚至表示：这两种所谓的要素实际上并没有自己的个性，它们在一个统一的"实践"中密不可分地交织在一起。可以说这种做法形成了一个由物质和心理两方面组成的复杂的元素。〔3〕

3. 法律确信的推断（默许）

在结论 10（法律确信的证据形式）的第 3 项中，委员会指出在特定的情况下，有关国家对一种惯例没有作出反应，经过一段时间后这样的"沉默"可以作为其法律确信的证据。这意味着对于惯例，即使当许多甚

〔1〕　表 2-1 为本书作者根据 ILC 结论报告中的列举编制。

〔2〕　包括在多边场合的辩论中；在向立法机构提出立法草案时；作为向法院和法庭提出的书面和口头陈述中的主张；在宣称其他国家的行为非法的抗议中；作为对编纂法律的提议的响应。声明可由一国单独发表，或与其他国家联合发表。国际法委员会："习惯国际法的识别"，载 2018 年联合国文件 A/73/10，第 145 页。

〔3〕　"The doctrine of the two elements of customary law in the practice of the International Court"，转引自 Michael Byers，*Custom*，*Power and the Power of Rules*：*International Relations and Customary International Law*，Cambridge University Press，1999，pp. 129-146.

至大多数国家什么都不做时，普遍有约束力的习惯国际法规则也可以产生，这些被称为"默认接受"或"默许"一个新兴的规则。对于全球习惯，沉默意味着接受一条新规则"；如果他们的同意事实上需要的话，他们的同意可以从沉默中"推断"。[1]

通常认为，国际法规则不违背国家的意愿。[2]常设国际法院在1927年荷花号案中表达了这种协商一致的立场："国际法管辖独立国家之间的关系，因此，对各国有拘束力的法律规则来自各国的自由意志，这些意志体现在公约中，或体现在普遍接受的表达法律原则的惯例中"，这些惯例是为了规范这些共存的独立国家之间的关系，或为了实现共同的目标而制定的。因此，不能推定为对国家自由的限制。但如上文所述，由于习惯国际法通常并不取决于明确的同意，而是取决于某种"不反对规则"，似乎习惯规则能够约束那些既没有参与其发展或变化，也不承认其先验效力的国家。如果一国知道习惯规则正在发展或改变，而选择不反对或不积极反对这种发展或改变，那么不反对或不积极反对就被认为是对新规则的支持。[3]这种同意是"推定"的，而不是"暗示"的，因为它的存在是根据国家实践确定的，而不是在没有任何证据的情况下确定的。

国际法委员会将国家的这种不反应称为"容忍"，并在结论草案中为"容忍"的法律确信推定作出了两点限制：首先必须存在对该惯例作出反应的要求，即如果不作出反应可能对该国家的利益或权利产生不利影响。例如在马来西亚与新加坡的岛礁争端中，国际法院认为"没有作出反应很有可能构成默认……换言之，沉默也可表达意思，但只有在其他国家的行为要求作出回应的情形下才会如此"。[4]其次，有关国家必须已知悉该惯例，并有足够的时间和能力作出反应。此处要求的知悉可以通过

---

〔1〕　David J. Bederman, *Public International Law. In Custom as a Source of Law*, Cambridge University Press, 2010, pp. 135-167.

〔2〕　Michael Byers, *Custom*, *Power and the Power of Rules*: *International Relations and Customary International Law*, Cambridge University Press, 1999, pp. 129-146.

〔3〕　Mark E. Villiger, *Customary International Law and Treaties*, Martinus Nijhoff Publishers, 1985, pp. 18-22.

〔4〕　Sovereignty over Pedra Branca/Pulau Batu Puteh, Middle Rocks and South Ledge (Malaysia/Singapore), *ICJ Reports* 2008, pp. 50-51.

对惯例的宣传进行推定，而且提出了合理时间的要求。

在特别习惯国际法（又称"区域习惯"或"特殊习惯"）中存在例外的情况，如庇护案（哥伦比亚诉秘鲁）。起因是秘鲁军事领导人 Haya de la Torre 在领导一次未遂的政变后，前往哥伦比亚驻利马大使馆寻求政治避难。当时的情况是，虽然世界其他国家都尊重外国使馆馆舍的不可侵犯性，但没有规则要求东道国允许政治难民安全离开使馆、离开国家，前往庇护国。而根据哥伦比亚主张在拉丁美洲形成了所谓外交庇护的区域习惯。哥伦比亚向秘鲁提出了他们认为是形式上的请求，请求秘鲁给予 Haya de la Torre 安全进入哥伦比亚的通道。秘鲁拒绝了该请求，声称他们不受外交庇护区域习惯的约束。法院最终支持了秘鲁的主张，裁定不存在有约束力的区域习惯。[1]本案最重要的是国际法院将一国的反应作为其反对形成习惯的证据，并将区域习惯视为国际法的一个来源。法院裁定，就区域（有别于全球）习惯而言，一国面对新出现的习惯时保持沉默便意味着该国反对或抗议该规则。沉默或模棱两可的回应意味着拒绝，这与一般的全球性惯例中沉默将导致法律确信推定的后果完全相反。该案中法院在区域习惯中改变了一般习惯中法律确信的计算方法，只能说由于只适用于有限国家之间的特别规则相对来讲过于容易制定，独特的区域规则体系将可能削弱国际法的整体一致性，因此法院希望抑制区域习惯的发展。[2]

然而，很少有国家表示自身是出于法律义务感而默认习惯规则的任何特定发展或改变的，也很难得到证实。阻止推断的条件要求各国作出声明或采取行动，以防止自己受到自愿接受之外的规则的约束，这似乎与不得推定对国家的限制的传统立场背道而驰。它将自由自愿的国家变成了必须时刻保持警惕的行为者，以免它们陷入不喜欢的法律义务中。[3]相关的理论是"持续反对"规则，将在下文阐述。

---

〔1〕 Asylum (Colombia v. Peru)，*ICJ Reports* 1950，p. 266.

〔2〕 David J. Bederman，"Acquiescence, Objection and the Death of Customary International Law"，*Duke Journal of Comparative & International Law*，2010，Vol. 21，p. 31.

〔3〕 Michael Byers，*Fundamental Problems of Customary International Law*，Cambridge University Press，1999，pp. 129-146.

（三）关于习惯国际法规则的约束力

通常来讲，习惯国际法规则对所有国家来说都是不可撤销和有约束力的。[1]习惯国际法中的某些规则被认为是非常重要的，以至于个别国家不能将其拒之门外，这种高优先级的规则被称为强行法规范。[2]在将常规习惯国际法规范提升为强行法规范的过程中，法律确信发挥了关键作用，因为只有当国际社会中大多数国家认为不能持续反对或违背这一规范时，常规习惯规范才会提升为强制法规范。[3]对世义务（erga omnes）是指在国际社会内被认为非常重要的义务（通常以强行法规范的形式），以至于任何国家（无论是否受到直接影响）都可以起诉另一个国家，以迫使其履行该义务。强行法与对世义务都分别发展出一些值得研究的理论著述与实践，有人认为这两类不成文法以及国际法一般原则是习惯法的种类，但主题所限，本书将不再对这些特殊类型展开论述，此处只讨论关于一般习惯国际法约束力的以下两个问题。这两个问题涉及习惯国际法规则适用的豁免，或者可能成为习惯国际法形成的阻却因素。

1. "持续反对者"规则

理论上，一个国家如果不希望受到新的习惯规则的约束，那么它可以公开反对并宣布它不认为自己受到约束。[4]早先的研究认为，持续反对者规则在国际法律体系中没有合法的基础。后来形成的通说认为，持续反对者规则在国际法院的判例中具有实质的权威性。虽然这一理论仍然有争议，但大多数学者接受它是目前习惯国际法的一部分。[5]

将国家主权和主权意志视为国际法的根基的学者会更倾向于寻找同意，从而支持持续反对规则。国家受到未明确同意的规则的约束似乎是

---

〔1〕　Anthea Roberts，"Who Killed Article 38 (1) (b)? A Reply to Bradley and Gulati"，*Duke Journal of Comparative & International Law*，2010，Vol. 21，p. 173.

〔2〕　《维也纳条约法公约》第五十三条："……一般国际法强制规律指国家之国际社会全体接受并公认不许损抑且仅有以后具有同等性质之一般国际法规律始得更改之规律。"

〔3〕　Rozzbeh B. Baker，"Customary International Law in the 21st Century: Old Challenges and New Debates"，*European Journal of International Law*，2010，Vol. 21 (1)，pp. 173-204.

〔4〕　Fisheries (United Kingdom v. Norway)，*ICJ Reports* 1951，p. 116.

〔5〕　国际法协会习惯国际法形成委员会："适用于形成一般习惯国际法的原则声明"，载2000年第69次会议报告，第27页。

对主权的严重减损，如果国家不能选择受到哪些规则约束，国际法的主体地位将是令人困惑的。Jonathan 认为，对持续反对规则的支持意味着同意理论是正确的。[1] D'Amato 对持续反对者的否定原因是认为该规则依据的是"习惯国际法产生于同意理论这一不可信的观点"。[2] 前文在对法律确信的论述中提到了国际法委员会在习惯国际法问题上没有采用同意理论，但又似乎接受衍生于同意理论的持续反对者规则，如何解释这种矛盾？比较来看，持续反对者规则与同意理论还是有区别的，同意理论的要求是有积极的表示才能受到约束，而持续反对的要求是有积极的表示才能不受约束。二者并不是包含关系，因此对同意理论的不采纳并不能完全排除持续反对规则。国际法协会在报告中为持续反对规则辩护，认为它是同意概念与法律发展需要之间的妥协。[3]

1951 年英挪渔业案经常被援引为持续反对规则的支持性证据。该案中，英国和挪威对挪威沿海的渔业准入权提出争议，挪威试图通过一些创造性的制图方法对海洋区域提出权利主张：从其崎岖的海岸线各点画出"直线基线"，并宣称这些封闭区域是挪威的专属渔场。挪威在 20 世纪初期开始热衷于推行该规则，而在法院看来，英国在适当的时间内并没有提出有效的抗议，意味着英国放弃了反对。因此法院表示，挪威的直线基线规则不能被英国"反对"。由此看来，"持续反对者"规则发挥效果的时间，限于习惯形成规模之前。一旦国家实践中存在时间上的协调及一般性共识，且没有受到足够的否定的法律确信，习惯则形成了规模，且很难停止。一般的推定是，除非一个国家在习惯规范的形成过程中持续反对，否则，即使它后来后悔或谴责有关的规范，也会被认为符合这一规则。这也许是国际法中习惯制度的决定性特征。[4] 这意味着，

〔1〕 Jonathan I. Charney, "The Persistent Objector Rule and the Development of Customary International Law", *British Yearbook of International Law*, 1986, Vol. 56 (1), pp. 1-24.

〔2〕 Andrew T. Guzman, "Saving Customary International Law", *The Michigan Journal of International Law*, 2005, Vol. 27, p. 115.

〔3〕 国际法协会习惯国际法形成委员会："适用于形成一般习惯国际法的原则声明"，载 2000 年第 69 次会议报告，第 29-30 页。

〔4〕 David J. Bederman, "Acquiescence, Objection and the Death of Customary International Law", *Duke Journal of Comparative & International Law*, 2010, Vol. 21, p. 31.

各国如果希望避免受到新出现的全球习惯规则的约束，就必须经常大声抗议。[1]随后再对已经形成的习惯提出的反对很可能是无效的，一个国家想要摆脱习惯国际法义务，唯一的办法是证明该规范已经被取代或者进入废弃状态。

从对援引持续反对规则的具体要求来看，该规则与同意理论出现了很多的不协调。同意理论的初衷是维护国家的自由意志与选择权利，但持续反对规则要求反对国承担如此繁重的任务：不仅要证明其没有同意，而且要在规则出现期间反复地、大声地反对。Guzman 采用理性选择理论解释了持续反对规则的好处，[2]认为持续反对者是一种合理的例外机制：在违反规则的成本较高的情况下，持续反对者规则的存在可以使不乐于接受规则的国家避免违约；而持续反对者规则较高的实施成本（包括迫使国家事先宣布拒绝）又可以阻止一些国家为了临时逃脱法律责任而进行投机主义援引；同时，还可以使其他国家及时注意到反对者的存在，选择一些不依赖反对国的遵守的决策，从而减少其他国家的沉没成本。

与法律确信的推断一样，是否存在持续反对者也应从国家实践中寻找证据确定，而不能依赖于先验的推理方法。但现实中我们很少看到有国家行使反对的权利，而且往往难以维持。[3]其他国家、国际机构和社会群体的压力可能是反对的意见无法持续太久的原因之一，例如美国曾迫于国际人权机构和公民团体组织的压力，放弃了曾经一直反对的废除少年死刑。[4]但也有能够持续反对的例子：如秘鲁一直坚持 200 海里领海的规则，并没有因为 UNCLOS 缔约方的强迫而放弃这种坚持转而接受

〔1〕 Michael Byers, *Custom, Power and the Power of Rules: International Relations and Customary International Law*, Cambridge University Press, 1999, pp. 129–146.

〔2〕 Andrew T. Guzman, "Saving Customary International Law", *The Michigan Journal of International Law*, 2005, Vol. 27, p. 115.

〔3〕 David J. Bederman, *Custom as a Source of Law*, Cambrige University Press, 2010, p. 155.

〔4〕 Scott L. Cummings, "Internationalization of Public Interest Law", *Duke Law Journal*, 2008, Vol. 57, pp. 993–995.

12 海里领海作为习惯国际法。[1]另一种说法是,习惯国际法规则存在互惠性,因此并不利于持续反对者。[2]例如早期美国、英国和日本都反对12 海里领海规则发展为习惯国际法,但在其他国家适用该规则的情况下,其他国家的船只可以靠近这些国家 3 海里之外的水域,而坚持 3 海里领海的国家只能被排除在其他国家领海基线 12 海里的水域之外。这种规则下的持续反对者无法享受规则带来的收益,反而需要承担额外的负担。

在南极国际法律制度的发展过程中,确实出现过反对整个现有制度的国家。如第一章所述,当时不仅一个国家而是许多发展中国家在联合国大会上明确反对南极条约体系的封闭性、南非种族隔离政府的协商地位以及协商方擅自制定矿产资源管理制度。依持续反对者规则来讲,一个国家的反对如果能够持续有效地表达,就能够避免可能形成的习惯规则对自身适用;更进一步的是,如果这种反对是具备一定规模的,而反对者之间又形成了另一种习惯性实践,这将意味着国际社会存在明显的重大分歧,则可能否定被反对的规则形成通例和法律确信,从而从根本上阻止该规则形成习惯国际法。就南极条约体系当时受到反对的强烈程度和规模来看,已经不仅是持续反对者规则的问题了。后来的实践表明(详见第四章讨论),这些国家,包括最具代表性的马来西亚,都一定程度放弃了持续反对者的立场。

2. 对新国家的约束

由于习惯国际法规则对所有国家有拘束力,一般认为,新国家不能在习惯国际法的各种规则中进行选择,它们受到(独立时或成立时)所有公认的习惯规则的约束,尽管新国家没有机会参与、默许或反对先前存在的规则的发展。"二战"结束后出现的新兴国家,曾在联合国大会上对此规则表示反对。以后殖民主义视角来看,非殖民化浪潮前既存的习

---

[1] 秘鲁采用 200 海里领海已经维持了 60 多年。这一限制两次被写入《秘鲁宪法》(1979年和1993年)。1993 年《秘鲁宪法》第五十四条的案文载于《海洋法公报》第 25. 82 号。秘鲁与厄瓜多尔和萨尔瓦多一起,仍然不是 1982 年 UNCLOS 的缔约方。参见 J. Ashley Roach, Robert W. Smith, *United States Responses to Excessive Maritime Claims* (2nd ed), M. Nijhoff Publishers, 1996, p. 158.

[2] [加]劳伦斯·赫尔佛、英格丽·伍尔特:"习惯国际法:一种工具选择的视角",孙琳琳编译,载《国际关系与国际法学刊》2017 年第 7 卷。

惯国际法规则是西方列强发展起来的，并且明显使其从中受益的。随着殖民与扩张，这些规则被强加于许多亚洲和非洲国家，并冠以最低标准文明待遇的借口。[1]类似的情况还有新从事某项活动的国家。一些国家在习惯法规则出现时可能不存在相关利益，本来在规则形成后也不会受到实质性约束，因此根本不关心规则的形成，也没有作出相应的抵抗。但在规则形成后的某个时间，忽然获得了被规则规制的利益（例如内陆国家合法地获得了一条海岸线从而拥有了相应的海洋权利），而此时已经错过了反对的时机，只能接受既成习惯规则的约束。一个国家可能有一定的能力，在其成立之前持续反对该规则，从而避免受到约束，但一旦该规则确立，各国从来没有权利单方面撤出。[2]

　　Roberts用社会契约理论类比习惯，个人对限制自己的权利给予一般的或理论上的同意，以便在一个社会中建立一套公平的、可行的规则来管理所有的人。[3]以此类推，习惯中的法律确信不是个别国家对个别规则的同意，而是将国家作为一个群体来考虑，各国作为一个集团的法律信念，接受存在普遍约束力的规则这样一种受约束的状态，并在此基础上对具体规则进行调整修改。如前所述，由于这种义务理论中的法律确信不是以同意概念为基础的，所以不再尝试将新国家与同意概念进行协调。

　　但也有学者出于同意理论以外的原因不赞成习惯规则对新国家（包括新成立与新从事）的无条件适用——嗣后反对规则就是其中之一。对嗣后反对的额外要求与持续反对一样，"应允许一国在成立时对习惯国际法规则提出反对，反对的新国家应与持续反对者的待遇相同"，或者从产生受到重大影响的利益的那一刻起就明确并持续地提出反对。[4]该观点

---

〔1〕　J. Patrick Kelly, "The Twilight of Customary International Law", *Virginia Journal of International Law*, 1999, Vol. 40 (2), pp. 449-510.

〔2〕　Curtis A. Bradley, Mitu Gulati, "Withdrawing from International Custom", *Yale Law Journal.*, 2010, p. 204.

〔3〕　Anthea Roberts, "Who Killed Article 38 (1) (b)? A Reply to Bradley and Gulati", *Duke Journal of Comparative & International Law*, 2010, Vol. 21, p. 173.

〔4〕　Andrew T. Guzman, "Saving Customary International Law", *The Michigan Journal of International Law*, 2005, Vol. 27, p. 115.

将这种约束的例外视为一种"必要的恶"，在 Guaman 看来，如果没有为规则设置例外，可能导致国家（为了规则之外的利益）更愿选择违反规则，而违反规则将导致的后果比设置例外所需要的成本更加严重。作者在解释该理论时注意到了新国家可能提出机会主义反对的可能性，但或许低估了这种可能性发生的概率及其影响效果。做一个极端情况的假设，如果一定规模的新国家进入现有的体系，而这些新国家不同意现有国家的法律信念，那么嗣后反对规则可能导致许多习惯规则不能普遍适用，从而割裂整个国际社会。还有少数学者，例如 Villiger 也认为，如果新国家在成为国家后合理的时间内提出反对，就可以被视为持续反对者而免受一项规则的约束，[1]但 Villiger 也不接受嗣后反对规则。

从理论回到现实又可以发现，尽管这种习惯国际法义务可能是强加的，但属于这两类国家的国家都没有质疑这种主张。在常设国际法院和国际法庭的案例中，波兰和印度曾经都拥有新国家身份，但并没有依靠这一事实，似乎它们已经假定自己将受到现有规则的约束。[2]同样，苏联和南斯拉夫解体后成立的新国家，虽然在继承条约义务时采取的立场不同，但从未表示它们不认为自己受习惯国际法的约束，而且还认为普遍公认的习惯国际法原则和规范是国家法律的一部分。[3]

南极条约体系可能存在形成中的习惯国际法规则，有能力开展南极活动从而获得实质性南极利益的国家也在增加。这些"后来者"可能成为（假设存在）既存习惯国际法规则约束的"新国家"，也可能是新的习惯规则的制定者。考虑到这些后来者国家的数量，如果这些国家集体反对现有的规则，既存的习惯规则可能被改变或废止，形成中的习惯规则

---

〔1〕 Mark E. Villiger, *Customary International Law and Treaties*, Martinus Nijhoff Publishers, 1985, p. 16.

〔2〕 PCIJ: German Settlers in Poland, *Series B: Collection of Advisory Opinions* (1923-1930), p. 36; PCIJ: Certain German Interests in Polish Upper Silesia (Merits), *Series A: Collection of Judgments* (1923-1930), pp. 22, 42; Right of Passage over Indian Territory (Portugal v. India), *ICJ Reports* 1960, p. 6.

〔3〕 例如，《俄罗斯联邦宪法》第十五（4）条、《爱沙尼亚共和国宪法》第三条、《乌兹别克斯坦共和国宪法》序言和第十七条；《土库曼斯坦宪法》第六条、《白俄罗斯共和国宪法》第八条。转引自国际法协会习惯国际法形成委员会："适用于形成一般习惯国际法的原则声明"，载 2000 年第 69 次会议报告。

也将失去构成要件的根基。反过来讲，每一个新国家对规则的接受和遵守，都将进一步推动规则形成习惯国际法。事实上，一些国家在具备开展南极活动的能力之前，就对南极条约体系的部分规则作出了认可或接受的表态。这种国家意志的表达具有明显的法律确信属性，作为国家实践也具备可预测性，即能够通过这种表达来预测一个国家在将来开展南极活动时，很可能真正以国家行为遵守规则。

综上所述，习惯国际法规则的约束力有如下特点：习惯规则可能受到少数人（国家）的强烈反对，这种反对虽然往往不能阻止习惯国际规则的形成，但能够使其在与其他国家的关系中不受该规则的约束；同时，一旦承认规则的约束，就不能明显地违反其中规则或退出规则，除非有新规则能够替代旧规则。ILC 结论指出，就习惯国际法的本质而言，必须对国际社会的全体成员具有平等的效力，从而不得受制于任何一方出于自利的目的而任意行使或单方面排除的权利。[1]援引一贯反对者规则必须满足严格的条件，事实上很少有持续反对全球性习惯的例子。习惯法的结构偏向于规则的形成和维护，至少在跨越了一个"门槛"之后，反对可能难以维持。[2]国际法协会习惯国际法形成委员会 2000 年的报告中阐述道：尊重国家主权，保护国家不至于被多数人强加违背自己意愿的新法律；但同时，如果新规则得到足够广泛的支持，法律逐步发展的征程就可以向前进行，而不必等待最慢的船只。[3]持续反对和新国家反对实例的罕见而短暂或许也可以说明，各国大体上更倾向于拥有普遍适用的习惯规则，并试图影响这些规则的存在和内容。习惯规则可能会随着时间的推移而改变，但改变的门槛相对较高，因为国际社会对这些规范的稳定存在或特定内容有既得利益。[4]以南极为例，如果南极条约体系中部分规则没有过持续反对和新国家反对，或者两种反对者都短暂而不

---

〔1〕 国际法委员会："习惯国际法的识别"，载 2018 年联合国文件 A/73/10，第 156 页。

〔2〕 David J. Bederman, "Acquiescence, Objection and the Death of Customary International Law", *Duke Journal of Comparative & International Law*, 2010, Vol. 21, p. 31.

〔3〕 国际法协会习惯国际法形成委员会："适用于形成一般习惯国际法的原则声明"，载 2000 年第 69 次会议报告，第二节。

〔4〕 Anthea Roberts, "Who Killed Article 38 (1) (b)? A Reply to Bradley and Gulati", *Duke Journal of Comparative & International Law*, 2010, Vol. 21, p. 173.

持续，就意味着这些规则可能正在逐渐接近习惯国际法的"门槛"，而这也代表相关国家的既得利益不会轻易被改变。

一国不认可某项规则或采取不同于该规则的做法，无论是援引何种理论形式对规则进行反对，都需要考虑其实际的立场和态度。持续反对者的情况不同于众多国家一致反对，持续反对的国家所体现出的立场是如果这条规则产生，将免除自身适用；而多个国家的一直反对则可能是在寻求阻止该项规则成为一般习惯法，或者寻求不同于其所反对的规则做法的一致的实践，以期能够促成另外一项不同的国际习惯法规则。对南极条约体系规则的反对也需要区分是单独的反对者还是众多国家的实践，后者一方面体现国际社会的重大分歧，另一方面可能形成不同于现有规则的竞争性规则，从而导致现有规则失去习惯国际法化的可能。

二、习惯国际法两要素概念的理论缺陷

（一）时序悖论

传统的习惯国际法两方概念的一个问题是，它涉及明显的时间上的悖论。即创立新的习惯规则的国家必须相信，因为这些规则已经存在且为习惯国际法，它们的做法正是符合这样的法律。正如国际法院在 1969 年北海大陆架案判决中解释的那样：不仅有关行为必须等同于一种既定惯例，而且还必须是这样的行为，或以这样的方式实施，以证明人们相信这种惯例因为存在要求它的法律规则而具有强制性。因此，有关国家必须感到它们正在遵守相当于法律义务的东西。[1]同样，常设国际法院在 1927 年荷花号案的判决中写道：即使所发现的司法判决的稀有性足以证明……各国在处理这些问题时，在实践中不提起刑事诉讼，而不是说它们承认自己有义务这样做……只有当这种放弃是基于它们意识到有义务放弃时，才有可能说是一种国际习惯。

如果说上述判例中的"法律义务"，仍存在由习惯法之外的法律渊源所引起的可能性，ILC 结论 9（法律确信的要求）评注无疑把这种投机的

---

〔1〕 North Sea Continental Shelf (Federal Republic of Germany v. Denmark; Federal Republic of Germany v. Netherlands), *ICJ Reports* 1969, pp. 43–44.

解释路径封住了。将法律确信所指向的规则限定为习惯国际法规则，即缩小了"法律权利或义务感"的范围，换句话说，所要求的法律确信只存在于已经生效的习惯，而只有对习惯法规则产生的法律确信，才能够证明习惯法规则的存在。

这一悖论导致一些学者认为，法律确信不过是一个伪要素，它允许法官在分析国家实践时行使广泛的自由裁量权。D'Amato 的理论规避了时序悖论的问题，认为法律确信是习惯国际法规则的"表达"（articulation）。"表达"指一个国家、组织或个人事先或同时公开地将一个行为或不行为，定性为国际法义务或权利下的法律行为。当国家隐含地知道一项明确的规则时，符合该规则的作为或不作为，就会为作为国或不作为国或其他国家类似的作为或不作为创造法律先例。[1] 这些明确的行动或不行动，构成了习惯国际法中的一般惯例。但是这一理论已经超出了解释传统要素的范畴，而是建立在对两要素的改写和重构上，并没有被多数人和权威所接受。Brian 把法律确信解释为，国家认为现在或不久的将来应该有这样一项规则，是一种应然的愿望，这种愿望或者信念构筑了新的规则。[2] 然而这种做法似乎有损于法律确信的相对意义，因为任何法律的任何变化几乎都是由立法者希望看到这种变化发生的意愿而形成的。如果把这种前瞻性的法律愿景理解为任何习惯规则的必要构成要素，法律确信的对象规则就可能只是虚构的理想，从而难以要求它能产生与之相应的国家实践，也降低了对"义务感"的要求。

这一缺陷只是两要素概念设计时留下的逻辑问题，仅存在于理论中，现实中，国际法院在识别和适用习惯国际法规则时也从没有纠结鸡生蛋还是蛋生鸡的问题。毕竟对于实际案例，证明一项习惯国际法规则存在或不存在时，规则已经是有迹可循的，甚至被当事国明确提出的，而法院只需要判定是否存在针对具体规则的法律确信，并不需要解释法律确信与规则形成的孰先孰后。

〔1〕　Anthony A. D'Amato, *The Concept of Custom in International Law*, Cornell University Press, 1971, pp. 74-75.

〔2〕　Brian D. Lepard, *Customary International Law: A New Theory with Practical Applications*, Cambridge University Press, 2010, pp. 97-111.

(二) 认识论循环

如果行为和声明都是构成一般惯例的国家实践,在一些情况下可能会难以确定是否存在法律确信。从这一角度看,在只有相关声明可查的情况下,法律确信的唯一证据也将是国家实践。尽管仍然需要一个单独的法律确信要素,或类似于法律确信的东西,以区分法律上相关的国家实践或不相关的国家实践,并将该惯例转化为习惯规则。其结果似乎是一个认识论的循环 (epistemological circle),两个要素无法相互独立,一个要素以另一个要素的认识为前提,反过来又证明另一个要素存在,这使两要素说的其中一个要素看起来有些多余。[1]这也是后来一些学者推崇单要素说的原因。

D'Amato 和 Wolfke 的方法避免了认识论的循环,将国家行为分为两类,即构成国家实践的"行为",以及提供法律确信证据或"表达"规则的"声明"。然而,如前文所述,把行为和声明完全区分对待,使改变或促成一项新的习惯法规则需要国家实际作出相应行为,可能造成对现有国际法的违反,从而伴随着较高的法律责任成本,且这种方法给外交和和平说服留下的空间很小,使实力较弱的国家在习惯国际法进程中没有什么发挥影响的余地。

Koskenniemi 认为,认识论循环的逻辑问题和这些学术意见分歧都是由于传统的习惯国际法两方概念不过是强加主观政治偏好的伪装。由于国家实践和法律确信这两个要素都试图限定彼此的扭曲影响,因此习惯法理论需要使它们相互独立。但这一点它无法做到。试图确定心理要素的存在,需要以物质实践为基础进行推定。为了确定哪些物质实践行为与习惯的形成有关,又需要参考心理要素 ("表达法律确信的行为才算数")。心理要素由物质要素界定,反之亦然。这种循环性使学说无法发展出一种确定的习惯确认的方法,它看似以一种公平的方式来确定习惯,而这种方式本身只能是任意的。[2]

---

〔1〕 Michael Byers, *Custom, Power and the Power of Rules: International Relations and Customary International Law*, Cambridge University Press, 1999, pp. 129-146.

〔2〕 Martti Koskenniemi, *From Apology to Utopia: The Structure of International Legal Argument*, Cambridge University Press, 2006, pp. 303-387.

认识论循环问题在现实中也给法院造成了一些适用上的不便，可能需要对一份声明材料同时代表国家实践并证明法律确信的认定作出额外解释。为此国际法委员会在结论草案中特意只将"以国家名义发表的声明"列在法律确信的证据形式中，而没有在对国家实践的形式列举中。但委员会在紧随其后的评注中特意强调："无论如何，声明更有可能体现国家的法律信念，而且将声明作为接受为法律（或相反）的表示，而不是作为惯例的实例，可能往往更有实际意义。"〔1〕主要注意的是，本书表 2-1 中根据这段评注将声明这一材料列为两个要素共同的证据形式，目的是在缺乏实践的禁止性规则的情况下，以及一些国家暂时没有实践机会却表示愿意受到规则约束时，这种明确同意受到约束具有预测行为的价值，即声明可以用来预测国家实践，而不仅仅是宣称法律信念。委员会的这种做法体现了导向性，即希望引导实践中尽量区分两要素的证明材料，从而避免需要对认识论循环作出解释的困扰。

第二节　国际法院确定习惯国际法的方法

两要素法存在上述诸多理论难题，ILC 结论又严格地贯彻了两个构成要素，要求对每一要素的证据进行认真分析。但如结论总评注所承认的，"识别习惯国际法的程序并不是总能够精确地描述"，结论草案旨在提供指导而非作出硬性规定。那么在实践中，国际法院是如何遵循理论上的要求来对习惯国际法进行认定的呢？国际法院很少在个案中说明它确定其适用的习惯国际法规则的存在、内容和范围的方法。Alvarez 法官在其独立意见中表示，"在许多情况下，很难说法律的发展在哪里结束，法律的创立又在哪里开始"。〔2〕对于不成文的习惯法而言，国际法院在判决文书中对习惯规则的表述代表了其具有一定权威性的、正式的认定，因此国际法院确定适用习惯国际法，也往往是意味着发展并最终创造习惯

---

〔1〕　国际法委员会："习惯国际法的识别"，载 2018 年联合国文件 A/73/10，第 145 页。

〔2〕　"In many cases it is quite impossible to say where the development of law ends and where its creation begins." 见为联合国服务时所受伤害的赔偿案 Alvarez 法官的独立意见，Reparation for Injuries Suffered in the Service of the United Nations, *ICJ Reports* 1949, pp. 174, 190。

国际法。

一、对两要素的考察

1969 年北海大陆架的判决中有许多关于两个构成要素的经典表述，如 "一个不可或缺的条件是，国家实践……其发生方式也表明，所涉法律规则或法律义务得到普遍承认"。法院在 1985 年大陆架案中重申，"习惯国际法的材料主要是从实在的国家实践和法律确信中寻找，这一点是不证自明的"。[1]判决、咨询意见和命令等文书中表明法院遵循两要素的例子还有很多，其中多数是以缺乏某一要素为由否决了习惯国际法规则的存在。

在 "对灭绝种族罪公约的保留" 一案中，法院以七票对五票否决了习惯国际法中存在的一项规则，即提出保留的国家只有在所有缔约方接受的情况下才能成为条约缔约方。法院指出："默示同意在估计保留的效果方面一直发挥着相当大的作用，这几乎不允许我们说存在这样一条规则，可以足够准确地确定对保留提出的反对的效果。事实上，在国际实践中对保留提出反对的例子似乎太少，不可能产生这样的规则。"[2]类似的案例还有：1951 年英挪渔业案中，法院认为英国提出的 10 海里海湾封口线因为没有足够的国家实践支持而不是 "一般国际法"；[3]1996 年核武器咨询案中，法院认为仍然存在对核威慑做法的强烈支持，因而禁止性规则缺乏相应实践；近期的案件，如 2002 年逮捕令案，[4]法院认为不能从国家实践中推演出习惯国际法规则，因而战争罪和反人类罪不能成为外交豁免的例外。

缺乏法律确信所以无法证成习惯国际法规则存在的典型案例之一是 1960 年印度领土通行权案。[5]该案中，葡萄牙声称有权将文职行政人员、

〔1〕 Continental Shelf (Libyan Arab Jamahiriya/Malta)，*ICJ Reports* 1985，pp. 29-30.

〔2〕 Reservations to the Convention on the Prevention and Punishment of the Crime of Genocide，*ICJ Reports* 1951，pp. 24-25.

〔3〕 Fisheries (United Kingdom v. Norway)，*ICJ Reports* 1951，p. 131.

〔4〕 Arrest Warrant of 11 April 2000 (Democratic Republic of the Congo v. Belgium)，*ICJ Reports* 2002.

〔5〕 Right of Passage over Indian Territory (Portugal v. India)，*ICJ Reports* 1960.

部队和军需品从葡萄牙殖民地果阿（位于印度海岸）转运到印度内陆由葡萄牙控制的小飞地。这一争端发生在 20 世纪 50 年代末，是全世界非殖民化进程的关键时刻，印度毫不掩饰其将殖民主义的最后残余赶出印度大陆的愿望，印度当局拒绝了葡萄牙的通行权，认为正确的方式是使飞地不能重新获得补给，从而逐渐实现非殖民化。国际法院并没有将这一争端作为一个全球习惯问题来裁决，即讨论一个国家是否有某种固有的通过另一个国家领土的权利，特别是该国领土完全被另一个国家领土包围的情况下。如果进行这种程度的分析，需要收集许多大洲许多世纪的国家实践，以便确定这种情况下是否存在全球性的习惯规则。法院选择了将分析范围限制在狭窄的区域范围内，处理的是葡萄牙和印度，以及印度以前的英国殖民者和马拉塔统治者是否形成了允许这种通行权的特殊或区域习惯的问题。法院筛选了数个世纪以来双方交易过程中的证据，最终得出的结论是，葡萄牙的民事及行政人员通行权是对印度具有约束力的习惯，尽管印度保留在特殊情况下暂停这种通行的权利；但对于军队和武器补给，以前的许可只是"单纯的"礼让或礼貌，缺乏法律确信，不能作为一种习惯规则。

2012 年国家管辖豁免案可以作为法院识别习惯国际法规则存在并加以适用的例子。判决文书中法院对司法判决形式的国家实践进行了考察，认为国家实践支持了"国家对统治权的行为享有豁免"这一主张。且"这种做法伴随着法律确信，各国采取的立场和一些国家法院的判例都表明，它们认为习惯国际法要求豁免。几乎完全没有相反的判例"。[1] 对于意大利所主张的豁免的例外情况，国际法院认为希腊法院的相关判例没有改变也没有宣称习惯国际法发生变化，"其他国家的大量国家实践表明"，[2] "一国在严重违反人权法或武装冲突法的情况下无权享有豁免"，这一规则并没有成为习惯国际法的一部分。

从诸多文本表述中看，国际法院始终坚持并反复强调着两要素法。

---

〔1〕　Jurisdictional Immunities of the State（Germany v. Italy：Greece intervening），*ICJ Reports* 2012，pp. 134-135.

〔2〕　Jurisdictional Immunities of the State（Germany v. Italy：Greece intervening），*ICJ Reports* 2012，pp. 136-137.

但在另一些案件中，法院被批评所采用的推理没有真正包括具体的国家实践或法律确信材料的考察。国际法院在 1986 年尼加拉瓜案中的做法使许多学者认为，法院事实上将国家实践作为习惯国际规范形成中的次要因素，更多地依赖联合国决议和国际条约以确定关于使用武力和不干涉原则的习惯规则，而不是考察传统意义上的国家行为。Kirgis 试图解释国际法院在尼加拉瓜案中的判决，他认为"法院完全依赖法律确信的证据，而没有提及国家实践"。但 Meron 认为，法院在判决中处理人道主义法的某些问题时"既没有考虑国家实践，也没有考虑法律确信"。[1]邓华认为，国际法院的言行并不完全一致，在巴塞罗那电车案、尼加拉瓜案、乌拉圭河纸浆案等现实判决中并没有严格遵循两要素法。而且很难发现国际法院对特定的国家实践或法律确信进行过全面充分的考察：北海大陆架案与国家管辖豁免案中分别考察了 15 个和 10 个国家（包括欧盟法院）的实践，但大部分案件中法院仅是提及了这两个要素，并没有真正对要素展开考察分析，甚至有些案件完全没有提及。[2]被认为法院"背离"了两要素法对习惯国际法规则进行认定的情形，[3]包括直接认定《维也纳条约法公约》的某些规则是习惯国际法，或仅说明相关规则的习惯国际法性质是由联合国大会的决议承认的。[4]

诚然，认定一项习惯国际法规则需要很高的成本，而证据获取也存在相关的"习惯实践往往没有正式记录"的困难。[5]但法院似乎凭经验决定在什么时候采用什么样的方式，是否具体需要以及需要考察多少个国家实践，其中权重难以量化，甚至难有规律可循，这种做法令实证主义学者感到困惑，也催生了一些对两要素法的质疑和批判。

---

〔1〕 Theodor Meron, *Human Rights and Humanitarian Norms as Customary Law*, Oxford University Press, 1989, p. 36.

〔2〕 邓华："国际法院认定习惯国际法之实证考察——对'两要素'说的坚持抑或背离?"，载《武大国际法评论》2020 年第 4 期。

〔3〕 邓华："国际法院认定习惯国际法之实证考察——对'两要素'说的坚持抑或背离?"，载《武大国际法评论》2020 年第 4 期。

〔4〕 Legal Consequences of the Separation of the Chagos Archipelago from Mauritius in 1965, *ICJ Reports* 2019, p. 95.

〔5〕 David J. Bederman, *Custom as a Source of Law*, Cambrige University Press, 2010, p. 145.

二、归纳抑或演绎

归纳和演绎的概念起源于亚里士多德的逻辑学。亚里士多德区分了两种形式的推理：三段论（或演绎法）和归纳法，这两种形式的推理都是利用旧知识来获得新知识。三段论假定有一个接受其前提的听众；归纳法则通过明确已知的特殊性获得其中隐含的普遍性。亚里士多德对三段论和归纳论证的区分，并不完全等同于归纳和演绎这两个术语的现代用法。逻辑推理也不能等同于法律推理，而只是法律推理的一个部分。[1]

由于传统习惯国际法两要素的要求，似乎需要对广泛的个例材料进行考察以确认是否存在一般性的国家惯例及法律确信。由于两个要素必然是以经验和归纳的方式收集的，人们普遍认为，习惯国际法规则是通过归纳确定的。Fred K. Nielson 专员在美国渔业公司诉墨西哥一案中指出，"习惯国际法规则的存在与否是通过归纳法确定的"。[2] 依这样的论断，法院在确定习惯国际法规则时，不能自由选择归纳和演绎。但事实上在法院的判例中，有个别地方提到了归纳和演绎法来确定法律。例如在缅因湾案中，法院的一个分庭指出："习惯国际法……包括一套规则，其在国家法律确信中的存在可以通过基于对足够广泛和令人信服的实践的分析的归纳来检验，而不是从先验的观念中推断。"[3] 但"可以"并非"应当"，意味着习惯国际法规则也可以通过归纳之外的方法，比如演绎法来发现。在北海大陆架案中，有五名法官在其独立意见或反对意见中使用了演绎法，这表明演绎法是法院方法论的一部分。[4]"逮捕证"案

---

〔1〕 一般将法律推理分为形式推理（逻辑推理）及辩证推理（实质推理）。

〔2〕 转引自 Stefan Talmon, "Determining Customary International Law: The ICJ's Methodology between Induction, Deduction and Assertion", *The European Journal of International Law*, 2015, Vol. 26 (2), p. 421.

〔3〕 Delimitation of the Maritime Boundary in the Gulf of Maine Area (Canada/United States of America), *ICJ Reports* 1984, p. 246.

〔4〕 Bustamente y Rivero 庭长的个人意见，Fouad Ammoun 法官的个人意见，Lachs 法官的不同意见，Morelli 法官的不同意见。North Sea Continental Shelf (Federal Republic of Germany/Denmark), *ICJ Reports* 1969, pp. 58, 147, 179, 200.

· 91 ·

被广泛认为是演绎推理的例子,〔1〕而 "国家管辖豁免" 案则被认为是归纳法的典型例子。〔2〕鉴于确定法律意味着发展并最终创造法律, 国际法院在这一过程中采取的方法论就十分重要。

ILC 结论指出, 事实上并未排除适用两要素法时作为辅助手段谨慎使用演绎法。〔3〕国际法院在确定习惯国际法规则的存在时, 运用归纳法旨在从国家实践和法律确信的众多个别实例中推断出一般情况, 是通过系统的观察和经验概括, 从具体到一般的过程。对演绎法的运用指通过法律推理, 相对于归纳的情形, 通过存在一般惯例及法律确信的经验证据之外的方式确定, 从表述更为宽泛的普遍接受的规则或原则中推断出一条具体规则, 是从一般到具体的过程。国际法委员会强调, 习惯法规则以上述这种规则为背景发挥了作用的情况下, 更可能使用演绎法。

Talmon 对国际法院在不同案例中确定习惯国际法规则所采用的方法论进行了研究, 认为法院事实上经常遇到很难使用归纳法的情况, 例如问题太新而不存在国家实践、国家实践中的相互矛盾过于悬殊难以产生定论, 或者规则本身禁止某些行为, 而弃权或不作为的消极做法很难作为证据。因此法院在无法通过归纳法确定任何习惯国际法规则的情况下, 会使用演绎法作为补充。但 Talmon 认为, 国际法院最常采用的主要方法不是归纳或演绎, 而是 "断言"(assertion)。在绝大多数案件中, 法院并没有提出任何归纳或演绎推理, 而只是按其认为合适的方式断言法律规则。〔4〕这种程度的自由裁量权可能无法令人满意, 但它是实际存在的, Talmon 甚至在文章最后表示, 如果法院的推理结论不能说服各国, "各国可以干脆远离法院"。

---

〔1〕 Arrest Warrant of 11 April 2000 (Democratic Republic of the Congo v. Belgium), *ICJ Reports* 2002, p. 3.

〔2〕 Jurisdictional Immunities of the State (Germany v. Italy: Greece intervening), *ICJ Reports* 2012, p. 99.

〔3〕 国际法委员会: "习惯国际法的识别", 载 2018 年联合国文件 A/73/10, 第 130 页。

〔4〕 Stefan Talmon, "Determining Customary International Law: The ICJ's Methodology between Induction, Deduction and Assertion", *The European Journal of International Law*, 2015, Vol. 26 (2), pp. 417-443.

在科孚海峡案中，国际法院在其关于案情实质的第一项判决中，确立了军舰无害通过国际海峡的权利，并指出："法院认为，普遍公认并符合国际惯例的是，各国在和平时期有权派遣军舰通过公海两部分之间用于航行的海峡，而无须事先得到沿海国的授权，但前提是该通过是无害的。"[1]尽管当时这种权利远未得到"普遍承认"，但法院没有提出任何国家实践和法律确信的证据来证明这一说法。多位法官在其个人意见中也指出，军舰没有无害通过的权利，[2]各国在这一问题上的实践远未达到普遍的程度。这一判决受到了"创造了新的国际法规则"的指责，同样，当法院在"损害赔偿案"中宣称国际组织的客观法律人格时，也受到该理由的指责。法院没有提供任何归纳或演绎的推理，只是指出："法院的意见是，代表国际社会绝大多数成员的五十个国家，根据国际法，有权使一个拥有客观国际法律人格的实体成为现实。"[3]在尼加拉瓜案中，法院表述为："本法院认为，一项规则要被确立为习惯，相应的惯例必须绝对严格地符合该规则。为了推断（deduce）习惯规则的存在，国家的行为一般应符合这些规则就足够了……然而，本法院必须确信，在习惯国际法中存在着关于这种弃权的约束性的法律确信，这种法律确信可以从缔约方的态度和各国对某些大会决议的态度等方面推断出来，尽管要十分谨慎。"

国际法院需要做的不仅限于对习惯法规则内容的确定，还需要确定并研究各国的实践和法律确信。这不是简单地计算国家行为的数学练习，而是一个容易产生主观性和选择性的过程。[4]首先，法院实际上不可能审查近 200 个国家的实践和法律确信。证明习惯的存在，必须从许多来源

---

〔1〕　Corfu Channel（United Kingdom of Great Britain and Northern Ireland v. Albania），*ICJ Reports* 1949，p. 28.

〔2〕　Krylov 法官的不同意见，Asevedo 法官的个人意见。Corfu Channel（United Kingdom of Great Britain and Northern Ireland v. Albania），*ICJ Reports* 1949，pp. 74，99.

〔3〕　Reparation for Injuries Suffered in the Service of the United Nations，*ICJ Reports* 1949，p. 185.

〔4〕　关于一般习惯国际法的不确定性，参见 Jörg Kammerhofer，"Uncertainty in the Formal Sources of International Law：Customary International Law and Some of Its Problems"，*European Journal of International Law*，2004，Vol. 15，pp. 524-536。

中拼凑一个推定的规则，这可能包括数十个国家的官方出版物、历史记录、报纸文章，[1]还可能涉及多个国际组织的会议讨论记录、各种条约的谈判记录等。因此，任何习惯规则都必然是基于对国家实践材料的选择，由法院决定的选择。其次，法院还需要决定实践是否形成了一般惯例，惯例是否具有足够的广泛性和一致性，以及如何处理不一致的实践。确定某些行为模式为习惯法，不仅仅是观察和记录行为的规律性。法院可以将不一致的实践解释为对现有习惯的违反（如尼加拉瓜案）、新习惯的开始，或根本不存在习惯（如庇护案、渔业案、通行权案、核武器咨询意见案）。最后，在确定习惯国际法的心理要素法律确信的过程中，仍然存在着主观性，而这往往是通过虚构而非归纳得出的。[2]在从实践材料到认定一般惯例和法律确信的过程中，始终是隐含着主观性的价值判断。

习惯法的精髓在于它是国际社会整体意志的不成文表现。[3]但这种不成文的特点使法院在适用规则时有了更充分的自由裁量权。一方面，习惯的不成文性需要法官先对习惯规则的内容进行确定，文字化的过程是一个主观加工的过程，演绎法甚至"断言"可能是变相的"司法立法"。另一方面，依照严格的两要素要求，识别或者说证明一项习惯规则往往需要极高的成本。对国家实践的考察所需要的材料并不容易获取，法律确信又可能与国家实践之间存在不一致，[4]法院在材料的收集选取、是否符合一般惯例的要求以及对法律确信的推断中难免作出更多主观上的价值判断。归纳法与演绎法一样，具有主观性、不可预测性，容易被法院创制法律。[5]

基于以上原因和对传统两要素的质疑和批判，一些学者提出了关于

〔1〕 [加] 劳伦斯·赫尔佛、英格丽·伍尔特：["习惯国际法：一种工具选择的视角"，孙琳琳编译，载《国际关系与国际法学刊》2017年第7卷。

〔2〕 凯尔森认为，法律确信是一种虚构，以掩盖法官的创造性权力。

〔3〕 国际法协会习惯国际法形成委员会："适用于形成一般习惯国际法的原则声明"，载2000年第69次会议报告，第63页。

〔4〕 邓华："国际法院认定习惯国际法之实证考察——对'两要素'说的坚持抑或背离?"，载《武大国际法评论》2020年第4期。

〔5〕 Robert Kolb, "Selected Problems in the Theory of Customary International Law", *Netherlands International Law Review*, 2003, Vol. 50, pp. 130–133.

习惯国际法的新理论，希望一定程度上减少难以捉摸的经验主义、规范化习惯国际法的确定路径。虽然从 2018 年 ILC 结论来看，学界关于如何识别习惯国际法的理论很大程度上没有被权威接受，其中有些还被彻底否定了，但这些理论与争议有助于建设性地批判习惯国际法渊源的内在缺陷，促进规范新环境和新问题的国际法律体系的思考。

第三节　现代理论对习惯国际法的解释或重构

一、现代理论产生的契机

在 20 世纪 60 年代末到 70 年代初期，国际法院在一系列新颖，甚至是革命性的案件意见中，为重新思考习惯国际法的传统构成要件奠定了理论基础。

在巴塞罗那电车公司案的判决中，[1]国际法院的裁定似乎出现了与以往不完全相同的习惯法类型。比利时代表其某些国民，即巴塞罗那电车有限公司的股东，以西班牙违反国际法原则为由向其提出索赔，这一案件极大地扩大了国际法对国家提出侵权索赔资格的要求。通常情况下，一个国家想要拥有主张违反国际法的主体资格，就必须受到有关违法行为的直接影响。然而，某些违反的行为被认为是违反了非常重要的对世义务，以至于允许任何国家主张其违法，而不仅仅是受到直接影响的国家。法院认为，"人的基本权利"产生了普遍的"对世义务"。

在北海大陆架案中，国际法院驳回了丹麦和荷兰的主张，即要求西德在与丹麦和挪威划定大陆架边界时，受 1958 年《日内瓦大陆架公约》第六条及其所载等距离原则的约束。西德不是该公约的缔约方，因此不受该公约条款的正式约束，但丹麦和荷兰辩称，该公约条款已经转化为习惯国际法，因此对西德具有约束力，而且西德本身已倾向于表明受该规则约束。法院没有认可这一论点，认为仅有倾向性是不够的，必须要

---

〔1〕　Barcelona Traction, Light and Power Company, Limited (Belgium v. Spain), *ICJ Reports* 1970, pp. 33-34.

有某种法律确信的表现，以表明有关行为已将条约规则转变为习惯规则。其中包括：（1）只对签署有关条约的国家有约束力的国际法规则，转变为对所有国家有约束力的习惯国际法规则所需要的广泛参与程度；（2）这种转变需要多长时间。关于第一个问题，法院指出，"广泛和有代表性地参与条约"本身就可能足以将条约规则转变为习惯规则。关于第二个问题，法院认为，仅仅经过很短的时间，这一条件本身不一定会阻碍在原本纯条约规则基础上形成新的习惯国际法规则。[1]

此外，1969年《维也纳条约法公约》正式提出了"国际强行法"概念，[2]这一概念被看作是习惯国际法的特殊类型，并与"对世义务"一样广泛应用于国际环境法、国际人权和人道领域，多用以约束战争罪、反人类罪等严重罪行。

在国际法院对巴塞罗那电车公司案和北海大陆架案作出判决后的几十年里，非传统法学研究展开了对习惯国际法的修正性理解。一些学者抓住了国际法院在巴塞罗那电车公司案和北海大陆架案中打开的大门：国际法院在巴塞罗那电车公司案中的结论被用来证明涉及重要价值的规则（主要是人权方面）在国际法中的普遍性效力，而其在北海大陆架案中的判决则被用来证明对条约及习惯法两个国际法渊源的新理解，即规则由于被纳入广泛批准的国际条约，而被无缝地转化为习惯国际法。

二、现代理论

有人认为，习惯国际法有不同的分类："传统习惯"和"现代习惯"。[3]例如，Anthea Roberts认为：传统习惯是演变的，是通过一个归纳过程确定的，在这个过程中，一般的习惯是从具体的国家实践事例中产生的。而现代习惯是通过一个演绎的过程得出的，这个过程首先是对

---

〔1〕 North Sea Continental Shelf（Federal Republic of Germany v. Denmark；Federal Republic of Germany v. Netherlands），*ICJ Reports* 1969，pp. 43-44.

〔2〕 根据《维也纳条约法公约》第五十三条，一般国际法强制规律指国家之国际社会全体接受并公认为不许损益且仅有以后具有同等性质之一般国际法规律始得更改之规律。

〔3〕 "基于实践的旧式习惯"和"新的、激进的习惯"，见Bruno Simma，Philip Alston，"The Sources of Human Rights Law：Custom，Jus Cogens，and General Principles"，*Australian Year Book of International Law*，1989，Vol. 12，pp. 89-90。

规则的一般性陈述，而不是具体的实践事例。这种方法强调法律确信而不是国家实践，因为它主要依靠陈述而不是行动。[1]

主张对习惯国际法规则进行类似分类的处理的学者，常在缅因湾案中国际法院分庭的声明中寻找支持。因为分庭声明提到了"习惯国际法……实际上包括一套有限的规范（limited set of norms），以确保国际社会成员的共同存在和重要合作，以及一套习惯规则（customary rules），其在国家法律意见中的存在可以通过基于对足够广泛和令人信服的实践的分析的归纳来检验……"分庭的这一声明被理解为，习惯国际法有两类，一类是通过归纳证明的，另一类是通过从一般国际法原则中推导出来的。Sur根据这段话声称，习惯法有两种不同的类型。[2]第一类中的规则可以用推理的方式加以解释，包括那些在某种程度上是必要的，是由于国家间共存的紧急情况所决定的，并将构成习惯法不可重复的硬核心的规则。第二类则是通过审查某些国家对其他国家默示或明示的法律主张，以便通过归纳的方式确认这些其他国家是否接受和承认相应的惯例的规则。然而分庭的说法也可以有不同的解读，即在第一类中，国家实践和法律确信是明确可归纳的，而在第二类中，它们必须通过法律推理来确立。

事实上，"传统习惯"还是"现代习惯"规则没有一个明确的分界线，也没有办法对国际法院在实践中采取的方式划定一条时间界限，来区分归纳或演绎。只是学术研究中倾向于把坚持清晰分割的两要素法并从实践中归纳规则的论断称为"传统的"。归纳出的习惯规则来源于由少数利益相关的国家为所有国家制定规则的过程，而这一过程很少考虑大多数没有公开立场的国家的意识和意见。[3]相对地提出反对的观点则可以称为"现代的"。正如前文在论述传统习惯国际法两要素说存在的问题时，列举了许多不同意见，这些不同的意见从不同角度质疑了两要素法，

---

〔1〕　Anthea Roberts, "Traditional and Modern Approaches to Customary International Law: A Reconciliation", *American Journal of International Law*, 2001, Vol. 95（4）, pp. 757-791.

〔2〕　Serge Sur, *La coutume international*: *Extrait du Juris-Classeur Droit International*, Librairies Techniques, 1990. 转引自 Michael Byers, *Custom, Power and the Power of Rules*: *International Relations and Customary International Law*, Cambridge: Cambridge University Press, 1999, pp. 129-146。

〔3〕　Jonathan I. Charney, "Universal International Law", *American Journal of International Law*, 1993, Vol. 87, pp. 531-538.

并提出了新的解释路径、权衡两要素的方法甚至重构性的新观点。

有人认为习惯国际法实际上只有一个要素，即国家惯例，而法律确信只涉及在国际一级对该惯例的解释。因此，法律确信涉及确定对国家实践的看法的方式，为什么对国家实践的某些事例赋予法律相关性，而对其他事例则没有。Haggenmacher 断言，法律相关性的分配是一种理性的概念活动，是根据对国家实践的认识来制定的，而不是任意的。这些认识是在国际法的一些"原则"所提供的更大结构中形成的。这些原则，如海洋自由和主权的排他性，是在自主的基础上存在的，独立于任何特定案件中所援引的惯例。即"从来不缺少对一种可暗示基本规则的持续实践的证明"，但是这种实践本身并不是独立出现，而是经常围绕一个框架，这个框架能赋予依某规则进行的实践以规范意义，并可以围绕这个框架对规则和实践进行解释。构成这一框架的"原则"并不是抽象的推测，而是直接与由此产生的规则和实践相联系。这种超越国家与派别观点所造成的分歧而存在的共同概念，使争端各方能够形成共同的语言。如果国家实践不是在这样一个框架内发生的，那么对解释国家实践的人来说，国家实践就几乎无法理解。[1]

也有学者认为事实上发挥更重要作用的是法律确信要素。这一现代习惯的论点往往与新的和重要的道德价值和全球挑战有关，如和平、人权与环境，在这些领域，国家的实际做法经常不符合良好的愿望，无法归纳出符合期望的基础规则；在这些领域，也迫切需要建立起新的规则，填补现有的空白。[2]传统上对习惯法的严格要求导致其无法满足现实需要，因为它既繁琐，又发展缓慢。而现代理论则可以迅速发展为习惯规则，譬如从多边条约和联合国大会等国际论坛的宣言中推导出规则并宣称其具有普遍效力，这些多边"共识"可以宣布现有的习惯，使新出现的习惯具体化，并产生新的习惯规则。Christian Tomuschat 在 1993 年的讲

---

〔1〕 Peter Haggenmacher, "La doctrine des deux éléments du droit coutumier dans la pratique de la cour international", *Revue générale de droit international public*, 1986, p. 5.

〔2〕 Stefan Talmon, "Determining Customary International Law: The ICJ's Methodology between Induction, Deduction and Assertion", *The European Journal of International Law*, 2015, Vol. 26 (2), p. 421.

座中主张建立一类特殊的演绎型习惯法。[1] 即可以从基于"主权平等"和"人类核心哲学"（core philosophy of humanity）等的"国际社会的宪法性基础"性质的原则中，直接推导出习惯国际法规则。在演绎型习惯法的情况下，为了印证通过演绎得出的规则，既没有必要也不适合实证地收集各国的相关实践和法律确信。假定存在着一部不成文的"国际社会宪法"，在这部宪法中，某些核心价值，特别是和平、人的生命和尊严得到了巩固。这种观点类似于宪政主义和国际公共法律秩序的观念，从宪法性规范中，可以通过推理得出国际法律的其他规则。

更激进的观点是"速成"（instant）习惯国际法，认为通过国家实践和法律确信形成习惯国际法远不是一个缓慢而谨慎的过程，而是一个动态和快节奏的过程，理论上有可能几乎在一夜之间发生。郑斌教授的这一论断是根据联合国大会在 20 世纪 60 年代中期关于外层空间的决议作出的，并认为这一过程体现了国家对相关规则的接受或承认，这种法律确信是对规则的"同意"，因此只凭各国对新规则的同意，并不需要考察实践就可以产生新的习惯国际法规则。[2] 受到这种观点影响，加上对实践的持续时间要求已经在北海大陆架案中被放宽，许多学者继而提出只要国家对条约条款存在足够广泛的认同，条款中的规则就可以直接、迅速地形成习惯国际法。[3]

除关于速成的理论外，以上学者的观点存在一点共同之处，即都认为存在一种先于且普遍的国际宪法性质的概念，某种"原则性框架"或合理的、基于人性的"共识"。但这样的解释方式可能存在一些问题，虽然确实可以设计一套体现共同利益的基础性规范作为国际法规则的底线和培育新规的基础，但不应想当然地认为据此推导出的规则可以直接达成作为习惯的"共识"。在令人关切的情况下，如果明显的共同利益可以

---

〔1〕　Christian Tomuschat, *Obligations Arising for States without or against Their Will*, Collected Courses of the Hague Academy of International Law, Vol. 241, Brill, 1993, p.297.

〔2〕　Cheng Bin, "United Nations Resolutions on Outer Space: 'Instant' International Customary Law?", *Indian Journal of International Law*, 1965, Vol.5, p.23.

〔3〕　一定程度上支持速成习惯国际法的学者如 Gary Scott, Craig Carr 和 Anthony D'Amato。具体观点的总结参见何志鹏、魏晓旭："速成习惯国际法的重思"，载《东北师大学报（哲学社会科学版）》2020 年第 1 期。

南极条约体系规则的习惯国际法形成研究

界定，那么很容易通过演绎推导来主动选出一些规则，这造就了一条通往习惯国际法的"捷径"。在确定规则的法律地位时，不能用应然的价值判断替代事实判断。

三、习惯是否可以速成

持传统观点的学者对这一新的观点行了反驳，反对者认为，这种重新解释试图将习惯国际法的两要素从其基于考察实践的方法论上移开，而采用另一种规范性的方法。[1]核心是他们指责这种轻视国家实践的方式试图为国际规范的产生创造捷径，这对整个习惯国际法的概念构成了威胁。

"国际法的目的从来都不是为了改善人类，而是为了确保一套得到普遍承认和同意的规则，使人类能够在相对的和平和秩序中生活。"[2]在Weil看来，国际法律体系始终在寻求确保其权力和功能被普遍接受和适用，而不是等级化；非传统学术界及其追随者试图根据义务的内容而不是根据义务的产生方式、产生过程来建立义务的优先性或等级，表明他们完全不了解国际法是什么。Bederman认为《国际法院规约》所载的习惯国际法的传统模式，并不是一种陈旧的形式主义，对规则形成的客观和主观因素调查仍然是确定一项规范是否真正上升到国际习惯的水平，从而值得承认和执行的关键算法。为了提高习惯国际法的活力和相关性，而错误地试图免除或放松其中任何一项要求，都将致命地破坏其合法性。同样，放弃习惯国际法强大的实证主义思想根基，转而支持新的自然主义，即使是以规范的"合理性"或"人性"的成语来表达，也将是不可取的。[3]

国际条约或联合国等国际机构的决议应被视为习惯发展的可能起点，而不是产生规范的行为本身。联合国大会投票通过的许多决议都是倡议性的，并不打算被投票赞成的国家完全和无条件地接受。鉴于这一事实，

---

〔1〕 G. J. H. van Hoof, *Rethinking the Sources of International Law*, Kluwer Law and Taxation Publishers, 1983, pp. 107-108.

〔2〕 Prosper Weil, "Towards Relative Normativity in International Law?", *The American Journal of International Law*, 1983, Vol. 77, pp. 413-443.

〔3〕 David J. Bederman, "Acquiescence, Objection and the Death of Customary International Law", *Duke Journal of Comparative & International Law*, 2010, Vol. 21, p. 31.

将国家实践和法律确信一并作为习惯形成的标准就显得更加重要，因为只有这样，才能将愿望性或象征性行为与旨在制定法律的行为区分开来。如果没有国家惯例，任何被称为习惯国际法规范的东西都缺乏合法性。[1]鉴于此，虽然传统上同时依靠国家惯例和法律确信的做法可能远非完美，但这些学者认为没有其他替代办法可以保持国际法的共识性质。

国际法委员会则直接表示不认可两要素法之外的理论，尤其指出"不存在速成习惯"。[2]国际法委员会在结论草案中最先强调的是国家实践的作用，表示习惯国际法作为具有一般性权能的国际法体系重要主体，在其形成过程中起突出重要作用的是国家实践。因此"在习惯国际法的识别过程中，应主要审查国家的实践"，"在许多情况下，确定习惯国际法规则的存在及内容仅与国家实践相关"。[3]虽然不要求实践存续特定的时间期限，但认为一项一般惯例的出现必须经过一些时间。而对于法律确信，国际法委员会强调并非所有观察到的常规国际行为都具有法律意义，一般国家实践也不一定代表对习惯国际法规则的法律确信。就这点而言，遵守条约义务的行为就识别习惯国际法而言不是法律确信，"此种惯例本身不能据以推断存在习惯国际法规则"，[4]这再一次彻底否认了上述理论中提到的条约与习惯国际法的无缝衔接。

第四节　条约与习惯国际法的形成

一、作为法律渊源的条约与习惯法

《国际法院规约》第三十八条被普遍认为是对国际法渊源的说明，但其没有具体规定条约和习惯在国际法中的相对地位。ILC 结论也没有试图解释习惯国际法与第三十八条第一款所列的国际法其他渊源之间的关系。

---

〔1〕 Arthur M. Weisburd, "Customary International Law: The Problem of Treaties", *Vanderbilt Journal of Transnational Law*, 1988, Vol. 21 (1), pp. 1-46.

〔2〕 国际法委员会："习惯国际法的识别"，载 2018 年联合国文件 A/73/10，第 142 页。

〔3〕 国际法委员会："习惯国际法的识别"，载 2018 年联合国文件 A/73/10，第 134 页。

〔4〕 国际法委员会："习惯国际法的识别"，载 2018 年联合国文件 A/73/10，第 143 页。

但实践中寻找适用的法律时，最常用的是第一款所列的前两个来源，即条约和习惯。

作为两个独立的国际法渊源，条约与习惯显然有很多形式上的区别。首先，条约是经过明确谈判的，通常是成文的；而习惯没有明确的谈判，通常在被确定之前是不成文的。其次，条约需要经过国内批准才能对缔约方发生效力，是否承担其义务是可以选择的，批准条约意味着缔约方对条约内容的个别的同意；习惯国际法并不需要经过批准，其义务不是任择性的，国家受到习惯约束也不需要明示的同意作为主观前提，只需要整体达成一种关于存在法律义务的共识，[1]且这种法律确信可以通过推断得出。再次，在上一条内容的基础上，如果国家不愿意承担相应义务，条约一般规定了允许个别国家退出的权利；对习惯可以进行事前的"持续反对"，但不允许嗣后退出。最后，二者的效力范围如前文讨论习惯国际法效力时所说的那样，条约本身的效力具有相对性，条约条款只对缔约方有约束力；而习惯法约束的对象更为广泛，通常情况下被认为是普遍适用的。

Anthea Roberts 提到通过三个维度来界定国际法：义务，即国家作出的承诺是否具有约束力；精确性，即这种承诺更接近具体可执行的标准还是一般性的笼统规则；以及授权，意味着是否有授权给第三方，如法院或法庭，来对法律进行解释或适用。[2]习惯通常涉及高水平的义务，但低水平的精确性和授权。在一些领域，习惯存在于没有普遍性条约的情况下（如管辖权、国家地位和国家责任）；在其他领域，习惯可能与条约并存（如使用武力、外交和国家豁免、条约法、国际人道主义法和人权）。有些规范从习惯延伸到条约，有些则从条约延伸到习惯。

在习惯先于条约的情况下，条约可能具有提高精确性或授权执行的优势，但它并不破坏习惯的义务性。条约强调的是选择性义务和个人同

---

〔1〕 "对于习惯规则的同意可能采取扩散性共识的形式，或对习惯国际法进程的普遍同意，而不是对个别规则的明确和具体同意。" Michael Byers. , In *Custom*, *Power and the Power of Rules*: *International Relations and Customary International Law*, Cambridge: Cambridge University Press, 1999, p. 144.

〔2〕 Anthea Roberts, "Who Killed Article 38 (1) (b)? A Reply to Bradley and Gulati", *Duke Journal of Comparative & International Law*, 2010, Vol. 21, p. 173.

意，习惯是通过集体行动发展和改变的，通常会规定强制性义务以保护共同的利益。这里的类比可能更接近于刑法的强制适用或强制性的公共监管，比如个人不能单方面退出禁止谋杀等刑法义务，或旨在促进社会交往运行的规则，例如交通规则。这些法律领域的规则与合同的规则不同，因为它们的目的不同。条约的重点是各国单独作出的选择性承诺，而习惯则通过对所有国家施加最低限度的核心约束性义务。Roberts 认为，习惯法的功能是保护关键的结构性和实质性规范，以便更好地服务于国际社会的利益。各国没有对习惯强调退出权，反映了它们普遍认识到，对由集体程序确定某些规范有集体利益，而没有个别退出的可能性。[1]

D'Amato 给出了一种看待两者的方式："《国际法院规约》第三十八条指出了习惯具有核心重要性的另一个原因。规约指示法院适用确立'争讼国明确承认'的规则的条约，但对法院适用'国际习惯'的要求没有明确承认的限制。这里看到的极端的司法灵活性无疑是苏联对习惯国际法持怀疑态度，并反复表现出对条约法的强烈支持的原因。""二战"后，越来越多的新独立国家对习惯程序的实质性结果持怀疑态度，而整体数量不断增加的条约使许多人认为，条约作为国际法渊源的地位高于习惯。[2]

Gamble 研究了"二战"后 20 多年间生效的条约数量变化，以及"一战"后 60 多年内生效的多边条约的数量及缔结多边条约的国家的数量之比，结果证明事实上条约的重要性却有所下降，而且第二项数据的比例下降表明这一趋势正在加速。这表明了习惯的地位并没有完全被条约取代，反而有所"复兴"。[3]

图 2-1 说明了对两个国际法渊源以及国际法整体内容关系的认识。左图所示的是一种误解，可能是由国际法院对法律渊源的并行列举造成的：其中条约和习惯覆盖的国际法部分太少，而且条约和习惯在大多数

---

〔1〕　Anthea Roberts, "Who Killed Article 38（1）（b）？A Reply to Bradley and Gulati", *Duke Journal of Comparative & International Law*, 2010, Vol. 21, p. 173.

〔2〕　J. K. J. Gamble, "The Treaty/Custom Dichotomy：An Overview", *Texas International Law Journal*, 1981, Vol. 16（3）, pp. 305-320.

〔3〕　J. K. J. Gamble, "The Treaty/Custom Dichotomy：An Overview", *Texas International Law Journal*, 1981, Vol. 16（3）, pp. 305-320.

情况下是相互排斥的。相反，右图更接近现实情况：条约和习惯有很大的重叠，说明在大多数情况下，两者都是同一法律规则的公认表现形式，而且条约和习惯共同涵盖了大部分国际法，其他来源结合在一起也相对占比很少。

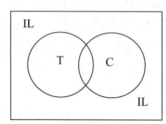
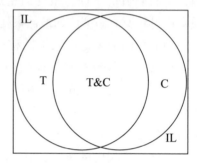

IL=国际法；T=条约；C=习惯

图 2-1　对国际法渊源内容关系的认识[1]

从 Gamble 的研究结论来看，当代国际法中条约与习惯的内容存在较多的重叠。因此不应孤立地看待条约和习惯，两者常常同时作为与某一主题有关的国际法的渊源。条约和习惯相互影响，交替发挥主要作用，形成了漫长的因果链。一个很好的例子是关于大陆架的国际法：美国总统杜鲁门于 1945 年发布公告宣称了美国对其领海范围之外的大陆架的管辖权和控制权。其他沿海国随后迅速效仿该宣言，对各自大陆架提出主权，甚至内陆国家也接受了这个规范，相关习惯规则逐渐成形，[2]最终导致了 1958 年日内瓦海洋法四公约中的大陆架公约的出现。这之后条约又产生了习惯法的反应，广泛的实践使 1982 年 UNCLOS 对大陆架规则进行了延续。该公约的缔约方数量的增加也会产生更多相关规则的实践。

二、条约与习惯的相互作用

条约和习惯是国际法结构中相互交织的线，而不是完全平行的、完

---

〔1〕　图 2-1 出自前引 "The Treaty/Custom Dichotomy：An Overview" 一文，原文中的图片清晰度较低，本书附图是仿照原图重新绘制的。

〔2〕　M. P. Scharf, *Customary International Law in Times of Fundamental Change：Recognizing Grotian Moments*, Cambridge University Press, 2013, pp. 115-117.

全独立的两个国际法规则来源。七十多年前，国际法委员会就意识到这个问题："也许不应该过于僵硬地坚持区分条约法和习惯国际法。习惯国际法的一项原则或规则可以体现在一项双边或多方条约中，以便在规定的限度内，只要存在条约规则，就对条约缔约方具有条约效力；但它将继续作为习惯国际法的一项原则或规则对其他国家具有约束力。"[1] 1969年《维也纳条约法公约》在序言中表示，相信"本公约所实现的条约法的编纂和逐渐发展，将促进《宪章》所规定的联合国宗旨"，并重申"习惯国际法规则将继续适用于本公约规定以外的问题"。条约在记录和界定，甚至发展源于习惯的规则方面可发挥重要作用。[2]

ILC 结论揭示了由习惯国际法规则形成的时间来区分的三种情况，这些情况下条约中的规则可以被视为反映了习惯国际法。其一是已有较为明显的习惯规则，条约对习惯进行编纂。国际法委员会的主要职责之一便是编纂习惯法，在外交关系、领事关系、条约法和海洋法等领域都已存在编纂的例子。其二是具体化正在形成的习惯法规则。这种情况下条约制定之前可能就存在一致且广泛的国家实践，只是没有形成具体规则，为缔结条约举行的国际会议上各国对相关规则表现出的法律确信，可能使得习惯法规则在条约缔结前就形成了。国际法院认为这是使新的习惯法规则有可能形成的"公认的方法之一"。在第二种情况中，条约可以看作习惯国际法形成过程的一部分，为某些规则的存在提供进一步的证据，使其更有资格成为习惯国际法。例如，一些在被纳入一般多边条约之前并没有太多支持性的证据来证明存在的规则：共同但有区别责任原则、预防原则等。前两种情况也可以说明条约发挥了为法院或政府能够找到一项习惯规则提供材料的作用。[3]

前两种方式更为常见且存在没有太多争议的例子，但本书着重探讨的是第三种方式，即条约促进习惯国际法的发展，条约规则成为习惯国际法的一部分。

---

〔1〕　联合国文件：A/CN. 4/SER. 4/SER. A/Add. 1。

〔2〕　国际法委员会："习惯国际法的识别"，载 2018 年联合国文件 A/73/10，第 147 页。

〔3〕　Jia Bingbing, "The Relations between Treaties and Custom", *Chinese Journal of International Law*, 2010, 9, pp. 81–110.

根据《维也纳条约法公约》第三十八条，条约所载规则可以成为对第三国有拘束力之公认国际习惯法规则，但该公约并没有说明这种转变是如何发生的以及需要什么样的条件。在国际法委员会关于条约法的工作中，这一过程被描述为"无可争议和普遍接受的"（incontestable and generally accepted）。贾兵兵认为，从条约法向习惯法的过渡是国际法律体系中的一个常态，而条约规则成为一般习惯法也一直为学者所承认。[1]国际法委员会将这一形式概括为："条约规则形成了一项被接受为法律（法律确信）的一般惯例，从而产生了一项新的习惯国际法规则"，同时指出，"这一过程不能轻率地视为已经发生"。[2]委员会重申了国际法院在北海大陆架案中表述的关于条约中提出的规则产生了习惯国际法规则所需条件如下。

（一）根本的创立规范的性质

国际法院认为，条约规则想要成为习惯法的一部分，必须从根本上创造规范。"这显然涉及将该条款视为创造规范的条款，该条款可以被视为构成了一项一般法律规则的基础，或产生了一项规则，而规则虽然最初只是公约或契约性的，但后来已被纳入国际法的整体体系。"[3]

国际法院虽然使用了"根本的创立规范的性质"（the fundamentally norm-creating character）一词，但没有对其进行定义。但是，从该词与"一般法律规则"（general rule of law）这一表达连用来看，该词所指"规范"应当具有一定普遍适用性。无论一国是否为缔约方，该规则都可以一般适用。国际法院在后文又补充道："可以被视为构成一项一般法律规则的基础。"有学者将这一过程总结为：如果一项规则确实成为习惯国际法，它就是"制定规范"的，换句话说，转化为习惯国际法的过程，也能够决定该规则的性质。[4]

1964 年国际法委员会的工作会议报告中指出：造法性条约无疑是发

〔1〕 相关学者表述整理参见王军敏："条约规则成为一般习惯法"，载《法学研究》2001年第 3 期。

〔2〕 国际法委员会："习惯国际法的识别"，载 2018 年联合国文件 A/73/10，第 150 页。

〔3〕 North Sea Continental Shelf（Federal Republic of Germany v. Denmark；Federal Republic of Germany v. Netherlands），*ICJ Reports* 1969, p. 42.

〔4〕 Richard R. Baxter, "Multilateral Treaties as Evidence of Customary International Law", *British Yearbook of International Law*, 1965, Vol. 41, p. 275.

生这一过程的最重要和最常见的情况，但这种情况并不限于造法性条约。如果纯粹的契约性条约所指定的原则后来得到其他国家的赞同和实践，也可能产生同样的结果。关于造法性条约与契约性条约，德国学者特力派尔最早主张二者的区别在于，造法性条约是缔约各方具有创立此后相互间必须遵守的行为规则的共同目的，即创立法律的目的，因而在表示上有共同的内容；契约性条约指缔约双方的共同目的在于解决当前的一个具体问题，而不在于为将来制定共同的行为规则，意思表示有不同的内容。对造法性条约这一特点也可以描述为规则应具有主体的一般性及客体的抽象性这两方面含义。[1]王军敏认为，主体的一般性即规则规范的是一般性的多个主体而非个性化的主体，客体的抽象性指条约规则规范的是许多抽象情势而非具体情势。[2]

M. Villger 认为，由于习惯是一般性的，如果条约规则是一般性的，那么条约规则转变为习惯国际法的过程则会比较顺利。此外，抽象的条约规则如果伴随着广泛的国家实践，则可能成为习惯。与之相反的是，第三国很少有机会就具体的规则作出积极实践，这种具体的规则依赖于第三国的默许这一条件，需要更长的时间转变为习惯法。

关于条约的保留，在北海大陆架案中，法院认为：对 1958 年《日内瓦大陆架公约》第六条作出保留的权利，阻碍了"等距原则被接受为一般法"与该公约相应规则之间的因果关系，因此第六条不具有与其他部分条款同样的创造规范的性质。这一立场受到一些法官的强烈批评，他们认为，提出保留的权利不一定要与条约产生习惯规则相联系。因为保留权利只限于与当事方的合同范畴。[3]此外，有其他例子表明，尽管对条约的规定提出了保留，但条约还是转化为了习惯法。例如，1958 年《日

---

〔1〕　Mark E. Villiger, *Customary International Law and Treaties*, Martinus Nijhoff Publishers, 1985, p. 113.

〔2〕　"客体的抽象性指条约规则规范的是许多抽象的情势，而不是某个具体情势。该含义排除了如具体国际组织的组织规则，或关于岛屿、水道的契约性安排。"参见王军敏："条约规则成为一般习惯法"，载《法学研究》2001 年第 3 期。

〔3〕　北海大陆架案中 V. K oretsky, M. Morelli, M. Lachs, M . Sorensen 法官的反对意见。North Sea Continental Shelf (Federal Republic of Germany v. Denmark; Federal Republic of Germany v. Netherlands), *ICJ Reports* 1969, pp. 163, 198, 223, 248.

内瓦海洋法公约》的序言指出，公约是该领域习惯法的编纂；或 1907 年的第四项海牙公约，其中有 5 项保留且第八条规定了单方面退约的情形。但是，法院本身并不认为作出保留的权利是一个在任何情况下都能排除"创造规范性质"的因素，法院多次强调"这本身并不妨碍第六条最终成为习惯国际法的一般内容"，但这意味着法院认为条约规则与之后形成的习惯法规则可能不存在因果关系。ILC 结论指出，"明文允许对某一条约条款有所保留可能表明该条款不反映习惯国际法，但这不一定具有决定性"。[1]

总的来说，相对于具有合同性质的契约性条约，更接近"基本的规范创设性质"这一条件的是造法性条约的能够为第三方提供实践机会的一般性和抽象性规则，条约规则允许保留有一定影响，但不是决定性因素。

（二）条约缔约方的广泛性和代表性

这一项来自国际法院所说的"条约已得到广泛和有代表性的国家的参加这一事实，可能被认为已足以发展出习惯法规则，但条件是参加条约的国家包括那些利益特别受到影响的国家……"。[2]

当与特定条约最相关的国家不是该条约的缔约方时，就很难证明条约规则反映了适用于这些国家的习惯法，因为存在相关利益但不加入条约可能暗示了对条约相关规定的反对，也就不存在必要的法律确信。如果没有必要国家的参与，法律就没有现实意义。国际法院没有阐明"利益受到特别影响的国家"的相关含义。有学者指出，这个概念应理解为"利益比其他国家更直接且通常是重大地受到规则影响的国家"。[3] ILC 结论中提到，特别受影响国家指的是特别能参与有关活动或最有可能关注所称规则的国家。[4] 例如海洋国家会更比内陆国家在海洋方面存在更现实的利益，因此也会更加关注海洋法规则的形成、更能参与规则的实

---

〔1〕 另见国际法委员会《对条约的保留实践指南》3.1.5.3 对反映习惯规则的规定的保留，和 4.4.2 对习惯国际法之下的权利和义务不产生效果，见联合国文件：A/66/10 Add.1。

〔2〕 North Sea Continental Shelf (Federal Republic of Germany v. Denmark; Federal Republic of Germany v. Netherlands), *ICJ Reports* 1969, p. 42.

〔3〕 吴卡："条约规则成为一般习惯法的条件——兼论'利益受到特别影响的国家'之内涵"，载《社会科学家》2008 年第 6 期。

〔4〕 国际法委员会："习惯国际法的识别"，载 2018 年联合国文件 A/73/10，第 141 页。

践，这些国家的态度对于规则形成的作用也更加"重要"，因为它们的反对可能使规则缺乏实践意义，这里的"重要"与国家大小强弱无关，不应被理解为各国相对权力，而是只与现实的国家利益相关。

但是利益特别受到影响的国家不是缔约方代表性的充分条件，Lachs法官将 1958 年《日内瓦大陆架公约》的缔约方数量与公约主题直接相关的国家数量进行了对比，其中不包括无法拥有大陆架的内陆国家。[1] 他认为，决定缔约方代表性的不是国家数量，而是国家的重要性。缔约方代表了"来自各个大陆的国家，包含各种政治制度，也包含世界上主要法系，既有新生国家，也有古老的国家"。国际法委员会指出，评估代表性时，有必要考虑所涉的各种利益和/或各地理区域的所有情形。

虽然缔约方数量不是代表性的决定因素，但条约的广泛性依然对缔约方数量提出了相对的要求。在一些案件中，国际法院认为需要特别考虑缔约方数量问题，以确定条约中的一项规则是否已得到足够的接受。例如在庇护案中，哥伦比亚援引了秘鲁尚未批准的条约，法院被要求确定某些条约中所载规则是否已经达到拉美区域习惯国际法的地位从而对秘鲁有效。法院在提到 1933 年和 1939 年《蒙得维多国家权利义务公约》时指出，前者的批准国家不超过 11 个，而后者只有 2 个国家批准。法院得出的结论是，由于批准这些协定的国家数目有限，这些协定不能作为习惯国际法适用于秘鲁。在北海大陆架案中，谈及条约本身是否得到了足够广泛和有代表性的参与时，法院指出，迄今所获得的批准和加入的数量虽然可观，但还远远不够。数量上的缺少使得条约规则"很难构成一个可以暗示形成了对规则的接受的基础"。

因此，缔约方代表性和广泛性要求是交互的，代表性所要求的是利益特别相关的代表性、政治和经济文化等方面不同实力国家的代表性，这些代表性都是广泛分布的；另外需要有足够数量的缔约方才能使法院认定法律确信，但足够数量不是一个精确的概念。

---

〔1〕 田中法官的意见，见 North Sea Continental Shelf（Federal Republic of Germany v. Denmark；Federal Republic of Germany v. Netherlands），*ICJ Reports* 1969，p. 176.

(三) 对条约规则的国家实践和法律确信

在前两项要求之后国际法院不忘强调，"不可或缺的条件是，即使经过的时间非常短暂，国家实践，包括利益特别受到影响的国家的实践，必须按照所援引规则的宗旨和意图进行并达到广泛又实质上一致的程度……（这些实践）也必须显示出是在一般承认为规则涉及一项法律义务的情况下发生的"。[1]《维也纳条约法公约》第三十八条 "公认的" 几个字似乎在强调，条约本身不能创设对第三国具有拘束力的法律，无论哪种情况，都需要得到国际社会中相当数量的国家的承认，然后才能转化为对所有国家都有义务的习惯国际法。这表明，造法性条约创造的规则需要经历一个过程才能转变为习惯法，成为真正意义上的法律，否则将由于 "条约对第三方无损益" 的一般国际法规则，其本质上依然是协约法（conventional law）。[2]

国际法院在北海大陆架案中对于法律确信的论断也受到一些质疑，比如田中法官在个人意见中指出，这种刚性要求使得在特定案件中很难找到这样定义的法律确信，并且提到了时序悖论的问题，即 "相信法律义务的存在是产生该法律义务的先决条件" 这一悖论。因此一些学者认为法律确信是推定存在的，除非能举出证据证明，一国的行为并非出于法律义务原因。由于法律确信可以推定，如前文所述，一些学者曾认为条约就是法律确信的表达。尤其在一些特殊主题中，现实中没有任何既存的国际法规则，对尚未处理的主题制定法律的条约，其规定将构成关于该特定主题的国家实践的唯一现有依据，例如关于外层空间条约的一些规定。[3] 在这种情况下，如果认为条约直接表达了法律确信，加上条约又是唯一实践依据，则很容易产生类似于 "速成习惯" 的理解。

关于条约在习惯产生过程中的 "正式" 作用，没有一致的意见。许

〔1〕 North Sea Continental Shelf（Federal Republic of Germany v. Denmark；Federal Republic of Germany v. Netherlands），*ICJ Reports* 1969，pp. 41，43.

〔2〕 Jia Bingbing，"The Relations between Treaties and Custom"，*Chinese Journal of International Law*，2010，Vol. 9，pp. 81–110.

〔3〕 《关于各国探索和利用包括月球和其他天体在内外层空间活动的原则条约》，1967 年 1 月 27 日。

多学者认为，有可能产生习惯的条约是国家实践的一个要素。[1]另一些则认为条约是缔约方法律确信的表达。[2]然而，条约并不被认为是习惯的唯一来源。一些学者认为，条约要产生习惯，只需要证明存在法律确信。条约与其他国家实践规范一样，必须伴随着法律确信，才能创造习惯法。[3] Villiger 得出结论说，不能高估条约的内容。首先，在北海大陆架案中，国际法院并不十分重视条约的案文，只确定规范必须具有"创造规范的性质"。其次，不能将准立法功能或意图理解为常规文本。通常情况下，并不清楚哪些最终的公约规则会被视为"新的"，并因此可以作为产生新的习惯规则的基础。最后，条约不具有直接构成习惯法的效力，一项条文仅在与相应的国家实践结合的情况下才能发挥作用。

ILC 结论明确指出条约本身无法创立习惯国际法规则，也无法绝对证明习惯国际法规则的存在及内容。但条约的相应条款可以为习惯国际法的识别提供证据。在列举国家实践和法律确信的形式或证据材料时，条约被分解成了两个部分，条约缔结行为被归为国家实践的形式之一，而条约的条款内容被列入法律确信的证据形式。国际法委员会"并未直接论及习惯国际法随时间发展的过程。在实践中，并不能始终将习惯国际法的识别与其形成分隔开来；要识别习惯国际法规则的存在及内容，很可能涉及对其发展过程的考虑。虽然结论草案不可避免地在多处提到了习惯国际法规则的形成，但并未系统论述这些规则是如何产生、改变或终止的"。

需要注意的是委员会使用的措辞是条约规则"可能反映"习惯国际法规则，并没有使用《维也纳条约法公约》中的"成为"，其目的是提请注意："条约本身无法创立习惯国际法规则，或绝对证明习惯国际法规则

[1] Michael A Morris, "Custom as a Source of International Law", *British Yearbook of International Law*, 1976, Vol.1, pp.1-53; H. Meijers, "How is International Law Made? The Stages of Growth of International Law and the Use of Its Customary Rules", *Netherlands Yearbook of International Law*, 1978, Vol.9, pp.3-26.

[2] Anthony A. D'Amato, "Manifest Intent and the Generation by Treaty of Customary Rules of International Law", *American Journal of International Law*, 1970, Vol.64 (5), pp.892-902.

[3] Michael Akehurst, "Custom As a Source of International Law", *British Yearbook of International Law*, 1975, Vol.47, p.44.

的存在及内容。"〔1〕这意味着我们在作出类似于"某条约形成了习惯国际法"的论断时需要非常谨慎，对习惯国际法是否已经形成的判断终究要回到对一般惯例（国家实践）和法律确信的考察中去，如前所述，两要素法导致习惯国际法的识别依旧困难重重，因此无法轻率地判断。

当我们把 1969 年北海大陆架案中法院对条约形成习惯国际法规则的表述，与 2018 年国际法委员会对识别习惯国际法的结论联系起来看时，可以发现现有条件存在衔接上的困难（并不是说它们的结论有问题，二者观点立场一致并不互斥，只是都没有说明中间过程）。国际法院和国际法委员会都没有解释条约规则到习惯规则这之间发生了什么变化，加上二要素法中许多细节没有精确标准，适用上依赖主观经验和法院的权威，对希望就条约到习惯法这一转变过程进行实证研究来说，习惯国际法依然是一个难以使用的概念。

三、条约如何形成习惯国际法

D'Amato 可以被认为是主张将条约视为创造习惯国际法的一派的倡导者。如其本人所言，"我跳到了条约直接产生习惯规则的激进立场"。〔2〕然而许多批评者认为，D'Amato 及其追随者夸大了条约在制定国际法方面的作用。〔3〕如果条约能够直接创造习惯国际法，意味着世界上一小部分国家可以为整个国际社会制定法律。这个论点没有被彻底广泛地接受，也是因为几个少数国家就可以使一项多边条约生效。第三世界国家对习惯国际法的反对意见一般都指出，少数国家创设法律是他们反对现行习惯国际法的原因。〔4〕尽管 D'Amato 认为多边条约有时一经批准就产生了习惯国际法，但他补充了共识的条件。如果一项广泛通过的多边条约代表了各国对其中所载规则的共识，那么仅凭这一点，这些规则就成为国

---

〔1〕 国际法委员会："习惯国际法的识别"，载 2018 年联合国文件 A/73/10，第 148 页。

〔2〕 Anthony A. D'Amato, "Custom and Treaty: A Response to Professer Weisburd", *Vand. J. Transnat'l L*, 1988, Vol. 21, p. 459.

〔3〕 Michael Akehurst, "Custom As a Source of International Law", *British Yearbook of International Law*, 1975, Vol. 47, p. 44.

〔4〕 Gary L. Scott, Craig L. Carr, "Multilateral Treaties and the Formation of Customary International Law", *Denver Journal of International Law&Policy*, 1996, Vol. 25, p. 71.

际法的一部分。这个有争议的问题在其与 Weisburd 的辩论中具体化为：在确定习惯国际法的内容时，应该给予条约多大的权重？

我们先来查看条约规则直接产生习惯法的支持者提出的条约可以作为习惯国际法基本来源的三个条件：[1]（1）条约被国际体系中足够数量的国家接受；（2）在条约缔约方中，包含相当数量的利益特别受到影响的国家；（3）条约规定不受保留的影响。Scott 和 Carr 在后续的研究中用这三个标准检查了（当时）所有的国际环境条约，以确定哪些条约由于符合这种标准，成为习惯国际法的一部分。[2]必须说明这样的案例研究是非常具有前瞻性的，虽然作者认为"大多数习惯法不是通过条约本身，而是通过传统两要素的过程形成的"，并表示为了不与传统产生太大误差而"保守"地严格限制了这套标准所证成的条约数量。但在其中许多条约案例并没有像作者所说的那样"完善这套标准"，还由于脱离了对实践的考察，显示出与现实结果的背离。例如 1994 年《国际热带木材协定》，该条约通过了上述三项标准的检验，[3]因此认为其中保护热带雨林的条款已经成为习惯国际环境法。但是国际热带木材组织内部采用加权投票的方式，把最多的票数给了最大的木材生产国和消费国，而这两方都在推动对热带雨林的破坏，热带木材市场继续处于不确定的状态，并被主要买家尤其是日本操纵，以保持低价。对此 Scott 和 Carr 表示，没有实际上得到良好的遵守不等于没有应当遵守的义务，习惯形成后就产生了国家义务。这令人对习惯国际法的实际效果和约束力感到疑惑。

鉴于 ILC 结论已经否定了条约直接形成习惯和速成习惯，我们不再讨论上述作者这方面的观点。但其提出的标准和案例研究的结果可以带来一些启示，在研究习惯国际法的形成时，轻视国家实践的影响、机械

---

〔1〕　Gary L. Scott，Craig L. Carr，"Multilateral Treaties and the Formation of Customary International Law"，*Denver Journal of International Law&Policy*，1996，Vol. 25，p. 71.

〔2〕　Gary L. Scott，Craig L. Carr，"Multilateral Treaties and the Environment：A Case Study in the Formation of Customary International Law"，*Denver Journal of International Law&Policy*，1999，Vol. 27，p. 313.

〔3〕　Scott 和 Carr 称，该条约不允许保留，另外世界上只有一小部分国家涉及热带木材的出口，只有稍大比例的国家涉及热带木材的进口，因为主要生产国和主要消费国都是缔约方，所以可以认定包含足够国家及利益特别受到影响的国家的参与，因此按照三部分标准，符合形成习惯国际环境法的条件。

化看待法律确信将严重影响论证结果的可信性。事实上，上述三个标准可以作为两要素的一部分来看待，对国家数量和相关性的考察是希望确定必要的国家实践，保留一项是关于法律确信的考虑，但这三个标准只是两要素的一部分而非充要条件，并不必然导致条约规则与符合两要素检验的习惯国际法规则形成之间的因果关系。

根据 ILC 结论，"条约的谈判、缔结和执行"可以视为识别一项习惯国际法规则所需的国家实践的形式，"条约规定"可以作为法律确信的证据形式。但是就识别国际法而言，以履行条约义务为目的的惯例本身不能据以推断存在一项习惯国际法规则。这一意见可能带来教条性的适用结果，假设一种极端情况：一项多边条约几乎吸引到普遍的参与，但因为条约缔约方之间的一致实践被认为是出于履行条约义务，从而被排除在习惯国际法规则的证据范围之外，普遍的缔约方会导致最终只有很少的实践被考虑为带有对非条约义务的法律确信的实践，这可能使确定是否已经形成一项习惯国际法规则更加困难。实际已经普遍适用的规则却不能成为习惯国际法看起来有些不合逻辑，但是在这种极端情况下，条约的普遍适用似乎使习惯国际法没有太多发挥作用的空间，产生或者识别一项习惯国际法似乎也显得多余。无论如何，国际法委员会肯定了条约的作用，但极大地限制了条约的权重，条约很难作为证明习惯国际法规则存在的决定性证据。

总结北海大陆架案中国际法院的表述，有学者将条约形成习惯国际法的条件概括为：一是条约规则具有创立规范的性质，二是存在国家实践即常例，三是常例伴随法律确信。[1] 这一概括显然符合国际法院的意图及 ILC 结论对这些条件的援引，但是这与 ILC 结论中给出习惯国际法识别条件两要素要求之间，从字面来看只是多了一条"创立规范的性质"，这似乎表示：条约只是在初期贡献了一般规范，这之后就离开了习惯国际法的形成进程，独立出来的"规则"凭自身的力量实现了广泛一致的国家实践和相应法律确信（因为识别条件要求二要素的对象是习惯规则

---

〔1〕 王军敏："条约规则成为一般习惯法"，载《法学研究》2001 年第 3 期。另见吴卡："条约规则如何成为一般习惯法：以《海洋法公约》为考察重点"，载《北京科技大学学报（社会科学版）》2011 年第 2 期。

本身），条约在最后关头再次现身为识别规则提供法律确信或国家实践的证据。显然，我们凭借条约规则与习惯规则在实践中密不可分的经验就会质疑这种表述。

本书的观点是，条约在相关规则实现一般惯例和法律确信的过程中依然能够且应当被认为发挥了作用，这种作用可能是正向的也可能是反向的，对结果来说也不是决定性的，但条约规则始终没有离开这一进程。正如国际法院指出："尽管多边条约……实际上在发展这些规则方面可能发挥重要作用"，[1]国际法委员会将条约作为识别习惯国际法的证据，也是对习惯国际法规则形成过程中条约作用的认可。国际法院和国际法委员会都没有直接说明这些作用是如何发生的，本书尝试借助 Weisburd 在论证"条约只是国家实践的另一种形式"时提出的观点，[2]来阐明条约先于习惯国际法存在时，条约在习惯国际法形成过程中起到的作用，并解释为什么起决定性作用的终究是国家实践。

（一）条约规定对习惯国际法规则内容的作用

在国际法委员会申明的"条约本身无法……绝对证明习惯国际法规则的内容"基础上，重新审视条约具有"根本的创立规范性质"这一条件。在没有任何既存的国际法规则的主题中，制定法律的条约规定将是该主题最重要的甚至是唯一的规则来源。首先对条约"创立规范"的要求旨在检验条约规定是否留有允许第三方进行实践的空间，这是条约中提出的规则更容易达成一般实践和普遍接受的前提；其次，一项习惯国际法规则可能有对应的单一条款，也可能是条约的数条条款共同反映或进一步解读出来的。[3]简单来讲，条约为其后产生的同主题习惯国际法提供规则的基础表述或具体表达，即"条约提出规则"。

但是，这种开创局面的功劳并不表示单凭条约规定就能够确定习惯国际法规则的内容。Weisburd 认为，"不能仅凭条约的语言来回答习惯国际法内容的问题"。条约不会冻结习惯规则的内容，如果缔约方采取与条

---

〔1〕　Continental Shelf (Libyan Arab Jamahiriya/Malta)，*ICJ Reports* 1985，pp. 29-30.

〔2〕　Arthur M. Weisburd，"Customary International Law: The Problem of Treaties"，*Vanderbilt Journal of Transnational Law*，1988，Vol. 21（1），pp. 1-46.

〔3〕　国际法委员会："习惯国际法的识别"，载 2018 年联合国文件 A/73/10，第 148 页。

约规定不同的长期和一贯的做法，可能导致修改条约，甚至产生与条约所提出规则完全不同的另一项习惯国际法规则，仅凭条约规定而不考虑实践不能确定习惯国际法规则的内容。

　　一个例子是国际河流航行权的法律发展历史。[1]1815 年《维也纳会议最后议定书》的附件提出了莱茵河从海面到源头的最远可通航点的自由航行规则；随后 1856 年《巴黎条约》向所有国家的船只开放多瑙河促进了自由航行规则发展；1885 年《柏林条约》为刚果河和尼日尔河规定了自由航行权，并将这一规则描述为源于《维也纳会议最后议定书》；其间一些拉丁美洲国家也通过条例或方面同意援用了这一规则。截至 19 世纪 90 年代，这一起源追溯到《维也纳条约法公约》的规则可以说形成了习惯国际法规则。但是第一次世界大战后，国家实践与这一规则的分歧越来越明显，在《巴塞罗那公约》会议期间各国代表普遍反对《维也纳会议最后议定书》产生了一般习惯国际法的观点，后来的常设法院在奥得河案中也没有承认这一规则。第二次世界大战以来，该规则已经被完全抛弃，国际法协会在其《国际河流水利用的赫尔辛基规则》中断言只有沿岸国有航行权，并称习惯国际法不支持非沿岸国人在国际河流上享有自有航行权的主张。

　　因此，条约规定可以提出习惯国际法规则，但条约规定本身不能作为习惯法内容的确凿证据，不能忽视习惯法随着国家实践的变化而变化这一动态过程。条约提出规则后，规则可能与条约并行发展，也可能超过条约甚至向着相反的方向变化。条约在不同的情况下起到不同的作用，对条约的实践可能阻碍相反的规则形成习惯，也可能经由实践发展相同内容的规则，此时的重点不是条约，在确定据称由条约产生的习惯国际法规则内容时，必须关注各国（包括缔约方）的实际一般做法。

　　（二）条约对促进国家实践要素的作用

　　条约提出的规则内容与拟议习惯国际法规则内容相同时，对条约规则的反复实践有助于形成惯例，这几乎是不需要多加证明的。条约对形

---

　　〔1〕　关于这段发展历史更详细的叙述参见 Arthur M. Weisburd，"Customary International Law：The Problem of Treaties"，*Vanderbilt Journal of Transnational Law*，1988，Vol. 21（1），pp. 1-46。

成一般惯例的作用与条约缔约方有关。前文提到的缔约方数量和代表性，包括利益特别受到影响的国家，这些对条约的要求其实来自对规则实践的广泛性和一般性要求，符合这些条件的条约更可能有助于形成一般惯例。

虽然国际法院在许多判例中也提及规模或数量，[1]但缔约方数量不是一个绝对标准。关于这点可以参考国际法委员会对评估惯例一般性的具体要求，委员会指出，"广泛和有代表性"不宜予以精确的公式化定论。"足够"一词体现了无法抽象地确定有关国家的必要数量和分布，参与国应包括有机会或有可能适用所称规则的国家。[2]由于较少的实践方数量也可能形成证明规则存在所需惯例，所以缔约方数量是否足够也是相对于"有机会或有可能适用所称规则的国家"数量而言的。

从实践的角度来看，特别受到影响的国家更可能参与有关的活动，同样更可能参与相关规则的制定。条约先于习惯法存在，往往意味着规则所涉权利义务领域较新，存在活动能力和活动意愿的国家较少，条约的缔结过程更容易吸引特别受到影响的国家，甚至缔结就是由这些国家发起的。这些国家对习惯国际法规则来说也同样是特别受影响的国家，条约先于习惯调动了这些国家的参与，使相关规则的实践更接近习惯国际法规则的国家实践要素要求。例如在《外空物体所造成损害之国际责任公约》中，具有空间发射能力的国家是特别受到影响的国家。由于所有具有发射能力的国家都参与了条约，并受条约中关于空间物体碰撞责任的规则以及在关于物体落地绝对责任的规则的约束，导致包括非缔约方在内的所有国家，都有资格对空间物体造成的损害提出赔偿要求。

条约缔约方的数量和代表性可能成为第三国遵守条约规则和接受条约所施加影响的重要动机。M. Villiger 称之为"规则的说服力"H. Waldock[3]，

---

〔1〕 如，1949年科孚海峡案（英国诉阿尔巴尼亚）；1950年庇护案（哥伦比亚诉秘鲁）；1952年摩洛哥境内美国国民的权利案（法国诉美国）。

〔2〕 国际法委员会："习惯国际法的识别"，载2018年联合国文件 A/73/10，第140页。

〔3〕 "persuasiveness of rules"，见 M. E Villiger, *Customary International Law and Treaties：A Study of Their Interactions and Interrelations with Special Consideration of the 1969 Vienna Convention on the Law of Treaties*, Brill, 1985, p.182.

称之为"说服力的权威"[1]。那些合作解决全球问题并缔结条约的国家，如果只自己负有条约义务，可能不希望相对于非缔约方处于不利地位。例如，在平流层臭氧消耗问题上，如果产生大量的氟氯烃的国家仍然在条约范围外，而且不受习惯国际法的约束继续生产使用这些臭氧消耗剂，那么合作解决问题的国家可能在经济上处于不利地位，环境的保护的目的也无法很好地实现。这些原因可能使条约缔约方向非缔约方积极地推广相关规则，通过自身的行为影响非缔约方的实践，非缔约方可能迫于压力或与缔约方进行利益交换，从而接受这样的规则并加以实践。虽然"习惯规则的形成主要取决于非缔约方的实践，而不是缔约方的实践或意图"，[2]但国际法委员会在结论中并没有明确表示非缔约方实践是证明习惯国际法存在的必要条件，只是强调了在识别习惯国际法规则时，条约缔约方与非缔约方有关的实践，以及非缔约方之间与规则有关的实践，如果能形成惯例，都将具有特别的价值。[3]

当然，我们没有忘记国际法委员会的严格要求：识别习惯国际法时能作为证据的惯例必须伴随条约义务之外的法律确信，仅出于履约目的行为不会被作为所要求的国家实践。必须注意到这个是完成时态的要求，对于习惯国际法规则形成过程来说，如果要求国家的实践从一开始就伴随着对还很难确定是否存在的规则的法律确信，等于在要求国家一边有意识地宣称习惯法规则一边开展实践，而如凯尔森所主张的，习惯法是无意识和无意中制定的，[4]所以这样的要求就算抛开时序悖论的问题也有些强人所难，本书下文会另行探讨如何达成这个不太现实的要求。

总之，仅对习惯国际法规则的形成过程（而非结果认定）来说，一般惯例这项要件本身不会区分实践行为究竟出于何种义务，国家也不可能每每宣称它们的哪些实践是出于条约义务还是习惯法义务。现实中，

---

〔1〕 "persuasive authority"，见 Humphrey Waldock, *General Course on Public International Law*, Collected Courses of the Hague Academy of International Law, Vol. 106, Brill, 1962.

〔2〕 M. E Villiger, *Customary International Law and Treaties: a Study of their Interactions and Interrelations with Special Consideration of the 1969 Vienna Convention on the Law of Treaties*, Brill, 1985, p. 182.

〔3〕 国际法委员会："习惯国际法的识别"，载 2018 年联合国文件 A/73/10，第 150 页。

〔4〕 [美] 汉斯·凯尔森：《国际法原理》，王铁崖译，华夏出版社 1989 年版，第 12 页。

无论是出于什么目的的行为，只要符合一项拟议规则，所产生的影响都有助于形成对规则实质内容的惯例或者扩大惯例规模。在这个意义上，条约的一项规则得到大多数"有机会或有可能适用"的国家的参与，这些国家的利益和地理等因素具备相对的多样性及代表性，且没有任何特别受到影响的国家被排除在外，这些国家对该项规则的反复的、基本上一致的实践，可以促成一项"一般惯例"的形成。

（三）条约和对习惯规则的法律确信

条约规定可以作为法律确信的证据形式，但国家缔结条约行为本身，不能等同于宣示了对该条约所产生规则的法律确信。

根据 Weisburd 的观点，[1]缔结条约并不意味着法律确信，是由于不能因此得出缔约方认为相关规则将在条约之外对它们具有法律约束力。很容易想象这样的情况：如果不缔结条约，缔约方将拒绝履行规则所要求的义务。那么这样条约的缔结不仅没有表达相关规则的法律确信，而且实际上否认了对习惯规则的法律确信。如果条约载有的规定表明，缔约方认为在没有条约的情况下，它们就没有法律义务按照某项规则的要求行事，那么条约义务下的实践就不能提供确立习惯国际法规则所需的（法律确信下的）惯例要素。这种情况下即使没有明确的声明，条约也可以否认法律确信。

我们试着按照上述逻辑反过来表述：如果一国认为就算没有条约，它也依然有法律上的义务以某规则行事，那么这种法律义务感就是对该规则的法律确信，这种情况下依据条约的实践也可以提供确立习惯国际法所需的（伴随法律确信的）惯例要素。事实上国际法委员会并没有绝对排除这种可能，结论草案指出："一国很可能承认它同时根据习惯国际法和条约受到某种义务的约束，但这种情况需要得到证明"；"重要的是可以证明各国对惯例的参与并非（仅）由于条约义务"。[2]尽管根据国

〔1〕 Arthur M. Weisburd, "Customary International Law: The Problem of Treaties", *Vanderbilt Journal of Transnational Law*, 1988, Vol. 21 (1), pp. 1–46.

〔2〕 国际法委员会："习惯国际法的识别"，载 2018 年联合国文件 A/73/10，第 148 页。原文为："重要的是可以证明各国对惯例的参与并非（仅）由于条约义务，而是由于确信条约中所载规则是或已成为一项习惯国际法规则。"这里略去了后半句，需要说明的是，本书并非意图篡改国际法委员会的意见，事实上关于习惯国际法的研究中，几乎没有看到限定法律确信的对象只能是具体的习惯国际法规则的表述，似乎只有国际法委员会无视了悖论问题。

际法委员会的标准，在识别习惯国际法规则时需要针对习惯国际法的法律确信，但本书意图探讨的是形成过程中而非完成状态，也不会"轻率地"断言习惯国际法规则已经产生，因此将苛刻的标准稍微放松一些：只要各国认为存在非条约的法律义务，就十分接近法律确信。

如果不确定国家实践，就不可能确定国家对有关规则的真正意图、利益和承诺，亦无法确定法律确信。[1]检验某一进程产生的规则是否产生国际法义务的唯一真正标准是，各国在实践中是否将这些规则视为具有法律约束力。因此缔约和履约行为本身不能提供构成习惯法规则必要的法律确信，缔约方的法律确信状态，需要审议缔约方行为的各种表现形式，从缔约方的实践中推断。Hoof 表示："……如果有关国家没有以任何方式参与实际实践，就不应轻率地推定法律确信。"法律确信在习惯国际法规则形成中的作用归根结底是惯例如何演变为法律的问题，即哲学上的实然事实何以转变为应然的规范的"休谟问题"。由于价值判断是主观的、相对的，休谟问题无法真正得到解决。但至少，国际法委员会也说明了没有必要证明所有国家都承认（接受为法律）所声称的规则为习惯国际法规则，法律确信只要求广泛和有代表性的接受以及没有或很少反对。R. Baxter 提出了稍有不同的意见，他要求存在第三国的实践及其法律确信，但他补充说："田中法官正确地批评了北海大陆架案中规定的刚性要求，在特定案件中很难找到这样定义的法律确信，并提到相信法律义务的存在是产生该法律义务的先决条件这一悖论。"因此 Baxter 认为，"法律确信是推定存在的，除非能举出证据证明，一国的行为并非出于法律义务原因"。如前文所述，国际法院在实际判例中也没有逐一确定并归纳每个国家的法律确信状态，而更多利用"不存在反例"进行推理，只要国际社会成员的意见不存在极端的分歧，[2]倾向于从整体上推断法律确信的存在。

综合以上阐述，本书认为，相当理想的情况下可能有国家明确宣称一项规则是习惯国际法，但需要对法律确信进行推断的情况更为常见。推断一项来自条约的规则是否形成法律确信，一方面可以假设条约义务

---

[1] Jonathan I. Charney, "International Agreements and the Development of Customary International Law", *Washington Law Review*, 1986, Vol. 61 (3), pp. 971-996.

[2] Legality of the Threat or Use of Nuclear Weapons, *ICJ Reports* 1996, p. 254.

不复存在，在此基础上推断国家（尤其是缔约方）是否可能继续把遵守规则视为一项法律义务，以寻找积极的例子；另一方面可以寻找反例，如果不存在否定规则的意思表示，就推断国家整体上形成了法律确信。这两种正向归纳和反向演绎的方式显然都不够完善，容易出现疏漏和误判，而且很容易反驳。但这是习惯国际法和法律确信自带的价值判断属性决定的，只有国际法院、国际法委员会等权威机构能作出相对令人信服的断言（事实上它们的论断也经常有反对意见），而普通研究者不可能得到精确的实证结果，也不应该无视不可控的变量不负责任地作出绝对化的表述，只能尽量向理论结果靠拢。

"条约规则形成了习惯规则"是一个充满变数的、不能轻率判断的表述，条约形成习惯国际法规则可以理解为这样一个过程：条约提出一项规则，这项规则与条约并行发展，经过一定时间的实践后，如果有足够的一般惯例且对该规则形成的法律确信，就可以认为该规则成为习惯国际法的一部分；如果该规则没有发生变化仍与条约规定一致，就可以说这习惯国际法规则形成于条约，条约规则反映了习惯国际法规则。在国际法新兴领域，条约往往先于习惯提出具体的规则，这种由条约提出的规则，与传统由习惯归纳出的规则一样，也可能会发展为习惯国际法规则。条约先于习惯国际法存在的此种情况下，条约在习惯国际法形成过程中起到有限但持续的作用，这些作用体现为国家实践对具体的规则产生影响。虽然对于最终识别习惯规则来说，更有价值的证据是非缔约方的态度，确定习惯法规则是否已经形成主要取决于非缔约方如何实践；但缔约方实践是条约规则向习惯国际法规则转变的过程中必须要考察的因素。因为，规则内容的确定需要依靠国家实际的实践，缔约方的嗣后实践是对条约规则的解释，包括缔约方在内的各国的实际做法会塑造具体规则；缔约方实践形成的惯例可能是习惯国际法惯例的构成部分；缔约方的法律确信要从其实践中推断，仅仅缔约和履约都不足以证明。在研究条约规则向习惯国际法规则转化的过程时，遵守条约规则的实践与遵守习惯规则的实践很难分辨，严格区分二者没有现实可行性，更重要的是确认实践行为是否一致体现了一项规则并形成了规模，在条约之外寻找证据另行推断是否存在非条约的法律义务感。

第三章　南极条约体系规则的选取与规则含义解释

　　南极条约体系包含四个条约，其中包含大量的具体规则，如果要考虑各条约所提出的规则成为习惯国际法规则的可能性，需要按照上一章结论部分阐述的条约形成习惯规则的过程，将任务分为几个步骤：首先对所涉条约进行初步筛选，考察每个条约是否能够满足上一章提到的条件，符合条件的条约能够使规则更接近可能的结果，以缩小筛选规则的范围；其次是选出需要研究的实质性规则，并从条约解释的角度分析规则的内容，因为两要素的判断都是针对具体的规则的实施而言的，确定条约所提出的规则的含义，才能与惯例中体现的规则相互印证；最后是根据习惯国际法的理论识别要求，考察对具体规则的实践是否形成了一般惯例，以及是否能够推断法律确信。需要重申的是，由于国际法委员会再三告诫条约形成习惯法"不能轻率地视为已发生"，以及理论上对这种结果认定所设置的严格门槛，很难就习惯国际法规则是否已经形成给出一个确定的结果。本书只是试图遵照现有理论要件，结合对各国实践的实证考察，探讨南极条约体系中是否有规则具备发生这种转变的潜力，如果有可能形成习惯国际法规则，哪些具体的国家实践材料能够作为两要素判断的证据。本章的工作是完成前两步的任务，对南极这一特殊环境中具体规则两个构成要件的实证考察将在第四章进行。

第一节　考察南极条约体系中的条约

一、条约的创立规范性质

　　南极条约体系中的四个条约都是包含抽象规则的、可能普遍适用的造法性条约，但整体上来看其中都存在着具备主体的一般性以及客体的抽象性的规则。尽管这些条约看似规定了各国在限定地理范围内适用的规范，因此可能被当作区域性条约，从而被认为形成的是区域性习惯（特别习惯国际法）。但本书认为这四个条约更接近一般性的习惯国际法形成条件。原因之一是条约中表述的"各国"暗含了所有有意愿使用南极土地或对其他南极资源感兴趣的国家，《南极条约》及其议定书多次强调"为了全人类的利益""为了科学和人类的进步"以及"为了在南极洲继续保持各国和谐"，四项条约都对所有国家开放，因此具备充分的第三方实践的空间。原因之二是，特别习惯国际法限定的不是适用客体的地理范围，而是指主体或者约束的国家呈现出区域性集中的特点，而且这种有限强调的是仅在数量有限的国家之间适用。[1]对南极来说，开展南极实践活动的国家是不断增多的，也表现为这四项条约都不断有分布于各个大洲的新成员方加入，所以其规则适用的国家数量和地域不能说是有限的。

《南极条约》、CCAS 和 CCAMLR 都没有明示允许或禁止保留，《议定书》第二十四条明确禁止了保留；CCAS 规定了任意退出的权利，其他三项条约规定了条约修订情况下的退出权利。[2]关于退约或修订条约的规定可以参考保留的权利来看待，那么条约中规定了这种单方面选择义务的权利是否影响条约整体的创立规范性质？国际法院和国际法委员会没有绝对排除设定这种权利的条约形成习惯国际法的可能。另外，习惯国际法规则的形成过程是相对独立的，条约义务的变化理论上不会影响习惯规则义务，尽管很难想象一国退出条约后仍然愿意接受相同规则的法律义务，但有许多条约允许退出的同时并没有排除习惯国际法义务甚至之后形成习惯法的例子。例《改善战地武装部队伤者病者境遇之日内瓦公约》规定，退约绝不应损害冲突各方根据国际法原则仍应履行的义务，因为这些原则来自文明人民之间确立的惯例、人道法则和公众良心的要求，[3]日内瓦公约另外三项公约也有类似条款。[4]需要注意的是，除

---

〔1〕　国际法委员会："习惯国际法的识别"，载 2018 年联合国文件 A/73/10，第 158 页。

〔2〕　分别见 CCAS 第十三条、《南极条约》第十二条、CCAMLR 第三十条、《议定书》第二十五条。

〔3〕　《改善战地武装部队伤者病者境遇之日内瓦公约》第六十三条第四款，1949 年 8 月 12 日。

〔4〕　必须承认因为这里的义务涉及这些规则的强行法地位，南极的情况不太适合作为类比。

CCAS 以外的条约所规定的修订退出权利，不是在任何时候和任何情况下都可以退出条约的权利，只有在对条约的修改或修正，自正式通知所有缔约方之日起规定时间内未得到所有缔约方的批准而不能生效时，才可退出条约。而修订的程序不是强制性的，需要由缔约方或协商方主动提起。有学者认为可以从更现实的角度看待这个问题：尽管缔约方有单方面选择义务的权利，但没有缔约方使用这一权利，而确定条约的性质最重要的是各国是否实际利用了这项特权。[1]

二、各条约的缔约方数量及代表性

截至成文，《南极条约》有 54 个缔约方，其中 41 个加入了《议定书》；CCAS 只有 16 个缔约方；CCAMLR 有 36 个缔约方（包括欧盟），其中有 6 个缔约方并没有加入《南极条约》（见附录 1）。这些数量相对于如今属于国际社会的近 200 个国家来说占比并不高。但在这种情况下，缔约方数量显然不能只看绝对值的比例。事实上，许多国家在 1983 年联合国开始讨论南极问题之前，从未对南极洲表示过任何兴趣，直到现在国家层面上也不具备在该大陆开展任何活动的能力或意愿。目前对于有机会或有可能适用相关规则的国家总数来说，几乎所有有南极活动能力的国家都加入了《南极条约》，据此可以认为《南极条约》及《议定书》的缔约方数量已经或者很接近"足够"；相比之下，CCAS 的 16 个缔约方显然不包括大部分有能力在南极捕捉海豹的国家，[2]因此在这一环节，我们把 CCAS 从有可能转化为习惯国际法的南极条约体系条约名单里排除掉；CCAMLR 的情况比较特别，欧盟作为一个整体在其中参与讨论南大洋渔业资源的管理，如果将欧盟所代表的非南极海洋生物资源养护委员会独立成员的国家考虑在内，将有世界五分之一数量的国家受 CCAMLR 等规则影响。

要评估余下三个条约的缔约方代表性，需要考虑的是缔约方利益和类型分布上的代表性和特别受影响的国家。从分布上来看，三个条约的

---

〔1〕 Anna Wyrozumska, "Antarctic Treaty as a Customary Law", *Materials of Polish-Dutch Conference on International Law*, 1992（19）, pp. 227-240.

〔2〕 这里推断有科研或渔业活动能力的国家就有捕捉海豹的能力。

缔约方都包括 5 个联合国常任理事会大国、来自所有大洲的国家、不同文化历史背景以及能代表发达国家和发展中国家的国家。对《南极条约》及《议定书》来说，特别受影响的国家包括对南极有领土主张的七个国家，以及存在一定规模南极活动尤其是科学研究活动的国家；对CCAMLR 来说则应主要包括开展南极海域渔业活动和/或南极海域生物资源研究的国家，虽然非缔约方的 IUU 捕捞活动一直是困扰南极海洋生物资源养护委员会的问题，[1]但这并不意味着有许多开展南大洋渔业的国家并没有接受 CCAMLR 规则的约束。事实上在南极存在渔业活动的国家大部分都加入了 CCAMLR，非缔约方 IUU 是悬挂非缔约方旗帜的船只从事的捕鱼活动，CCAMLR 和缔约方也在与其他非缔约方，尤其是港口国开展合作应对这类 IUU。[2]

因此，仅从条约的性质和参与的情况来看，《南极条约》及其议定书和 CCAMLR 都具备一定的基础，存在发展出习惯国际法规则的可能性。

第二节 解释条约提出的规则

条约中程序性的安排无法脱离条约的框架进行适用，只存在于缔约方彼此之间，因此不能提出具有普适意义的习惯国际法规则，例如《南极条约》中的视察规则、争端解决机制、协商会议制度等。涉及实质性权利或义务的规则才有可能转化为一般性的习惯国际法。根据第一章所阐述的南极条约体系整体背景，可以选出一些具有发展出习惯国际法的潜力的规则。

一、南极的和平利用与非军事化

该项规则体现在《南极条约》第一条："南极应仅用于和平目的，在南极禁止任何军事性措施，如建立军事基地和设防工事，举行军事演习，

---

〔1〕 "非缔约方 IUU 船只名单"，载 https://www.ccamlr.org/en/compliance/iuu-vessel-lists，最后访问时间：2021 年 3 月 15 日。

〔2〕 见 CCAMLR 会议文件 SCIC-05/15 Rev.1："新加坡犬牙鱼的上岸和贸易"，载 https://www.ccamlr.org/en/scic-05/15-rev-1，最后访问时间：2021 年 3 月 16 日。

以及试验任何类型的武器。"但是对南极的和平利用并不禁止在南极使用军事人员或设备，只要这种使用是为了"科学研究或任何其他和平目的"。

由于南极的极端地理环境和气候，许多国家的南极科研活动是由军方提供后勤保障的，这一规定为各国在南极的军事存在提供了法律依据，[1]也产生了一定程度的"灰色地带"。从条约文本含义来看，只要是用于和平目的，军事存在是被规则所允许的，也没有限制军事存在的具体程度。应如何理解"和平目的"，在现实中又该如何分辨"军事目的"？军事存在到了何种程度才被视为对和平构成威胁从而违反规则？南极的许多基础科学研究都有重要的军事价值，那么军事性科学研究（除武器试验外）应视为科研目的还是军事目的？事实上，哪怕是和平目的活动的军方支持，这些活动也为军事人员提供了更多的训练机会，并提供在极端环境中测试军事装备的机会，这些机会都是有军事价值的。有学者担心，部分国家可能打着民用研究的幌子而主要进行具有军事价值的研究，而且与南极设施互动的卫星技术越来越可能具有军事和民用双重目的。美国在 20 世纪后几年在南极进行的甚低频（VLF）无线电通信具有军事价值，而南极的天体物理学研究以及卫星控制和指挥设施，可以被用于监视、情报收集、军事通信和军事导航系统。[2]如果南极以外的国家发生武装冲突，能够进行这类活动的设施可能成为军事目标，增加南极被卷入外部冲突的风险。此外，由于军事行动越来越依赖信息和通信技术，在军事通信和信息网络中有作用的南极设施，是否可以被视为和平需要进一步研究。[3]

非军事化但有例外的规则设计反映了 20 世纪 50 年代探索南极的活动的现实，军舰、军用飞机、军方设备和军方的人力资源是开展南极作业

　　〔1〕　石伟华、郭培清："过热的南极——南极非军事化面临挑战"，载《海洋世界》2008年第 7 期。

　　〔2〕　Sam S. Bateman，"Strategic Competition and Emerging Security Risks：Will Antarctica Remain Demilitarised?"，*A. D. Hemmings*，*D. R. Rothwall & K. N. Scott*（ed.），*Antarctic Security in the Twenty-First Century：Legal and Policy Perspectives*，Routledge，2012，p. 125.

　　〔3〕　Thomas Lord，"The Antarctic Treaty System and the Peaceful Governance of Antarctica：the Role of the ATS in Promoting Peace at the Margins of the World"，*The Polar Journal*，2020（10），p. 1.

的必要条件，直到现在许多国家的南极科研活动也依赖这些支持，如果将规则解释为严格禁止可能和军事产生联系的使用，考虑到一些国家的军政府历史，这样做无异于断其手足，是不可能被这些国家接受的。从这一点来讲，该规则的模糊性也是必要的。联合国公约与宣言检索系统将《南极条约》归类为"裁军"主题下的条约。[1]仅考虑对现有条约规则的解释，条约上下文并没有对这些问题作出更详细的规定，根据《维也纳条约法公约》第三十一条解释之通则，需要结合《南极条约》的目的和宗旨，对规则进行通常和善意的理解。条约所提出的该项规则中的"和平目的"指的仅是狭义的、消极的和平，即没有实在的暴力冲突，[2]但并不提防所有可能产生或伴有军事利益的行为；在军事设备和人员的使用方面，和平目的通常指一般活动的后勤和技术支持活动，活动包括但不限于科研活动、旅游和探险活动，以及对本国人的执法和监督活动。这些用途相对于军事设备和人员的传统用途来讲是相对温和且没有威胁性、对抗性的。

二、南极科学研究自由与科研合作

科学与合作的价值明确载入南极条约体系，该条约的序言指出，"继续和发展在南极洲科学调查自由基础上的合作，符合科学和全人类进步的利益"。《南极条约》力求在1957—1958年国际地球物理年期间南极所经历的高水平国际科学合作的基础上进一步发展，并确保科学合作的原则具有法律和持久的影响。这一项规则主要体现在《南极条约》第二条、第三条，促进考察队和考察站之间的科学人员交流，并促进自由分享南极研究的科学观察成果。首先，科学研究自由指的是任何国家都可以在南极自由开展科学研究，无须经过其他国家或机构的批准。虽然条约文本并没有直接规定"任何国家"都拥有该权利，但结合南极条约体系中

---

〔1〕　参见联合国公约与宣言检索系统，载 https://www.un.org/zh/documents/treaty/convention.shtml，最后访问时间：2021年5月9日。

〔2〕　Johan Galtung 认为存在消极和积极两种类型的和平，消极的和平是没有直接的暴力，而积极的和平可以被认为是没有结构性的暴力，定义为权力和资源平等分配的社会正义。参见 Johan Galtung, "Violence, Peace, and Peace Research", *Journal of Peace Research*, 1969, Vol. 6, pp. 167–191.

经常提到的"全人类的利益"以及《南极条约》第十三条规定的所有国家开放准入，可以将科研自由解释为不限定于当前缔约方范围内的权利。其次，这种自由并非绝对不受限制，科学调查的和研究仍应受到南极条约体系其他规则的约束，科研自由不得以违反禁止性规则的方式实现。最后，合作指的是为科学调查自由目的而实行的国际合作，包括各缔约方之间的合作，以及与其他国际机构和国际组织的工作合作。合作的内容包括：南极科学项目计划的情报交流，南极科学人员间的交流，以及来自南极的科学观察和成果的交流并使其能够自由利用。需要注意的是，这三类交流合作需要在"切实可行的最大范围内"，说明这些交流只是鼓励性的一般安排而不存在强制性的标准或流程。

三、南极无核化

《南极条约》第五条提出：禁止在南极洲进行任何核爆炸和处理放射性废料。同时规定，缔约方签订的其他关于核能使用及放射性废料处理的国际协定，其规则同样应适用于南极洲。《议定书》关于废物处理及废物管理的附件三，第二条和第八条内容补充了这一规则，规定如果在南极产生了放射性物质的废料，应当由产生者以将废物转移出南极条约地区的方式处理废物，在完全移出之前需要根据严格的废物管理计划进行分类管理。因此，该规则禁止的是在南纬60度以南范围内的核爆炸，以及禁止在该范围内对放射性废料进行减容、固化、分离等方式的处理，废料产生后只能移出南极。该规则并没有禁止在南极使用放射性材料或核能设施设备。

四、南极活动环境影响评价

南极活动环境影响评价指《议定书》第八条和附件一提出的关于在南极进行任何活动都需要实行的前置程序，要求在开展南极活动之前的规划阶段，就活动可能对南极环境和生态造成的影响进行预先评估。条约中的南极活动环境影响评价制度由一系列文书细化。南极条约协商会议于1975年通过的《南极探险和科考站活动行为准则》是最早的南极环境影响评价制度，1983年会议通过的XII-3号决议在此基础上增添了许多重要观点，为后来1991年《议定书》及其附件一确立的制度提供了基础。1999年ATCM颁布了一份《南极环境影响评价指南》，该指南在2016年进行了最新一次修订。首先《议定书》中规定，"所有的南极活动在开始之前必须按照有关国内程序进行基本影响评估"。第八条使用了术语"环境影响评价"，并根据环境影响的程度划分了三个影响类别（小于轻微或短暂影响、轻微或短暂影响以及大于轻微或短暂影响）；同时要求，拟议在南极进行的活动，应当按议定书附件一采取预先评估程序，并根据评估结果对一切南极活动（包括活动中任何行动的变化）的实施作出决定。此外，如果活动是由一个以上缔约方共同规划的，有关缔约方应提名其中一国来协调执行附件一确定的环境影响评价程序。附件一对不同的环境影响类别作出了更为全面的解释，并确立了一系列基础性原则指导拟议南极活动的环境影响评估。它在《议定书》的基础上为评估南极活动的环境影响设立了一个初始阶段（预评估），目的是预测某一活动产生的影响是否小于轻微或短暂，这种决定必须通过适当的国家程序来完成。根据初始阶段的结果，或在必要时进行后续评估后，活动才可以实施。

条约中完整的南极环境影响评价制度实施以"轻微或短暂的影响"为判断标准。大致可以分为三个部分：（1）所有的南极活动在开始之前必须按照有关国内程序进行基本环境评估，一般称为预评估（PA）。如果经过预评估判定一项拟议中的活动只具有小于轻微或短暂（minor or transitory impact）的影响，则这项活动可进行；（2）反之，则应该准备初步环境影响评估（IEE）；（3）如果初步环境评估表明或者确定一项拟议中的活动行为很可能具有大于轻微或短暂的影响，则应准备全面环境影响评估（CEE）。对CEE，议定书规定各缔约方的CEE草案应予以公开并分送给各缔约方，供各缔约方评议。与此同时，CEE草案还须于下一届ATCM之前120天递交《议定书》设立的环境保护委员会（CEP）审议。

抛开具体而复杂的实施步骤，南极环境影响评价作为一项规则，主要包含了两方面的价值，规则的基本含义也需要从这两点进行解释。第一是环境原则：《议定书》第三条确立了一系列的环境原则，用以指导保护南极环境及依附于它的和与其相关的生态系统。它强调了"对南极环境及依附于它的和与其相关的生态系统的保护，以及南极的内在价值（包括其荒野形态的价值、美学价值和南极作为从事科学研究，特别是从事认识全球环境所必须研究的一个地区的价值）应成为规划和从事南极条约区一切活动时基本的考虑因素"。第二是知情决策："在南极条约地区的活动应根据充分信息来规划和进行，[1]其充分程度应足以就该活动对南极环境及依附于它的和与其相关的生态系统以及对南极用来从事科学研究的价值可能产生的影响作出预先评价和有根据的判定。"[2]环境影响评价是一个过程，报告的编制及后续工作将使人们对南极环境有更深入的了解，其最终目的是向决策者提示拟议的活动可能造成的环境后果，为活动规划及决策提供必要的支持。总的来讲，南极环境影响评价规则的基本含义为：作为南极地区活动前必须的前期准备，需要根据环境原则考虑拟议活动可能产生的影响，并在足够信息的基础上决定活动应如何进行。

在规则实施中，《议定书》所规定的环境影响评价依赖"轻微或短暂"这一衡量标准，虽然这一表述在实践中被广泛援用，但缺乏共同的有约束力的参照来规范适用，也始终未能提供详细的标准以明确"轻微或短暂的影响"的表述。这导致各缔约方的做法不可避免地出现差异，在没有约束力的指导性文件《南极环境影响评价指南》中也承认，对影响大小的评估可能是相当主观性的判断。南极环境影响评价规则本身并不能保证各国具体实施标准和程序的完全统一性，一方面由于标准的模糊，另一方面是因为环境影响评估基本是国家范围内的自评，根据环境影响评估作出决定的权利也掌握在国家手中，条约规则程序本身基本上没有明确规定，或者即使有规定，也是由国家当局酌情遵守。《议定书》提出的规则将其交由国家作出的开展某项活动的决定与环境影响评估进程挂钩，是通过第三条第二款（c）的暗示来实现的，该条款及附件一规定了此类决定应考虑的内容。例如，在完成 CEE 之后，决策者仍有酌处

---

〔1〕信息的"充分"指的是，能够根据这些信息来判断该活动可能对南极环境和生态系统造成的影响，并且作出预先评价，衡量其造成的影响与活动带来的科学研究价值。

〔2〕《议定书》第三条第二款（c）。

权"根据"评估"以及其他相关考虑因素"批准一项活动。[1]一般情况下，南极环境影响评估规则本身只是要求将活动的环境影响评估作为活动的前置程序，并不强求评估必须按照某种具体标准进行，也未要求评估一定符合某种结果。但是，假设拟议活动确实被证明具有应该完全避免的潜在的重大不利影响，[2]且无法通过替代方案或有效措施进行缓解，该项活动应该在前置程序中由国内当局不予批准开展。如果该国执意忽视评估结果开展这项高风险的活动并造成了实际损害，此时可能会引起违反该规则的法律责任。

五、南极矿产资源活动禁令

《议定书》可以根据活动类型划分为两部分：一是南极矿产资源活动，载于第七条和第二十五条，禁止除科学研究外的任何有关矿产资源的活动，同时第二十五条规定的情形可以动摇这种禁令。二是对其他类型的人类活动的规范，由《议定书》除上述两条之外的内容组成，包括第三条第一款所规定环境原则在内，为南极建立了一个全面细致环境保护制度。解释第一部分所提出的南极矿产活动禁令规则，需要将其置于《议定书》的形成背景并结合条约中的其他相关规定来考虑其中一些概念的含义。

第一，"任何有关矿产资源的活动"是一个相当宽泛的定义。从《议定书》对 CRAMRA 的继承性来考虑，这里似乎应该涵盖 CRAMRA 曾经设想的采矿活动的所有相关阶段：探矿（prospecting）、勘探（exploring）和开发（exploitation）。在南极进行任何正式的采矿活动之前，都需要先进行地质调查和初步探矿工作。在考虑这种宽泛的含义的情况下，如果行为者开展了探矿工作但最终没有发现容易开采的矿脉从而放弃下一步的开采，也未对环境产生任何重大影响，依然有可能违反规则。

第二，关于矿物的定义。通常来讲，南极的矿物大致包括碳氢化合物、金属和非金属矿产、石油和页岩，是否包括"冰"存在一定争议。

---

〔1〕《议定书》附件一第四条。
〔2〕《议定书》第三条第二款（b）。

第四届特别协商会议中各方代表同意，在 CRAMRA 的谈判中冰不应该被视为一种矿物。[1]第十一届特别协商会议的最后报告中提到"利用冰山不是一种资源活动"。与矿物不同，如果采冰是可行的，那么对环境的破坏程度可能取决于采冰的地点。此后对南极冰的地位也进行了多次审议，但没有达成最终的决议。《议定书》虽然没有明确规定冰山的问题，但是它涵盖了人类在南极的所有活动，因此也包括影响南极环境的采冰。在可以达成一致的范围内，开发冰山因其环境影响应当受到管制，虽然冰山的地位仍然没有定论，但就《议定书》这一阶段来讲，提出矿产资源活动禁令规则时并没有试图将冰纳入矿物范畴。

第三，例外情况的"科学研究有关的活动"如何界定？条约本身没有界定这一概念，有学者认为从基础科学向勘探地质学转变是违反规则的。[2]但相反的观点认为，根据南极多年的科学研究和调查经验中对这一概念形成的传统认识，科学研究活动不以商业为目的和导向，通常（但并非总是）由国家赞助，因此国家科学考察队在南极进行的非商业性地质调查和勘探工作不属于采矿活动的定义范围。[3]"这种禁止并不妨碍对存在何种资源以及如何容易获得这些资源进行科学研究……目前只能盘活资源，以便有一天进行开发。"[4]《议定书》第三条第三款为科学研究活动设置了某种优先权，"在南极条约地区规划和从事活动时，应优先考虑科学研究并且维护南极作为从事此类研究……的一个地区的价值"，对该项规则可以引申出两种理解，一是科学研究活动相对于其他类型的活动应被优先考虑，二是南极的科学价值在没有对其他价值（考虑到整个条约规则，尤其是环境价值）造成不能接受的损害时，为实现科学价值创设禁止性规则的例外。从第二点来看其他相关规则也是这样考虑的，

〔1〕 Sam Blay, Julia Green,"The Practicalities of Domestic Legislation to Prohibit Mining Activity in Antarctica: a Comment on the Australian Perspective", *Polar Record*,（30）1994, pp. 23–33.

〔2〕 AJ（Tony）Press, "The Antarctic Treaty System: Future Mining Faces Many Mathematical Challenges", *The Yearbook of Polar Law Online*, Volume 7, 2015, pp. 623–631.

〔3〕 Sam Blay, Julia Green,"The Practicalities of Domestic Legislation to Prohibit Mining Activity in Antarctica: a Comment on the Australian Perspective", *Polar Record*,（30）1994, pp. 23–33.

〔4〕 Luis Valenin Ferrada, "Five Factors That Will Decide the Future of Antarctica", *The Polar Journal*, 2018（8）, pp. 84–109.

例如附件二动植物保护中禁止对本地动植物进行获取或有害干扰，但为科学研究则可以获得许可，如果是为了紧急的科学目的甚至可以获取特别保护物种的干扰许可。从合目的性的角度来看，矿产活动禁令可以解释为需要兼顾实现环境价值与科学研究价值。

　　第四，关于第二十五条提供的修改情形。与大多数国际条约一样，《议定书》也包括了审查和修订条款，第二十五条第二款规定了条约生效期满50年后的整体审查会议。第五款特别提到了对关于矿产资源禁令的修改或修正：（a）要求如果对该禁令进行修改或修正，必须符合额外的条件，即这种修改修正必须以已存在或修改中包括一项有法律拘束力的南极矿产资源活动制度为前提，且这种制度应充分保障《南极条约》第四条中所有国家的利益及其中原则，如果不能满足这种要求则不能变更禁令，禁令将继续有效；（b）进一步规定，前述修改情形发生相关提案获得通过时，若3年内未能得到必要的国家批准而无法生效，则任何缔约方可以退出《议定书》。关于这一部分通常存在一个误解，即误认为50年审查期是矿产禁令的有效期或者说矿产禁令将于2048年到期。[1]首先，50年期限是《议定书》整体实施情况的审查期，而非针对矿产禁令的有效期。到期时召开的审查会议上，需要有缔约方提案并满足严格的条件才能修改或解除矿产禁令，否则禁令默认是继续有效的。其次，包括矿产禁令在内的任何条款事实上都可以"在任何时候"根据《南极条约》第十二条所规定的程序修改（第二十五条第一款），而不限于2048年的这次会议。区别在于常规的修改程序需要的是所有协商方一致通过并批准才能生效；2048年的审议会议上的修改则需要几次叠加的多数决，但是对矿产禁令的修改需要满足上述额外的条件。最后，矿产禁令最大的保险是这种严格的修改条件和流程（见图3-1），而非50年期限。"有法律拘束力的"能协调所有国家利益的生效的矿产资源活动管理制度，实质上是要求多数国家都正式同意对南极矿产资源进行开采并同意受该制度约束，换句话说，即要所有协商方就开发和如何开发南极矿产达成共识。

---

〔1〕《议定书》1998年生效，生效后的50年即为2048年。

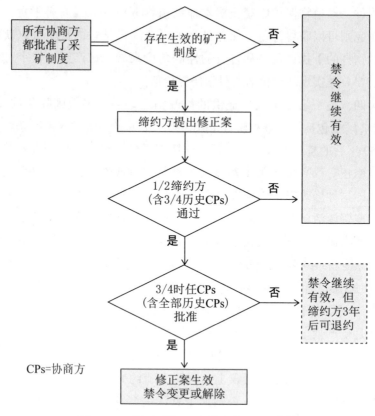

图 3-1 《议定书》矿产禁令修改流程[1]

50 年审议大会的修改只需要多数国家通过，看似比常规修改程序需要的一致同意要容易达成，但事实上随着缔约方和协商方的增加，多数决的难度也不会比一致决容易多少。就目前的成员数量来看，先需要 27 个以上的缔约方（54 的多数），加上 20 个《议定书》通过时的协商方（26 的 3/4）通过提案，即最少需要 20 个历史协商方与另外 7 个任意缔约方；后需要 22 个现任协商方（29 的 3/4）及全部《议定书》通过时的 26 个协商方批准使修正案生效，综合来讲即目前最少需要 26 个历史协商方达成一致才能满足审议大会的修改条件，与常规修改条件需要的 29 个

―――――――――

[1] 图 3-1 为本文作者根据《议定书》第二十五条第三款、第四款、第五款规定内容绘制。

协商方相比没有决定性差异。

该禁令剩下的隐患的是退出条款，美国在提出退出条款时认为这是达成共识所必要的，[1]有学者担心，这会使一个国家可以选择单方面退出《议定书》并在南极进行几乎不受管制的采矿作业。[2]虽然选择退出的国家会面临国际政治压力，但显然仅凭条约的法律约束力不足以避免这样的行为。按照目前的缔约方和协商方数量来看，只需要有 20+7 个国家推动修正案走到在会议上通过的这一步，就可能触发退出的条件。但此时不能忘记矿产禁令修改的额外条件的作用，修改要求的有法律拘束力的管理制度意味着这项制度已被所有协商方批准（按照措施产生法律拘束力的条件来看）。假设目前 29 个协商方都批准了新的制度，就不太能够想象批准禁令修正案的协商方不足 26 个的情况，也就是说这种情况下修正案几乎一定会通过，从而不会有国家退出。因此，如果要修改禁令，唯一的可能是南极采矿管理制度已经存在并产生约束力；如果没有这种制度，对禁令的修改也无法提出。考虑到这种新制度将面临与当年的 CRAMRA 一样的阻碍，既有条约体系外的反对，又有协商方和缔约方内部的分歧，可预见的时间内这种新制度获得接受的可能性是相当低的。

各国对南极矿产资源活动禁令的执行是否一致？该禁令能否成为一项永久的规则？如何遵守、维护禁令或解除禁令对每个国家来说都有不同的意义，需要从各国的实践行为中考察其真正的利益与诉求。

小 结

根据第二章最后一部分的内容，本章对南极条约体系中的条约和条约提出的规则进行了筛选，并选出一些规则进行了解释。产生于《南极条约》和《议定书》的基本规则：南极的和平利用与非军事化，南极科学研究自由与科研合作，禁止核爆炸和处理放射性废物，南极环境影响

[1] Sean Coburn, "Eyeing 2048: Antarctic Treaty System's Mining Ban", *Columbia Journal of Transnational Law*, 2017: 42 (2), pp. 1-6.

[2] William M. Welch, "The Antarctic Treaty System: Is It Adequate to Regulate or Eliminate the Environmental Exploitation of the Globe's Last Wilderness?", *Houston Journal of International Law*, 1992: 14 (3), p. 597.

评价，南极矿产资源活动禁令，都可能成为独立于整个南极条约体系的习惯规则。然而，对于习惯国际法规则的形成来说，目前的证明还远远不够。无论规则是否来自条约，习惯国际法规则的形成归根结底依然取决于国家实践。因此需要针对每项规则具体地考察缔约方的实践以及可能存在的第三方实践，判断国家实践是否与上述规则的解释相符合，是否已经或正在形成通例；并在缔约方和非缔约方实践的基础上，确认各国是否在条约义务范围外产生了对规则的法律义务感，从而形成对习惯国际法规则的法律确信。

第四章　南极条约体系规则的习惯国际法两要素检验

　　本章主要围绕第三章中选出并解释的五项规则，梳理收集到的实践材料。根据第二章中确定的习惯国际法形成过程的描述，判断目前的实践证据如何为上述规则形成习惯国际法提供支持；根据国际法委员会所提出的标准，南极条约体系中的规则是否存在形成习惯国际法的可能；分析证明一般惯例及法律确信的证据或干扰因素又是怎样的。

　　实践材料主要包括：各国立法及政策文件、外交行为和信函、各国政府的行政或执法行为和法院的判决以及实地作业行为、联合国大会上通过的决议或各国提交的决议草案、联合国大会辩论中的代表发言、联合国大会秘书长专题报告，并考虑各国缔结的其他条约。法律确信的判断难免存在一定主观性，需要将实践材料置于第一章中阐述的南极法律和政治背景中审视，对具体规则的法律确信的证据也应在南极条约体系之外寻找，这一部分主要依赖于联合国大会收录的提交文件和会议记录。

　　同一项规则可能在不同国家立法中以不同的形式出现，这在很大程度上取决于相关国家的法律制度、现有的国内综合法律体系和立法政策。另外，实际执行规则时采用的方式方法，可能对法律执行过程产生影响，例如实际应用的组织方式和其他政策工具的使用，可能会对立法的内容产生影响。只要不影响规则的实质内容，条约直接纳入国内法或转化"翻译"为国内法律语言等方式都可以视为体现了同样的规则。

　　此外，政策或战略文件的意义在于，它是一国政府的行政行为，同时也是官方出版物。其中体现的国家利益诉求是国家承认、履行并维护相关国际法规则的动机。

第一节　南极的和平利用与非军事化

条约中所提出的和平利用与非军事化规则，要求的是狭义的、消极的和平，即没有实在的暴力冲突；非军事化允许非威胁、非对抗性地使用军事设备和人员，包括一般活动的后勤和技术支持活动，活动包括但不限于科研活动、旅游和探险活动，以及对本国人的执法和监督活动。

一、各国南极立法或政策中关于和平利用与非军事化的规定

一部分国家立有单独的"批准法"宣布在国内执行《南极条约》，或将条约原文作为南极专门立法的附件直接纳入国内法进行适用，例如1960 年《澳大利亚南极条约法》、1960 年《新西兰南极法》、1967 年《英国南极条约法》、乌拉圭 14971 号法令《批准南极条约》等。直接执行或整体纳入适用的情况，可以认为和平利用与非军事化规则已在这些国家的国内法中得到承认。

日本和韩国在立法中提及了这项规则。1994 年《日本南极地区环境保护法》在前言中提到："以南极地区冻结主权、禁止军事利用以国际协作科学研究南极为主旨的《南极条约》生效以来，南极一直被用作科学观测的场所。"2004 年《韩国南极活动及环境保护法》第三条（禁止行为）规定："任何人在南极地区不得进行以下行为……军基地设置、武器实验、军事演习。"该法附则中再次提到："任何人都不可在南极地区进行军事行为。"

更多国家的国内法中明确规定了军方在南极事务中的职能：

阿根廷 1969 年《第 18513 号法令：阿根廷南极活动管理》中有多个章节涉及军方。第三章"责任分配"第十二条 c）："后勤支援：军队。"第五章第二节第三十一条："军队负责的后勤支援包括财物的获取、储存、分配和移除，及人员和货物的运输。"第四章"国家南极司"第十四条使命 b）-6："制定军队开展南极考察计划和方案的要求，并通过国防部长向总司令委员会提交上述要求"；第十六条："顾问组是非常设运作机构，原则上由军队及外交关系和宗教事务部各派一名南极专家组成"；第十九

条："阿根廷南极研究所所长一职由具备公认的南极科学经验和声誉的退休文职官员或退役军官担任，并由国防部长提名、总统任命"；第二十条："顾问组的常任成员应由军队的现役校官和一名外交关系和宗教事务部的同级别官员担任……"第五章第五节第三十七条："为支持南极年度计划的规定，并应国防部要求，总司令委员会将每年开展一次南极考察，陆海空三军抽调部队参加。将为满足该计划的后勤保障需求分配适当资源。"

智利 2020 年《智利南极法》第十二条规定国防部在南极事务中的职权：国防部的具体职权为规划、协调和指导武装部队以及隶属于国防的机关在南极开展活动。前段指出的国防部的职权的行使，以及其人员或军事装备的使用，均须考虑到南极将仅用于和平与科学目的。第四十七条（a）规定，"在南极大陆上，由在该大陆上的陆军，海军，空军和智利南极研究所的官员"作为主管当局对违反该法的行为进行监督和制裁，在行使这一监督职能期间，"任何一个上述机构的南极基地的负责人都将具有等同于部长的资格"。另外，《南极政策委员会规章》第五章工作委员会，第十二条规定："常务委员会应至少由以下人员组成……（e）国防部总参谋长的一名代表（f）陆军的一名代表（g）海军的一名代表（h）空军的一名代表……"

根据 1996 年《南非宪法》第二百三十一条第四款，"任何国际协定经国家立法颁布为法律后，即成为共和国的法律"。根据这一规定，1996年《南非南极条约法》规定，该法附表 1 中提到的《南极条约》应构成南非共和国法律的一部分。《南非南极条约法》第五条第一款规定："部长可……（b）通过宪报公告并经国防部长同意在南非海军中指派一个或多个特定军职为任何条约中规定的检查员，观察员或其他官员。"

1995 年《英国南极规章》第九条第四款："对于官方授权的人根据本条规定所拥有的权力而要求出示许可，官方授权的人应当拥有权力去检查和复制这些许可。"第五款："'官方授权的人'的意思是国务大臣和……（i）一位英国的海军军官。"

1978 年《美国南极保护法》第五部分许可证，提到了为美国海军的南极支援部队颁发的主许可证："1994 年，在提供了公众评议的机会之后，国家科学基金会向其南极资助立约人和南极海军支援部队发放了主许可证。本主许可证为所有指定的污染物和废弃物的管理制定了标准，包括要求在美国对由 USAP（美国南极项目）产生的大部分废弃物和多余材料进行转移、回收和正确处理。"

乌拉圭《南极研究所条例》第三条组织机构，体现了该研究所隶属于军事部门，且由军方担任主要决策成员。第一款：乌拉圭南极研究所隶属于国防部。第二款："南极研究所的领导机构是领导委员会。该委员会由国防部六名代表（每军种两人）、外交部代表……组成。"第四款："a）所有出自国防部的代表委员应拥有现职的或退役的高级军衔；b）领导委员会主席职位由国防部所委派的代表委员中资格最老的代表担任，在此情况下，可以是一位将军或相当于将军级别的军官；c）在临时缺席的情况下，主席一职由国防部代表中资格最老的现役军官行使"。计划与活动司职能："……与有关军种协调，管理为维持南极作业而使用的海、空运输工具。"

秘鲁《关于秘鲁南极研究所的法律》第二章"组织结构"第七条规定："理事会由下列各部门机构的高级代表组成……三名国防部的代表（一名来自秘鲁陆军，一名来自秘鲁海军，一名来自秘鲁空军），共享一票表决权。"

意大利通过"执行令程序"将条约规则纳入意大利法律，这意味着通过简短的立法就可以规定在国内全面和彻底地执行有关条约。此外，意大利 1985 年法令《国家南极研究计划》第六条"计划执行"规定："……国防部从后勤方面尽可能地提供军事人员的帮助。科学技术研究项目合作部与国防部共同管理军事人员的集结的期限和形式。"

2012 年《俄罗斯公民与法人南极活动管理法》第三条规定："在南极进行活动应遵循以下原则……1）仅为和平目的利用南极……"

巴西 1987 年南极政策法令基本原则第一项为：南极洲仅用于和平目的，不得在那里实施任何军事措施。

澳大利亚南极立法中虽没有提及军方，但澳大利亚国防部队在澳政府组织的南极活动中通过与多个政府部门协调进行战略规划，并在提供及管理部分设施设备、海上行动方面承担了重要职责。澳大利亚 2018 年南极政策报告指出，澳大利亚国防部则负责为南极计划提供包括重型航空设备在内的各种行动和后勤保障支持。在澳大利亚国防部队 C-17A 运输机的支持下，发展航空业务，最大限度地利用升级后的霍巴特国际机场（该机场是通往南极地区的主要航空枢纽）。通过签署一份有关南极合作和后勤支持的谅解备忘录，澳大利亚南极局还与国防部正式确立了密切联系。自 2016 年以来，国防部每年使用 C-17A "全球霸王" 飞机进行了多达 6 次重型空运。国防部强调其在支持澳大利亚海洋资源保护行动方面的持续作用，特别是在澳大利亚赫德岛和麦克唐纳群岛（Heard and McDonald Islands）专属经济区的渔业中。澳大利亚地球科学研究所报告称，目前的破冰船 RV Aurora Australis 号进行某些活动的能力有限，但这些设施……可通过澳大利亚南极局和澳大利亚皇家海军运营的小型船只获得帮助。环境和能源部与国防部之间达成协议，后者将向南极方案提供适当的支持。包括地理空间、水文和气象支持，以及分享极端气候、远程、海上和空中医学方面的专门知识。

对以上军方职能的规定进行梳理后，可以将其分为三类：第一类为指定后勤，即军事部门负责南极事务的后勤支援工作；第二类为授予决策权，即军事部门及相关人员主导或参与国家南极事务决策的权力；第三类为授予部分管理权，立法规定可以任命军事人员作为南极执法检查员或条约所指的观察员（见表4-1）。

表 4-1　各国南极立法或政策中明确规定的军方职能[1]

	后勤任命	决策授权	管理/执法授权或部门合作
阿根廷	√	√	
智利	√	√	√
南非			√
英国			√
美国	√		

[1]　表4-1为本书作者根据各国相关立法或政策内容编制。

	后勤任命	决策授权	管理/执法授权或部门合作
乌拉圭	√	√	
秘鲁		√	
意大利	√		
澳大利亚	√		√

通过上述资料可以看出，后勤支援是各国在南极活动中使用军事人员或设备的最常见的目的，这种参与方式也是和平利用与非军事化规则明确允许的。由于南极地处偏远，加上主权的问题的敏感性，各国在当地没有常驻的行政或司法机构，在一些情况下需要对本国国民的活动进行监督或执法，或需要行使《南极条约》第七条所规定的缔约方相互的视察权，因此部分国家在立法中对有能力常驻或频繁前往现场的军方人员进行了管理或执法授权，如澳大利亚和智利利用海军进行渔业执法巡逻。此外，拉丁美洲国家由于政治、历史、地理等原因对南极表现出较强的国防意识，其南极事务的规划决策都有军方参与，甚至南极事务管理部门直接隶属于军方。这种高度的军方参与虽没有被规则直接禁止，但这些国家的实践是否符合规则需要考察其军方在南极实际做了什么。另外需要说明的是，上述资料列出的只是立法和政策文件中明确规定军方参与的情况，实际活动中有更多军方发挥上述作用的例子未见于立法和政策文件。

二、各国报告的南极活动中的涉军情况

《南极条约》第七条要求每一缔约方通过预先通知各缔约方自由交换有关其活动的信息，其中包括"拟将其引入南极洲的任何军事人员或装备"，后来在 ATCM 的各种决议中详细阐述了这一要求，2001 年第 6 号决议要求各缔约方将所要求的信息提供给信息交换网站并"作为一般原则，使信息公开"。该生效的决议要求缔约方公布南极远征中的军事人员的人数以及所有军事人员的职级，军方人员拥有的武器的数量和类型，军用船舶和飞机的军备数量和类型及其设施使用方面的军事情报。根据南极

条约秘书处运营的电子信息交换系统（EIES）中公开的信息统计，有 10 个协商方对上述情况进行了报告。

美国在 2010—2013 年利用军用飞机将南极麦克默多站作为基地进行补给；每年平均有 30 名军官和 95 名应征士兵参加美国南极计划，在卸船期间，另有 5 名军官和 55 名士兵在南极陆地上工作。[1]

英国在 2009 年和 2010 年使用了军方的海洋调查船和冰巡逻船，船上载有 50 名军官和船员，军方人员配备了小型武器。该船在此期间内每年在南极进行为期 1 个月的作业，为英国南极调查局的科学研究项目提供制图和水文测量工作，进行救援和后勤支持，访问了一些特别保护区和旅游区进行审查评估，并进行了基地的清理工作。[2]

澳大利亚报告的军方人员中包括海军军人、陆军心理学家、海军预报员、海军的水文学家和水文测量师等，在进行岛屿渔业执法巡逻时海军官员携带个人防护装备，并在调查濒危蓝鲸的项目中使用了气枪标记鲸鱼。2017 年澳大利亚使用军用飞机 8 次，近 100 名军方人员参与了各种项目工作。[3]

新西兰皇家海军的近海巡逻舰于 2010 年搭载了 57 名新西兰国防军军人进行海上试验，在南大洋测试其在重海和轻冰条件下的作业能力。该船舰驶入南极海域的罗斯海后登陆，这些试验的关键部分是发展沿南极洲海岸线着陆和回收小批人员的能力（指现场搜救）。2012—2016 年，新西兰陆军、空军和海军多次在南极开展类似的联合行动。[4]

法国 2017 年报告了科考船上搭载了 21 名军方人员但没有说明用途；印度 5 次报告了两名海军水文测量师参与南极科考，并说明其工作内容

〔1〕 参见美国：Pre-Season Information（2010/2011；2011/2012；2012/2013；2013/2014），载 https://eies. ats. aq/Ats. IE/genLogin. aspx? ReturnUrl＝%2fAts. IE%2fieMain. aspx，最后访问时间：2021 年 4 月 30 日。

〔2〕 参见英国：Pre-Season Information（2009/2010；2010/2011），载 https://eies. ats. aq/Ats. IE/genLogin. aspx? ReturnUrl＝%2fAts. IE%2fieMain. aspx，最后访问时间：2021 年 4 月 30 日。

〔3〕 澳大利亚除 2016 年和 2017 年无报告外，见 2009 年至 2017 年每季度报告，载 http://www. ats. aq/devAS/InformationExchange/Archived Information? Lang＝e。

〔4〕 新西兰 2012 年至 2016 年每季报告，载 http://www. ats. aq/devAS/InformationExchange/Archived Information? Lang＝e。

仅为水文测量。挪威皇家空军成员 2015 年使用军用飞机访问其南极科考站，但没有军事人员参加挪威南极考察队。[1]

拉美国家在南极活动中动用了非常多的军事人员，或者说它们的许多南极活动是直接由军方人员来进行的。例如阿根廷的每个常年考察站平均有 4 名军官和 15 名士官作为后勤人员常驻，夏季时人员将会翻倍，并增加军用船只和飞机及相应操作人员进行补给。[2]而阿根廷在南极设有 9 个常年站，[3]即南极常驻军方人员数量约为 170—340 人。秘鲁的 4 次报告中军事人员数量前后共 200 人左右，其中包括三军军官和军方技术人员。[4]乌拉圭每年都有 100—300 名军方人员进入南极地区，分布在科考船、后勤船和考察站常设人员、考察站维修工作组和乌拉圭南极研究所（国防部下属）的工作人员中。[5]智利最近才开始在系统中提交考察站中的军方人员信息，但其南极活动对军方的依赖是历史久远且有目共睹的。

智利的一些考察站以军事基地或军队领导人命名，如阿图罗·普拉特（Arturo Prat）南极海军基地[6]和贝尔纳多·奥希金斯·里克尔梅将军站[7]。这些站点被学者认为是条约中提到的"军事基地"而构成了对非军事化规则的挑战。[8]确实智利的许多科考站由军方人员运营和维护，但这些考察站都经历过多次其他国家的联合视察，也并没有引起其他协商方的批评或不满。以阿图罗·普拉特为例，该站在 1992 年接受了英国、意大利和韩国的联合视察，2004 年接受了澳大利亚、英国和秘鲁

---

〔1〕 分别见法国、印度和挪威的 EIES 相应季度报告，信息来源同上。

〔2〕 见阿根廷 2010 年起每年报告，信息来源同上。

〔3〕 "Antarctic Station Catalogue"，载 https://www.comnap.aq/wp-content/uploads/2019/11/COMNAP_ Antarctic_ Station_ Catalogue.pdf，最后访问时间：2021 年 8 月 12 日。

〔4〕 参见智利：Pre-Season Information（2009/2010；2011/2012；2012/2013；2013/2014），载 https://eies.ats.aq/Ats.IE/genLogin.aspx? ReturnUrl=%2fAts.IE%2fieMain.aspx，最后访问时间：2021 年 4 月 30 日。

〔5〕 乌拉年度报告，信息来源同上。

〔6〕 Base Naval Antártica Arturo Prat，1947 年建立的常年站。

〔7〕 General Bernardo O'Higgins Riquelme，1948 年建立的常年站。

〔8〕 石伟华、郭培清："过热的南极——南极非军事化面临挑战"，载《海洋世界》2008 年第 7 期。

的联合视察，2012 年再次接受荷兰、西班牙和英国的视察。实地视察的内容包括整体的建筑、设施内的人员、正在进行的科学研究项目、后勤设施和后勤作业流程、交通运输和通信设备、武装和军事支援情况、环境安全培训和应急准备、环境管理及接待的游客以及医疗保障能力，可谓非常全面和细致。最近一次的视察报告中称，[1]"该基地里没有武装人员，该基地由军方管理和维护，人员和供应依赖于智利军队"（例如当年提供医疗保障的是智利海军的牙科专家）。报告还总结道，"Prat 是一个组织良好，运行良好的基地，按照海军标准运作……视察团欢迎……扩大实验室设施来加强基地的科学工作的意向"。

智利的例子代表了拉美国家在南极安排军事人员的特殊情况。事实上每个国家的科考站都经历过多个国家的视察，每次视察团都会在考察站内停留数小时，参观各处设施以详细记录并撰写报告，但没有报告指出哪个国家违反了和平利用与非军事化规则，ATCM 上也没有讨论过此事。这些主动公开的信息表明，在南极任何考察站配给军事人员和设施都具有一定的透明度。即使视察团和报告出于政治考虑采取了委婉的表述，进行视察的国家包括相互存在领土主张争议且关系较差的国家（尤其是英国和阿根廷），没有足够的理由怀疑他们对军事化的敏感程度会低到忽视明显违反规则的行为。虽然可能会有人认为，可以从视察报告的字里行间看出受视察站点科学性的不足，从而推断出潜在的军事目的，但因为根本无从查证，所以试图考虑各国潜在的战略部署、隐藏或瞒报是不现实的，这也超出了一般法学研究的范围。

三、联合国大会关于南极和平利用与非军事化的讨论

早在 1956 年，联合国大会第十一届会议上就有主题为"和平利用南极洲"的议程。[2]1983 年开始联合国大会正式将"南极洲问题"整体纳入议程，当年有 80 多个国家代表发言参与了辩论。1983 年通过的 38/77

---

〔1〕　"Antarctic Treaty Inspections Programme Report"，载 https://documents. ats. aq/ATCM36/att/ATCM36_ att108_ e. pdf，最后访问时间：2021 年 8 月 7 日。
〔2〕　大会第 11 届会议正式记录，议程项目 8。见联合国文件：第 A/3118 附件 1.2 号文件。

号决议指出[1]，"南极洲永远继续专用于和平目的并且不成为国际纠纷的场所或对象，是符合全人类的利益的"，几乎后续的每项南极相关决议都重申了这一点。[2]1984年联合国秘书长关于南极问题的报告第一部分专门阐述了这一事项。报告肯定了《南极条约》为南极以及世界范围内和平利用与非军事化作出的贡献：条约提出的这项规则为南极洲提供了全面的裁军措施，不仅禁止在南极洲建立军事基地，而且还禁止进行军事演习，以免在该地区发生军事冲突。"实际上，《南极条约》是战后唯一的有关在相当大的地理区域完全实现非军事化的国际协议。目前，它包括所有参与南极问题的国家作为其缔约方，其中包括安全理事会的五个常任理事国以及对南极领土拥有主权的主张的所有国家。自第二次世界大战结束以来，该条约的缔约被作为许多区域裁军措施的倡议和提议的先例。"[3]另外，报告中提到了近南极国家的立场："在大会第三十届会议上对南极洲进行审议时，所有与会代表发言，特别是来自南极洲附近国家的代表强调了在他们自己的国家安全范围内，南极洲和平的重要性。"最后报告指出，"没有人对这样一个事实质疑"，即南极洲25年来的和平归因于缔约方在有效执行意义深远的裁军措施方面的成就。在这方面，一些国家强调了协商程序的作用，尽管条约协商方之间的政治关系存在各种差异，但协商程序的作用使积极和持续的国际合作成为可能。[4]

各国在联合国大会讨论中对这一规则表示了来自不同角度和立场的支持，以及对其实施效果的肯定，一些国家在发言中具体地援引了这项条约规则或其价值。例如，巴西指出其在成为缔约方之前就密切关注和平利用南极洲的议题；[5]白俄罗斯代表强调南极应只用于和平目的，并禁止一切具有军事性质的措施……整个大陆及其毗邻的岛屿和水域完全被排除在任何类型的军事戒备之外……当前核战争及其一切灾难性后果

---

〔1〕 联合国文件：A/RES/38/77。

〔2〕 联合国文件：A/RES/39/152；A/RES/40/156；A/RES/41/88；A/RES/42/46。

〔3〕 联合国文件：A/39/583（Part I），第44页，第164段。

〔4〕 联合国文件：A/39/583（Part I），第44页，第165段。

〔5〕 联合国文件：A/39/583（Part II），第3页，第2段。

的威胁正在增长，在这种国际局势下建立无核武器区有特殊的意义，白俄罗斯苏维埃社会主义共和国认为，必须通过实施《南极条约》，反映出南极非军事区、无核武器区和合作区—即和平区的地位。在南极创建的和平区，可以而且必须成为在世界其他区域缔结类似协议的样板；[1]加拿大认为将南纬60度以南的陆地区域和冰架限制在只用于进行和平目的的活动方面，条约规则是成就突出的；[2]智利介绍了其为该事项作出的贡献，如智利、阿根廷和英国在1949年签订并实施了一份三方海洋协定，目的是禁止将战舰派至南纬60度以南地区从而确保这个地区得到和平利用，这项协定是早于条约规则的。智利还强调，南极的非军事化和非核化和平利用，应该是为其他共同空间所采用的制度的特点，但南极制度中的"和平利用"与海底和外空的"和平利用"的含义相比在规定方式上有所不同。[3]此外，还有埃及、法国、德意志民主共和国、德意志联邦共和国、匈牙利、印度、日本、荷兰、希腊、墨西哥等国都在不同程度使用了"和平区、和平与睦邻友好原则、只用于和平目的或和平利用、和平活动、非军事区"等表述，在此不逐一赘述。一些国家代表发言中没有明确提及该项规则或其中价值，如加纳、印度尼西亚、马来西亚、肯尼亚等国，但也基本对南极的和平问题表示了关切。

四、对两要素形成的分析

《南极条约》本身就是追求和平的体现，它最先是整个"冷战"期间美苏对话的一种机制，后续的发展表明南极条约体系有能力协助维持在世界其他地方有利益冲突的国家之间的关系，并体现了通过稳定的关系可以建立和谐的进展。上述事实表明，保持南极地区作为一个和平区域远离军事争端和战略竞争是所有国家的共同关切事项。无论是否为缔约方，都不存在相反的利益，也没有国家质疑过该规则对南极地区和平与稳定的贡献。回顾条约规则出现之前的国际形势，当时存在着在南极建立战略极地，将其用于军事试验或发射制导导弹的实际危险，各国对南

---

〔1〕　联合国文件：A/39/583（Part II），第14页，第3段、第4段。

〔2〕　联合国文件：A/39/583（Part II），第16页。

〔3〕　联合国文件：A/39/583（Part II）。

极区域的和平承诺使南极成为"冷战"期间第一个明显解冻的区域。一些国家（如上述发言中的匈牙利、加拿大和希腊当时不是缔约方）在缔约之前就承认这一规则，或主动寻求以和平方式避免军事冲突（如智利、英国和阿根廷），因此法律确信几乎可以没有障碍地达成。

缔约方践行南极和平利用与非军事化规则，常被引用作为例子之一的是英国和阿根廷之间的马岛战争。1982 年两国因岛屿权属争议于马尔维纳斯群岛（英称福克兰群岛）发生了激烈的军事对抗。但战火没有蔓延至地理位置非常接近且两国同样存在领土争议的南极，尽管争端导致了两国几十年来的交恶，双方在南极范围内依然保持着和平相处与合作。关于南极为和平目的使用军方人员和设备的例外，从前述各方实践情况来看，如果拉美国家南极活动的军事化程度在视察的国家看来不构成违反规则，那么其他国家的程度显然也不足以构成违反。尽管这种结论在数据面前看起来有些不好接受，但这是一个定性的问题，计量并不能决定结果。规则本身为科研和后勤等和平目的创设了例外，其他参与实践的国家都接受这种程度的非军事化，缩减军事人员数量对军政难分的拉美国家来讲也不具备可行性。因此，虽然存在一些灰色地带，开展南极活动的各国之间还是形成了这种惯例：不在南极区域内进行军事对抗或冲突，南极作为一个维持和平的区域，可以在其中非威胁性地调用军方人员从事科研、搜救、执法及后勤等和平目的的工作。

第二节　南极科学研究自由与科研合作

南极的科学研究与探索合作氛围延续自 1957—1958 年的国际地球物理年，这一活动显示了南极的科学重要性。当时实现的广泛和友好的合作为拟定《南极条约》创造了条件，并且永久性地扩展了这个地区的科学合作努力。该规则维护的是南极地区科学研究的价值，各国合作的意义在于促进这一价值的实现，并进一步为更多国家通过科学研究进入其他合作领域提供机会。

一、各国南极立法或政策中关于科研及合作的规定

科研自由与合作是较为抽象的权利及国家义务，较少能明确见于主要规范个人行为的国家立法，通常是由国家南极科研机构专项立法或国家的南极事务管理机制体现出来，此外各国政策中常见对科研价值的强调或专门安排。

（一）一般国内立法中的明确规定

1978 年《美国南极保护法》配套规章第六百七十一篇第一条："本法规的宗旨是……维护南极作为从事科学研究地区的价值。"2012 年《俄罗斯公民与法人南极活动管理法》第三条规定，在南极活动应遵循国家间互惠合作及科学研究自由原则；第五条规定，南极科学研究（包括地理学、水文学、地球物理学、地质学和地球化学研究）、南极环境监测，以及为俄罗斯南极工作站和以俄罗斯南极科考队的冬季与季节性考察队形式组建的季节性考察基地提供支持之活动的组织和实施工作，由经联邦政府授权的执行机构负责。巴西采用直接纳入的方式适用条约规则，但在 1987 年国家南极政策法令中强调"保持科学研究的自由性，促进活跃在南极洲的各国或对南极洲感兴趣的国家之间的合作"是巴西南极政策的基本原则。

（二）南极科研机构专门立法或授权规定

由于南极科学探索和研究的成本过高，以及在南极开展活动并维持基本设施场地主要依靠国家级外交和科学参与，南极的性质决定了政府在提供基础设施或资助科学研究方面发挥着重要的作用。国家一级的极地或海洋科研机构一方面是南极科研活动的主要开展主体，同时承担着为行政或执法提供技术建议的职能，另一方面也可能被立法授予直接的国家南极事务管理权。

美国国家科学基金会（NSF）是国家极地事务主管机构，其一方面通过下设部门具体运作和管理南北极科研及后勤经费和项目审批，另一方面还负责一般南极活动的许可证颁发和管理。该基金会还根据国家上位法的授权制定了若干法规，如 1997 年《政府性南极活动环评程序》及 2003 年关于极地陨石收集管理办法的规定。

2013 年《德国南极条约环境保护议定书实施法》规定，阿尔弗雷德维格纳研究所有权就德国联邦环境局决定是否签发许可证发表评论；联邦环境局在制定垃圾分类、废物处理计划，以及特别保护区管理计划时需要与该研究所进行协商。挪威极地研究所根据 2013 年《南极环境安全与保护规章》拥有对南极活动的许可、审查环评报告、制定实施细则和指南规定，以及监督和授权监督法律实施情况的权力。乌拉圭南极研究所在国家南极事务管理中拥有更大权限，根据 1985 年《南极研究所活动组织条例》除负责策划和开展在南极进行的科学、技术和后勤保障等方面的活动外，还负责制定国家南极规划。

1996 年《新西兰南极研究所法》也是关于南极科研机构的专门立法，该研究所的主要职责为：（a）开发、管理和实施新西兰在南极和南大洋，特别是在罗斯属地的各项活动；（b）保持和加强新西兰南极科学研究的质量；（c）与新西兰国内外和该研究所具有类似目的的其他机构和组织进行合作。

（三）政策文件中的体现

智利南极政策强调智利南极研究所作为智利在南极洲国际科学合作的轴心，开展卓越的自然科学和社会科学研究。[1]智利南极研究所（IN-ACH）制定了科学界应该考虑的指导方针，将环境因素、国际合作和竞争作为其规范支柱。

通过 2316/90 号法令批准的《阿根廷国家南极政策》指出，"……继续深化面向与阿根廷南极优先事项有直接关系领域的科学技术知识……集中支持国家科学技术活动，并集中发展向其他国家提供促进其南极任务所需服务和知识的能力"，"（根据外交政策与其他国家）共同开展科学、物流和服务活动，以增加互相了解和信任"，具体的科学合作还包括与拉丁美洲成员和其他国家建立联合设施，与各国开展联合研究计划和技术转让方面的优势。

俄罗斯《2020 年及更长期的俄罗斯联邦南极活动发展战略》将全面协作、维护和发展南极条约体系以及发展综合科学研究等事项定位为俄

---

〔1〕 LIII Consejo de Política Antártica（Chile），*Política Antártica Nacional*，2017，p. 4.

罗斯南极活动发展的优先目标。执行南极综合科学研究发展任务，需要确保：增加俄罗斯南极考察站工作计划中的野外科学项目的数量；增加内容涉及《南极条约》规定的国际南极科研合作科学观察结果出版物的数量。

《澳大利亚南极战略与 20 年行动计划》提到澳大利亚在南极的国家利益之一是"开展世界一流的科学研究工作"，澳大利亚将和其他国家合作开展尖端的科学研究项目。[1]澳大利亚注意到，根据条约的合作规则，南极研究收集的资料应是公开和可分享的，但有证据表明情况并非总是如此。澳大利亚认为这可能是由于一些国家缺乏数据分享技术，需要作出更多努力协助各国发展这一技术以确保数据保持开放和共享。因此，澳大利亚决定今后签署的任何有关南极洲的谅解备忘录都包括要求分享数据的明确规定，这也应适用于对现有谅解备忘录的审查。[2]

美国国家安全委员会 1994 年颁布的第 26 号总统决策令指出，美国南极政策的基本目标包括"保护和追求特有的科研机会……维持南极作为国国际合作区域的地位"。美国国家科学基金会认为，这些利益是确立和继续投资在南极进行的有针对性、有组织的国家科研项目的基础，美国的南极政策确认了美国在南极地区的参与是积极并且有影响力的，其内容包括在主要学科领域进行科学研究以及对包括南极极点在内的多个科考站的建设和使用。美国国务院备忘录中写道，"美国对南极极点科考站的使用体现了美国在南极主张权利、保留主权声索的基础和进行前沿科学研究的承诺"。

挪威的南极政策强调了支撑该地区国际伙伴关系的核心价值观——和平、科学研究和环境保护。[3]政策文件中提到，"开展研究活动对于挪威在南极的国家利益和国家政策都有很大的价值，它们巩固了挪威作为一个负责任的、以科学为基础的极地国家的地位"。同时考虑到南极洲的

---

〔1〕 Commonwealth of Australia, *Australian Antarctic Strategy and* 20 *Year Action Plan*, 2016, pp. 36–37.

〔2〕 The Parliament of the Commonwealth of Australia, *Maintaining Australia's national interests in Antarctica*, 2018, p. 64.

〔3〕 Norwegian Ministry of Foreign Affairs, *Norwegian Interests and Policy in the Antarctic*, Meld. St. 32（2014—2015）Report to the Storting（white paper）, 2015, p. 6.

研究非常耗费资源，因此需要在基础设施和研究数据方面进行全面的、跨学科的专门协作。通过国际研究合作，可以获得超出单一国家范围内的知识。为此挪威政府将：确保挪威在建立南极基础设施和数据共享的国际多边合作中发挥中心作用；鼓励挪威的南极科学家更加积极地参与南极研究科学委员会（SCAR）工作小组的活动。

二、各国的南极科学调查及科研国际合作情况

（一）协商方的南极科研规模和国际科学合作

获得协商地位的意味着该国在南极建有科学考察站或有实质性科学研究计划或。目前有 29 个国家建立了 112 个考察设施（见附录 2：各国南极考察设施基本信息），从 1992 年起，各国报告至秘书处系统的为国家南极科学研究计划进行的环境影响评价有 266 项。

国家南极局局长理事会是成立于 1988 年的国际协会，其成员主要为有系统的国家南极计划的《南极条约》协商方和非协商方。国家南极计划是那些"代表本国政府并本着《南极条约》精神负责在南极条约地区提供和支持科学研究"的机构或组织。[1]依据协会章程，其主要职能是"发展和促进管理南极科学研究支持的最佳实践"。它通过以下方式做到这一点：（1）充当论坛，以发展对环境负责的方式提高活动有效性的做法；（2）促进和促进国际伙伴关系；（3）提供信息交流的机会和系统；和（4）向南极条约体系提供来自国家南极计划专业知识库的客观、实用、技术和非政治性建议。目前该协会有 30 个成员方和 6 个观察员方。

国家南极局局长理事会通过两年一次的专题讨论会和闭会期间的联络来协调国家间南极科学计划的合作。一些大型科学项目，例如监测计划，如果没有国际合作是不可能实现的。例如 2018 年举行的研讨会重点是协调正在进行的几个长期的南极观监测研究项目，包括北极气候研究多学科漂移观测站（MOSAiC）、罗斯冰架方案、南大洋碳与气候观测和建模项目（SOCCOM）、南大洋观测系统计划（SOOS）和 YOPP，[2]这些

---

〔1〕 参见 COMNAP，载 https://www.comnap.aq/，最后访问时间：2021 年 3 月 3 日。

〔2〕 COMNAP: "Annual Report for 2018/19 of the Council of Managers of National Antarctic Programs", *ATCM XLII-CEP XXII IP*008, 2019.

项目将为科学界提供获得来自目前没有监测或监测不足的极地地区的新数据的机会。

根据国家南极局局长理事会于 2014 年对成员方进行的国际合作调查，每一个成员方都在某种程度上参与或支持本国机构在南极洲的国际科学合作，国家间的南极计划有许多相互关系，一个方案可能与多达 22 个其他成员方的方案合作，或与多达 5 个非成员方合作。自 1997 年的第一次国家南极局局长理事会调查以来，所有的成员方的国家南极计划之间的国际合作平均增加了 30%。各国国际合作的规模各不相同，从分享规划程序到运营联合站、联合设施和联合后勤安排。一些国家的南极计划有着长期而重要的记录，其量化统计数字清楚地显示了在站内、船上和飞机上以及在本国机构的实验室中为国际科学家提供的名额。在过去十年内，93%的国家南极计划在某种程度上共享后勤。[1]

（二）非缔约方南极科学调查及国际合作

可以举出一些第三方在不违反《南极条约》规定的情况下在南极开展科学调查的例子，例如意大利于 1976 年开展第一次科学调查，1981 年才加入《南极条约》并在 6 年后取得协商地位。类似情况还有印度、巴西、统一之前的东西德国、奥地利、加拿大、哥伦比亚、乌克兰、捷克、巴基斯坦和马来西亚等，这些国家通常在缔约方的帮助下组织了对南极的科学考察，因此实际上享有了科学研究自由权利。这些国家后来都成为条约的缔约方，其中一些成为协商方。到目前为止，还没有出现过第三国公然违反条约规定的情况。

缔约方之间的科研合作非常普遍，除了国家间合作的科学项目，各国科学家在南极实地作业时也会互相提供帮助，例如 2012 年联合视察团在中国长城站的视察报告评论中对中方为考察站社区作出的借用重型车辆等贡献表示赞扬。[2]国家间计划性的合作与对第三方的支持可以以马来西亚为例。

---

〔1〕　COMNAP：“International Scientific and Logistic Collaboration in Antarctica”，*ATCM XXXVII-CEP XVII IP*047，2014.

〔2〕　“Antarctic Treaty Inspections Programme Report”，载 https://documents. ats. aq/ATCM36/att/ATCM36_ att108_ e. pdf，最后访问时间：2021 年 8 月 7 日。

如前文所述，马来西亚曾是联合国大会上对南极条约体系的积极批评者，然而马来西亚对的立场在 20 世纪 90 年代发生了重大的变化，这一转变是由阿拉斯加埃克森-瓦尔迪兹石油泄漏的生态灾难引起的。这一事件表明，航运作为极地海域的运输方式，以及开采石油和天然气及其他矿产资源存在固有的风险。该事件也加剧了马来西亚政府对马六甲海峡发生此类漏油事件的担忧。马来西亚也表示担心南极环境受到无节制的科学探索的威胁，可能导致一些容易进入的无冰区人满为患。因此马来西亚曾建议在联合国的主持下建立一个国际研究站，同时提议的还有毛里求斯和泰国等非缔约方。这些国家的联合提议形成了联合国大会第 45/78A 号决议，提请有关联合国机构研究在南极建立一个由联合国赞助的工作站，但该计划最终没有落实。[1]于是马来西亚选择直接与协商方开展合作，马来西亚内阁 1997 年批准了与新西兰的双边科学协定，新西兰为马来西亚科学家在南极洲开展研究提供必要的后勤保障。1999 年 10 月，马来西亚的第一个科学考察队启动了跨境空气污染研究，开启了马来西亚在南极洲的科学探险之旅。马来西亚的研究小组多次前往南极进行考察，分别在凯西站（由澳大利亚南极局提供）、斯科特基地（由新西兰提供）和 MAITRI 站（由印度国家南极和海洋研究中心提供）被接待。2000—2005 年夏季，36 名马来西亚科学家被派往南极洲进行 18 次科学考察。迄今为止，有 40 多名科学家和研究生在南极洲积极开展科学研究。[2]马来西亚在南极洲的活动是根据与新西兰、澳大利亚、印度、阿根廷和南非等国家的双边协议进行的，基础的后勤费用是由这些合作伙伴承担的。马来西亚积极发展极地科学研究能力，培养科学家，目标是使其被接纳为《南极条约》协商方成员，以便能够积极参与南极洲的管理。

此外，许多民间科学合作机构或团体是各国南极科研合作的交流平台。例如澳大利亚塔斯马尼亚大学正领导成立一个多机构参与的南极合作研究联盟，该联盟由一些活跃在极地研究领域的领先研究大学组成，包括中科院、塔斯马尼亚大学、剑桥大学斯科特极地研究所、德国阿尔

---

〔1〕 联合国文件：A/46/583。

〔2〕 Rohani Mohd Shah, et al, "Malaysia Strategies in Sustaining Its Antarctic Endeavours", *Procedia-Social and Behavioral Sciences*, 2015, Vol. 202, pp. 115-123.

弗雷德维格纳研究所、日本北海道大学以及马来西亚的两所大学。这个
联盟将协调和共享资源以实现学生和研究的交流，并希望能发挥类似斯
瓦尔巴德北极大学的作用。

三、联合国大会关于科研自由与合作的讨论或决议

1992 年在里约热内卢举行的联合国环境与发展会议上，各国表示注
意到南极作为进行科学研究，特别是进行对了解全球环境所必不可少的
研究的地区的价值。[1]在联合国大会关于南极问题的讨论中，许多（当
时的）非缔约方都对科学研究自由这一规则表示认可，如阿尔及利亚、
加拿大、佛得角、尼泊尔、乌拉圭、安提瓜和巴布达、埃及、巴基斯坦、
赞比亚、叙利亚、南斯拉夫、孟加拉国、斯里兰卡、牙买加、利比亚、
塞拉利昂、马来西亚、加纳、特立尼达、多巴哥、印度尼西亚、突尼斯、
塞内加尔、泰国、尼日利亚、阿曼和肯尼亚等。[2]

马来西亚代表在 2005 年联合国大会专题讨论中表示：马来西亚对在
与南极有关的会议、活动和发展方面以及协商方继续增强透明度和问责
机制方面表示满意。代表团赞扬它们继续像大会在其第 57/51 号决议中呼
吁的那样，在交流有关资料方面继续与国际社会其他国家进行合作。"这
种资料交流反映了南极洲与世界其他地区存在的深刻的相互依存关系和
联系，特别是它在全球环境体系中起的关键作用。虽然马来西亚不是
《南极条约》协商方或缔约方（2011 年成为缔约方），但马来西亚科学家
目前正在这个区域中执行 15 个科学研究项目。在这方面，我国代表团表
示赞赏作为协商方的那些国家，特别是阿根廷、澳大利亚、印度、日本、
新西兰、南非和英国像大会有关决议中所要求的那样，为我国科学家提
供了宝贵的协助与合作。同样，我们对其他协商方表示要为我们提供协
助与合作表示满意，我们将考虑在今后接受这种协助与合作。"

联合国大会的决议表明，各国代表认为科研合作还需要进一步推进，
以"推进国际协调，尽量减少不必要的重复补给设施"，鼓励协商方提高

---

[1]　联合国文件：A/CONF.151/26/Rev.1。
[2]　联合国文件：A/C.I/39/P.V.53；A/C.1/40/P.V.54。

合作和协作的水平以便减少在南极洲的科考站数目，[1] 决议草案由近 30 个非缔约非洲国家和东南亚国家联合提交，这表明非缔约方支持南极科研合作一部分考量是出于对人类活动造成环境损害的担忧。此外，联合国大会关于南极问题的决议中多次回顾，联合国环境与发展会议通过的《21 世纪议程》第十七章中的声明指出在南极洲从事科研活动的国家应按照第三条的规定继续"（a）确保国际社会可以免费获得这种研究所得的数据和资料；（b）加强国际科学界和联合国系统各专门机构取得这种数据和资料的机会"。[2]

四、两要素的形成分析

科学合作既是一种共同利益，也是在南极各国之间建立更强的信任和相互依赖的机制。南极研究工作往往涉及多个国家和组织的科学家，而各国经常进行联合后勤工作，以减少南极作业所需的高昂成本。此外，由于地理上的限制，开展南极项目需要借助一些"门户城市"，如阿根廷的乌斯怀亚、澳大利亚的霍巴特、智利的蓬塔阿雷纳斯、新西兰的克赖斯特彻奇和南非的开普敦，这为各国南极项目之间的合作和协同提供了更多的机会。从实践记录来看，协商方无疑是南极科学调查和研究活动的主力，但这些国家并没有挤占其他国家科研自由权利的空间，相反还有证据证明非缔约方的科研活动开展往往受助于科研和后勤实力较强的协商方。从第三方对该规则的普遍接受态度也可以看出所有国家的科研自由利益都存在互惠性，协同作业可以降低成本，同时能一定程度减轻不必要的环境干扰；合作与交流也有机会获取更多的知识从而直接促进科研利益。南极科学研究自由与国际科研合作规则体现了明确的共同利益，国家实践证据普遍而广泛，各国在联合国大会上作出的声明也可以证明较为一致的法律确信。

---

〔1〕 联合国文件：A/RES/47/57；A/C. 1/48/L. 57。

〔2〕 联合国文件：A/RES/60/47；A/RES/57/51。

第三节　南极无核化

南极无核化规则与非军事化规则紧密相关，南极是世界范围内核裁军、防止核武器扩散以及禁止、限制核试验立法体系上重要的一环。但此处提到的规则不仅包括对核试验或核爆炸的禁止，还包括对在南极处置核废料的禁止。

一、各国南极立法或政策中关于南极无核化的规定

（一）明确的禁止性规则

阿根廷 87/2000 号法令第三条规定，"在南极条约地区禁止：（a）核爆炸物的引爆和核废料的储存"；巴西 1987 年国家南极政策法令中第八条基本原则（c）指出"禁止在南极洲进行核爆炸以及在那里处置垃圾或放射性废物的行为"；荷兰 1998 年立法第二部分禁止性条款中也明确包括"核爆炸或放射性废物的处置"；瑞典 1993 年及 2006 年《瑞典南极法》都有同样的禁止性规定；2004 年《韩国南极活动法》第三条禁止行为规定任何人都不可以在南极地区进行"核试验及放射性废弃物的处理"。一些国家在上位立法中规定，如果在南极科学实验中使用放射性物质需要特别申报或事先获得许可，如捷克和法国。

（二）相关行政或刑事处罚

1996 年《芬兰南极环境保护法》第四条明确禁止南极地区的"放射性核爆炸物及放射性废物的放置"，并规定违反该项规定将受到国内刑法制裁。1996 年《南非南极条约法》规定直接适用条约条款，违反第五条禁止核爆炸和处置放射性废料的行为将面临二十年有期徒刑。法国2003—347 号法律第 2 节第三条规定，将放射性废物带入南极洲或在南极排放的行为处以两年监禁及 7.5 万欧元的罚款。2005 年捷克《南极法》规定，未移除或存储南极放射性废物的法人及自然人都将受到处罚，如果对南极环境造成永久性破坏最高将面临 600 万捷克克朗的处罚。

（三）规定核废料处置的立法

1978 年《美国南极保护法》第一部分包括南极废弃物处置的法规，

其中放射性物质被明确列为必须从南极移走的材料。1994 年《澳大利亚南极废弃物管理规章》要求制造者必须尽快从南极移除放射性物质的废弃物。1998 年《芬兰南极环境保护条例》第七条规定，废物产生者必须将废弃的放射性物质清除出南极地区。2013 年《德国南极条约环境保护议定书实施法》第二十二条要求必须从南极清除"《原子能法》所规定的放射性物质"，在处理时必须以单独分类的方式处理放射性残留物以及拆卸或拆出放射性设施部件。

二、其他实践情况及联合国大会的讨论

规则本身并未禁止在南极洲使用核能或核能设备。麦克默多站的 PM-3A 核电站，是南极洲第一个也是最后一个核电站，该电站建于 1961 年并于 1972 年退役，其反应堆及相关建筑物、回填物已清理出南极。[1]南极条约体系对船舶的规定及《极地水域船舶操作国际规则》（Polar Code）也未限制核动力船舶的使用。ATCM 分别于 1961 年及 1970 年针对放射性同位素的使用通过了三个建议，一是建议各国就在南极使用核能装备及技术的情况尽可能交换信息；[2]二是提醒各国放射性元素的使用应尽量减少对南极环境的有害干扰；[3]三是为了避免影响该地区后续的科学研究，在科学计划中使用放射性同位素时应提前至少六个月通知其他协商方。[4]

1963 年《禁止在大气层、外层空间和水下进行核武器试验条约》要求缔约方保证禁止或防止在国家领土范围以外进行核爆炸，包括大气层、外层空间、公海或领海，如果爆炸产生的放射性尘埃可能出现在其国家领土范围以外，则同样需要禁止在任何其他环境中进行核爆炸。该条约有 135 个签署国，其中 45 个国家也签署了《南极条约》。1996 年《全面

---

〔1〕 其遗址立有纪念碑，现作为历史地点和纪念物进行管理，编号为 HSM85。

〔2〕 ATCM I："Exchange of Information on Nuclear Equipment and Techniques"，*ATCM I Final Reports Recommendation I*，1961.

〔3〕 ATCM VI："Control of Radio Isotopes in Scientific Investigations"，*ATCM VI Final Reports Recommendation VI*，1970.

〔4〕 ATCM VI："Information Exchange on the Use of Radio Isotopes"，*ATCM VI Final Reports Recommendation VI*，1970.

禁止核试验条约》将承诺不进行核爆炸的范围延伸到国家管辖或控制下的任何地方，要求缔约方全面禁止任何核武器试验爆炸或任何其他核爆炸。该条约有 185 个国家签署，除印度、朝鲜、韩国、巴基斯坦、巴布亚新几内亚和土耳其之外的 48 个《南极条约》缔约方都签署了这一条约。[1] 因此，无论是否主张南极领土，在南极和南极周边海域显然都应当遵守禁止任何形式的核爆炸这一规则。

禁止在南极洲进行核爆炸和处置放射性废物的规定，在联合国大会对南极问题的讨论中得到了阿尔及利亚、加拿大、佛得角、尼泊尔、乌拉圭、安提瓜和巴布达、埃及、巴基斯坦、赞比亚、叙利亚、南斯拉夫、孟加拉国、斯里兰卡、牙买加、利比亚、塞拉利昂、马来西亚、加纳、特立尼达和多巴哥、印度尼西亚和突尼斯的明确支持。[2] 这些发言不是在大会例行辩论过程中以不经意的方式作出的，而是在关于南极洲法律的最严肃和反复的辩论中发表的。其中一些发言是秘书长征求各国意见的要求以书面形式传达的，如秘书长的报告指出，"参加大会审议的所有代表团都有一个明确的共识，即保持南极洲没有核武器，不参与核军备竞赛，对整个世界的和平与安全至关重要"。[3]

事实上，直到现在所有拥有核武器的国家都没有在南极洲进行核爆炸、倾倒核废料或安装核武器；没有任何国家，无论是否是条约缔约方，都没有试图违反关于南极洲禁止核武器的规定。近年联合国关于核试验、核裁军和建立无核区的决议及条约谈判中，也多次提到南极条约体系中的无核化规则，并对其实施效果给予了充分肯定。如 2019 年第 74 届联合国大会关于南半球无核化的决议强调"建立无核武器区的……《南极条约》除其他外，对于建立一个完全没有核武器的世界的重要意义"，[4] 2020 年第 75 届大会第一委员会关于全面彻底裁军的报告中称，"满意地确认《南极条约》（及其他一系列条约）……正在使整个南半球和这些条

---

〔1〕 参见联合国公约与宣言检索系统，https://www.un.org/zh/documents/treaty/convention.shtml，最后访问时间：2021 年 3 月 15 日。

〔2〕 联合国文件：A/C. I/38；A/C. I/39；A/C. I/40。

〔3〕 邹克渊："南极条约体系与第三国"，载《中外法学》1995 年第 5 期。

〔4〕 联合国文件：A/RES/74/48。

约所涉邻近地区逐步成为无核武器区"。[1]

三、两要素的形成分析

禁止在南极进行核爆炸试验是世界范围内反对核武器的共识，这一原则性的规则是众所周知的，它不仅是南极条约体系下的义务，更是所有国家尤其是拥核国所负的一般性国际义务。禁止在南极处置核废料则是出于对南极环境的关切。考虑到环境利益是所有国家共同关注的事项，严格管理科研活动中使用的放射性物质，及放射性废料以移出的方式尽快处置的要求是为绝大多数国家所接受并一致实践的。

第四节　南极活动环境影响评价

南极活动环境影响评价规则，指在南极活动之前根据环境原则考虑活动可能产生的环境影响，在此基础上判断活动应如何进行。该规则根据《议定书》及其附件以"轻微或短暂"作为衡量标准，这一模糊性标准决定了规则本身无法要求评估结果的精确性或对环境的保护达到某种程度。事实上，南极条约体系，尤其是《议定书》包含的环境制度范围超过了许多国家的环境管理制度，因此在评估程序上，需要把繁琐的评估限制在较为简单的操作标准上，只避免影响最严重的一些活动，以此来平衡整体环境制度的广度。[2]目前单独就南极环境影响评价规则来讲，其在南极环境保护中的作用主要表现为程序性的价值。

一、各国立法中关于南极活动环境影响评价的规定

目前 29 个《南极条约》协商方中的 25 个国家有专门的南极立法，其中都有涉及环境影响评价规则，一般都是较为原则性和框架性的规定，

---

〔1〕　联合国文件：A/75/399。

〔2〕　William Bush，"Means and Methods of Implementation of Antarctic Environmental Regimes and National Environmental Instruments：An Exercise in Comparison"，In：Vidas D.（eds）*Implementing the Environmental Protection Regime for the Antarctic. Environment & Policy*，Springer，2000，pp. 21 - 43.

有的国家会另外通过行政法规或指南文件来对具体的评估程序和标准进行规范。

（一）英国

英国南极立法中的环境保护制度，主要见于由英国议会制定的两部法律1994年《英国南极法》和2013年《英国南极法》，以及由英国外交和联邦事务部制定的一系列《南极规章》。其中环境影响评价制度规定于1995年《英国南极规章》，融入了活动申请及许可证制度之中。1995年《英国南极规章》第四条第一款："根据法案第3、4、5部分，许可证的申请需要按以下形式作出并提供以下副本……"。第五条和第六条分别规定了初步环境影响评估（IEE）和全面环境影响评估（CEE）的情形。该规章分别对初步环评及全面环评，需要包含的主要内容提出了要求，并就有关部门的程序性规则作出了规定。外交与联邦事务部同年发布的指导文件《南极活动环境影响评估指南》补充了编写环评文件需要的技术标准，文件对《议定书》的环境保护原则、1994年《英国南极法》及1995年《英国南极规章》中的环评要求做了介绍，并为实施环境影响评估时的一些技术细节提出了意见和实践建议。

（二）澳大利亚

澳大利亚的南极环境保护专门立法为两院议会颁布的1980年《澳大利亚南极条约（环境保护）法》，以及两个在《议定书》生效后，由立法草拟处编制的规章：1993年《澳大利亚南极条约（环境保护）（环境影响评估）规章》、1994年《澳大利亚南极条约（环境保护）（废物管理）规章》。其中环境影响评价制度在1980年法案已有专章规定，1994年的针对性规章进一步细化了规范。1980年《澳大利亚南极条约（环境保护）法》第三部分为"环境影响评估"。包括该制度的目的、适用范围、基本评判标准和具体实施、批准流程。第十二条（D）规定，南极活动者或活动组织者，如果准备开展一项活动或修改之前活动的活动内容，必须就可能对南极环境产生的影响进行预评估，向部长提供书面评估报告。（E）规定："在考虑了活动影响的预评估之后，部长应该确定这些活动对环境具有：（i）大于轻微或短暂的影响；或（ii）轻微或短暂的影响；或（iii）微不足道的影响（no more than a negligible impact）。"如果部长确定影响可以忽略，书面通知活动者可以开展活动；如果确定活动具有另外两种程度的影响，则需要活动者按照（G）或（K）提交初步或全面环境影响评估。1994 年《澳大利亚南极条约（环境保护）（废物管理）规章》对初步环境影响评估及全面环境影响评估的内容要求和批准程序的规范进行了细化，包括全面环境影响评估的草案和最终报告两个阶段之间需要经过的国际审议环节。

（三）新西兰

1994 年《新西兰南极（环境保护）法》及 2012 年修正案《新西兰南极（环境保护：责任附件）修正案》以及 2006 年《新西兰南极（环境保护）规章》，确立了新西兰的南极环境保护制度。环境影响评价制度规定于 1994 年《新西兰南极（环境保护）法》第三部分，其中规定"在南极进行任何活动的任何人应编制一份环境影响预评估……送外交部和外贸部部长审议"，并具体规定了预评估所应包含的内容，"如果部长确定该项活动确实具有小于轻微或短暂的影响，则通知该人员可以进行该项活动"。第十八条、第十九条、第二十条分别就初步环境影响评估、全面环境影响评估草案、最终全面环境影响评估三种情形作出了程序性规定，但并未提供"短暂或轻微"以外的评判标准，实践中具体技术指标援用了 ATCM 发布的环评指南文件。

（四）法国

法国的专门立法为议会颁布的《关于南极环境保护的第 2003-347 号法律》，以及法国生态与可持续发展部后续发布的两个行政法令：《关于南极环境保护的第 2005-403 号法令》《影响轻微但仍需申报的南极活动名单》。法国的南极环境影响评价制度是融入其活动申请、批准与许可证相关规范之中的，主要内容为《法国环境法典》L. 712-1 条至 L. 712-3 条、R. 712-3 条。

在 2003-347 号法律的"申报与许可证"一章，L. 712-1 条规定："根据《议定书》第 8 款的内容，对南极洲小于轻微或短暂影响的活动是可以被准许的，其他活动则应提前申报。"L. 712-2 条规定："许可的颁发取决于评估的结果（此评估主要考察活动对南极环境产生的影响），只有评估中得出活动所造成的影响符合南极环境保护原则，才能批准该活动的许可证。"2005-403 号法令的 R. 712-3 条对上述 L. 712-1 条做了补充规定：在南极开展的活动，尤其是基于科学研究目的的活动，如果对环境影响不大，由法国多部门联合制定活动名单，名单上的活动只需要申报，可免于环境影响评价，然而其实施中必须要有确保环境保护的措施。这一名单在 2009 年由法国政府多部门联合制定，涉及了对活动方式、工具和客体对象的要求，以此排除一些环境影响较为明显且根据《议定书》需要编制环境影响评价报告的活动。

（五）挪威

挪威 1995 年气候与环境部编制的《挪威南极环境安全与保护规章》第三章第九条规定：在南极按照科学项目所进行的活动、旅游和计划中的其他活动，应在打算开始前至少一年事先通知挪威极地研究所……通知应包含活动的负责人的资料、活动的范围，包括初步环境影响评估……第十条明确了环境影响评估作为活动的前置性义务，"任何人计划开展南极活动，均应编写初步环境影响评估……"，"如果初步环境影响评估表明，或者挪威极地研究所认为一项拟议的活动可能对南极环境造成大于轻微或短暂的影响，项目负责人应当编写一份全面环境评估"。此外，该部分还规定了初步环评及全面环评所需的内容格式要求，"以供官方进行考虑"。挪威极地研究所可以责令推迟或改变一项活动，以保证环境影响评估按照挪威已加入的国际协议的规定进行。如果一项活动的实施将会导致或可能导致对南极及其依存和伴随的生态系统的影响，挪威极地研究所可以责令改变、推迟或完全禁止该项活动。

（六）美国

美国国会颁布的南极专门立法 1978 年《美国南极保护法》涵盖了较为宽泛的南极环境及生态保护制度，包括南极本土动植物的保护、污染物的使用及废弃物处理、特别保护区等内容，许可证制度贯穿其中。1996 年国会通过的《美国南极科学、旅游及保护法》对 1978 年立法进行了补充，增加了南极环境影响评价制度，主要规定了联邦南极活动（即政府南极活动）所应遵循的环境影响评估程序及相关政府机构的义务，而对于非政府活动的规范，美国环境保护署于 1998 年制定了规章：《美国南极非政府活动环境影响评估》。

1996 年《美国南极科学、旅游及保护法》将美国国内环评法规与南极环境影响评价进行了对接。第 104 条（a）（1）（B）规定："1969 年《国家环境政策法》第 102（2）（C）节所载的义务应适用于联邦机构所有在本部分规定的南极活动……为方便适用，其中'显著影响人类环境质量'一词与'大于轻微或短暂影响'同义。"该法中后续条款以"轻微或短暂"影响来划分需要的环评报告类别，同时规定该法所要求应构成联邦机构在评估南极发生的联邦活动的环境影响方面的唯一和排他的法定义务。1998 年《美国南极非政府活动环境影响评估》第 8.6-8.8 条规定了非政府南极活动者或经营人的环境影响评估义务，在提交必要的环境文件供环保署审核时，除非已决定编制初步或全面环境影响评估，活动实施者应进行环境预评，编写包含足够细节的备忘录，于活动出发前至少180 日交由环境保护署审查。环保署确定该活动是否具有小于轻微或短暂的影响，或是否需要另行编制 IEE 或 CEE 报告。

（七）俄罗斯

俄罗斯没有专门意义上的南极环境保护立法，2012 年俄罗斯联邦会议批准的《俄罗斯公民与法人南极活动管理法》规定了其国内南极活动的管理制度（许可证审批）及活动者的民事责任。1998 年《第 1476 号决定：关于南极条约影响地区，俄罗斯公民与法人活动的审议与许可证发放程序》在规定许可证审批程序时增加了对环境影响评估的要求，并有规定表示"环境影响评估准备是个人和法人实体（包括私人和国家机构）获得许可证的强制条件"。对南极活动环境影响评估的要求包括：申请活动许可证时需要提交根据《议定书》第八条编写的拟议活动环境影响评估数据；由联邦自然资源部和环境保护委员会协调编制关于环境影响评估的结论，并由委员会决定拟议活动是否发放许可证，或是否需要额外的程序；在《议定书》规定的情况下，需要实施全面环境影响评估，联邦水文气象和环境检测局发出申请人编写的全面环境评估草案，经委员会批准，提交外交部分送各缔约方和南极条约环境保护委员会。该决定及相关法律文件中并未就环境影响评估的标准、内容进行明确规定，更多的是在协调政府各部门的职能，设置程序性规则。

（八）日本

日本的南极环境相关法律法规包括：1997年5月日本国会颁布的《关于南极地区环境保护的法律》；同年7月日本内阁发布的《关于南极地区环境保护的法律实施令》；以及同年9月日本环境省出台的《关于南极地区环境保护的法律实施规则》。1997年法律主要内容为活动许可申请制度，其中包括南极活动禁止事项、动植物保护制度、废弃物处置及管理、特别保护区制度的国内法转化，并制定了相应国内监督及处罚措施；其后的内阁令及部门规章是对几项制度的细化，规章提供了多张内容详细的活动申请所需填写的表格，其中包含大量环境影响评估所需的信息。日本的南极活动申请的相关规定，要求申请者在提交申请书时一并提交由环境大臣确定的关于环境影响的调查、预测及评价信息（通过固定表格操作），由环境大臣根据提交的信息确定活动的环境影响，并作出是否予以许可的决定。整体来看，日本立法中虽没有与《议定书》内容一致的环境影响评价制度，但在其南极立法活动和政府决策的规范中频繁出现"依据对南极环境的影响"字眼，而事实上它的环境影响评估是通过活动申请时一系列信息表格进行的，职能部门借此对信息进行量化和收集后，统一判定活动的影响程度，并据此决定是否批准申请。

（九）韩国

2004年韩国国会颁布了《韩国南极活动及环境保护法》，除了对南极活动相关原则性问题的定义，该法还规定了南极活动许可证制度与环境影响评价制度，并就南极动植物保护（哺乳动物的捕捉与植物采集）、特别保护区管理与申报、废弃物处理、环境监控、活动监督处罚办法以及南极监察员的任命事宜项进行了规定。第五条"南极活动许可的申请"中，规定申请活动许可要求提交的文件包括"环境影响评价书"。第七条"环境影响评价书的制作"，将环评分为预备评估、初步评估、全面评估三类，标准使用了《议定书》规定的"轻微或短暂影响"。对环境影响评估的审查由外交部听取专家意见进行，全面环境影响评价书由外交部公示，并递交各缔约方及大会审议。

（十）德国

德国国内南极立法主要围绕《议定书》的内容展开，以国内立法文件批准实施了议定书之后，德国环境、自然保护与核安全部联合德国教育和研究部于 1999 年制定了规章《科学家独立委员会的组成、任命和程序规章（落实环境保护议定书）》，环境部 2005 年制定了规章《南极特别保护区、特别管理区、历史遗迹与纪念碑规章》，2013 年德国联邦议会颁布的第 2595 号联邦法《德国南极条约环境保护议定书实施法》将《议定书》及其附件、ATCM 发布的《ATCM 环境影响评估指南》中的内容进行了整合，详细规定了整个南极活动计划申请、审查、批准的程序，包括环境影响评价的具体标准和流程，甚至规定了作为议定书缔约方，对他国提交的环境影响评价报告进行审查的相关事项。同时，德国还将本国的南极废物处置和废物管理计划、环境应急计划、特别保护区管理计划以及具体的处罚规则纳入该法律中，授权指定了相应责任机关，并规定了相关服务的费用及开支控制。《德国南极条约环境保护议定书实施法》第四条规定了南极活动申请的"一般程序"，申请人必须详细解释计划进行的活动，并描述是否可能对"南极环境及其中受保护的对象"产生影响。继而由联邦环境部根据提交的文件进行评估，该活动的影响是否小于、等于、大于轻微或短暂的影响。该法第七条、第八条分别规定了初步及全面环境影响评估的审查批准程序。初步环境影响评估只需提交基本的活动信息，其评估价结果"应当列入环境局批准活动许可的理由"。而全面环境影响评估需要以德语及英语编制并提交更详细的信息材料，在公众参与下进行，并将提交的材料递交缔约方及环境保护委员会进行审议，联邦环境局在决定批准活动时必须考虑协商会议所作出的建议。

阿根廷、智利、比利时、捷克、芬兰、荷兰等国家的南极环评相关立法内容不再详述，整体情况概括见表 4-2。可见南极环境影响评估规则作为南极活动的前置程序广泛见于各国立法之中，尽管立法的形式和程序的详细程度、操作标准和方式不尽相同，但都能够体现出对环境价值和知情决策的考虑。按照一般流程，各国的环境影响评估都由活动的组织者或者许可证申请者进行自评，组织者或申请者按照本国主管机构的要求提交评估报告或申请材料，由管理部门进行审核，并决定是否批准活动或颁发许可证。

表 4-2　各国国内南极环境影响评价立法情况〔1〕

国家	南极环评立法	环评管理机构	环评与许可挂钩
阿根廷	87/2000 号法令	国家南极司	√
澳大利亚	《澳大利亚南极条约（环境保护）法》《澳大利亚南极条约（环境保护）（环境影响评估）规章》	环境部	√
比利时	《比利时南极法》	环境部	√
保加利亚	2001 年第 37 号内阁令	环境和水域部	√
智利	《智利南极法》	环境部—南极活动环境影响评估运行委员会	√
捷克	《捷克南极法》	环境部	√
芬兰	《芬兰南极环境保护法》《芬兰南极环境保护条例》	环境部	√
法国	2005-403 号法令	环境部极地环境委员会	√
德国	《德国南极条约环境保护议定书实施法》	联邦环境部	√
日本	《关于南极地区环境保护的法律》《关于南极地区环境保护的法律实施令》《关于南极地区环境保护的法律实施规则》	环境省	√
韩国	《韩国南极活动与南极环境保护法》	外交通商部	√
荷兰	《荷兰南极环境保护法》《荷兰南极环境保护条例》	环境部	√
新西兰	《新西兰南极（环境保护）法》《新西兰南极（环境保护）规章》	外交和外贸部	√

〔1〕　表 4-2 为本书作者根据各国相关立法内容编制。

国家	南极环评立法	环评管理机构	环评与许可挂钩
挪威	《挪威南极环境安全与保护规章》	挪威极地研究所	√
俄罗斯	《俄罗斯公民与法人南极活动管理法》第 1476 号决定	俄罗斯联邦水文气象和环境监督局；俄罗斯联邦国家环境保护委员会	√
瑞典	《瑞典南极法》《瑞典南极条例》	瑞典极地研究秘书处	√
乌克兰	2003 年第 908 号法令	教育和科学部	√
英国	《英国南极规章》	外交和联邦事务部	√
美国	《美国南极科学、旅游及保护法》《美国南极非政府活动环境影响评估》	环保署与其他联邦机构协商	√

二、各国南极环境影响评估实践情况

早在《议定书》通过之前，ATCM 分别在 1983 年和 1987 年通过了关于科研活动所产生的环境影响和环境影响评估的建议。前者建议各国政府在计划进行任何科学活动或后勤活动时，敦促各自负责南极活动的国家组织继续审查此类活动的计划并确定计划的活动是否可能产生重大影响……如果影响严重，则应进行旨在减少对环境有害影响的可行性研究和后勤替代方案。[1]后者首次提到了"轻微或短暂"的标准，并采用了后来被纳入《议定书》中的初步与全面环评的分级评估方式。[2]《议定书》生效之前，ATCM 又通过决议补充了对各国环评信息流通的要求及全面环境影响评估的后续程序；[3]1998 年后继续制定了《环境影响评价指南》（1999 年、2005 年、2016 年），完善了环评报告的交流程序及全面环

[1] ATCM XII："Environmental Impact of Scientific Research", *ATCM XII Report Recommendation* 3, 1983.

[2] ATCM XIV："Environmental Impact Evaluation", *ATCM XIV Report Recommendation* 2, 1987.

[3] ATCM XIX："Circulation of Information on EIAs", *ATCM XIX Report Recommendation* 6, 1995；ATCM XXI："Procedures for Comprehensive Environmental Evaluation follow-up", *ATCM XXI Report Recommendation* 2, 1997.

境影响评估报告在会议期间和闭会期间的审议程序。[1]根据 2005 年第 1 号决议要求，[2]各国政府需每年向南极条约秘书处提供其 IEE 和 CEE 的信息，至少应该包括：活动的简短描述；进行的环境影响评估的类型（IEE 或 CEE）；活动的位置（名称，纬度和经度）；负责环境影响评估的组织；以及在考虑环境影响评估后作出的任何决定。这些信息公布在秘书处网站上的环境影响评价数据库中以供公开查阅。

　　EIA 数据库中的记录显示，[3]自 1988 年至今，34 个缔约方共进行了 1741 次环境影响评估，其中 44 次全面环境影响评估，各缔约方递交的环境影响评估报告数量统计见表 4-3。涉及的活动包括基础设施建设、野外扎营、国家南极计划、民间探险或旅游活动、科学研究、冰或岩石的钻探、废物管理等。其中民间旅游和探险活动的环境影响评估数量为 653 件，占总数的 37.5%，美国、法国、新西兰等环境影响评估大国提交的记录中，50%以上为旅游活动环境影响评估。

表 4-3　各国南极环境影响评估记录数量[4]

国家	环评数（次）	国家	环评数（次）
美国	454	智利	18
法国	297	芬兰	17
新西兰	165	比利时	14
德国	113	委内瑞拉	13
南非	75	韩国	10
中国	65	加拿大	9
俄罗斯	64	印度	9

---

　　[1] ATCM XXX-CEP X："Intersessional Consideration of Draft CEEs"，*ATCM XXX-CEP X Report*，2007；ATCM XL-CEP XX："Procedures for Intersessional CEP Consideration of Draft CEEs"，*CEP XX Report*，2017.

　　[2] ATCM XXVIII－CEP VIII："Environmental Impact Assesment：Circulation of information Stockholm"，*ATCM XXVIII Report Resolution* 1，2005.

　　[3] 参见 EIA Database，载 https://www.ats.aq/devAS/EP/EIAList? lang=e，最后访问时间：2021 年 3 月 10 日。

　　[4] 表 4-3 为本书作者根据南极条约秘书处网站公开的环评记录统计编制。

续表

国家	环评数（次）	国家	环评数（次）
西班牙	55	意大利	8
巴西	51	荷兰	6
挪威	46	秘鲁	4
日本	43	捷克	3
澳大利亚	41	罗马尼亚	3
英国	36	土耳其	3
波兰	35	白俄罗斯	2
瑞典	33	乌克兰	2
乌拉圭	27	厄瓜多尔	1
阿根廷	18	瑞士	1

各国对南极活动环境影响评价规则的实践早于《议定书》拟定相关规则，英国自 1988 年就开始对南极活动的环境影响进行评估，并有详细情况报告留存。多数缔约方通过国内程序和向秘书处提供相关信息的方式积极践行这一规则，在前文提到的科研合作过程中，缔约方执行该规则的实践也影响到了合作的非缔约方。未能签署或批准《议定书》的国家，或者非《南极条约》缔约方，在开展南极活动时可能借助缔约方的资源，如搭乘其他国家科考船或飞机、借用科考站或设备等。虽没有以这些国家名义递交的环评报告，但其活动也会包含在缔约方的环评报告中，实质上这些国家的活动也被动地进行了环境影响评估程序。如前文提到的马来西亚在与新西兰和澳大利亚的项目合作中，马来西亚在其他国家科学考察站进行的活动会出现在其他国家的环评报告中。值得一提的是，2015 年有两名泰国科学家搭乘中国的"雪龙号"极地考察船前往南极费尔德斯半岛和阿德利岛进行科学研究，并按照中方的要求提交了活动所需的环评资料，随后中方依规定向秘书处报告了这一信息。[1]

---

〔1〕 "IEE，对南极土壤，沉积物和海洋生物中多环芳烃跨纬度研究的初步环境评估"，载 https://www.ats.aq/devAS/EP/EIAItemDetail/1737，最后访问时间：2021 年 8 月 8 日。

三、环境影响评价作为一般国际法义务

根据规范国家与环境关系的任何基本原则，环境因素在"国际公域"中有着举足轻重的地位，并被确认为人类健康的必要条件。南极地区的环境状况影响着世界气候条件、世界淡水储量和海平面的上升，南极环境显然涉及普遍的利益，建立、完善和切实执行南极环境保护制度的必要性是毋庸置疑的。这也是各类国际环境公约的一般原则性要求，这些一般原则的适用并不限于国家管辖范围、跨界范围或国际领域。1972年《联合国人类环境会议宣言》（以下简称《人类环境宣言》）规定："各国有义务进行合作，以促进（关于环境方面的）一般原则的实施。"

环境影响评价制度是环境保护制度的重要组成部分。南极条约体系之外，有很多国际公约和文件明确规定了环境影响评价义务。UNCLOS第十二部分第二百零六条规定，"各国如有合理根据认为在其管辖或控制下的计划中的活动可能对海洋环境造成重大污染或重大和有害的变化，应在实际可行范围内就这种活动对海洋环境的可能影响作出评价，并应依照第二百零五条规定的方式提送这些评价结果的报告"。《生物多样性公约》第十四条规定，每一缔约方应采取适当程序，就其可能对生物多样性产生严重不利影响的拟议项目进行环境影响评估，以期避免或尽量减轻这种影响。1972年在瑞典斯德哥尔摩召开的联合国"人类环境会议"发表了《人类环境宣言》，宣言第二十一项主张：各国应确保并控制其管辖境内之活动并未对其他国家或境外之地域造成损害。《跨界环境影响评价公约》（《埃斯波公约》）中将"跨界影响"定义为位于一方境内的拟议项目造成的跨越了己方管辖区域波及另一方的管辖区域的环境影响，[1]该公约赋予了环境影响评价在国际法中的精确含义，也为普通民众参与跨界环境影响评价程序提供了明确的法律依据，[2]并且为各国提供了通知和有关跨境影响咨询更多详细的操作方式。此外，还有许多没有法律拘束力的指南性文件，如《联合国环境规划署环境影响评价目标和原则》

---

〔1〕《埃斯波公约》第一条第八款。
〔2〕戴羽西："跨界环境损害责任构成之适当谨慎义务理论研究"，外交学院2015年硕士学位论文。

《波恩准则》《北极环境影响评价准则》《世界银行环境影响评价操作准则》等。

从这些向所有国家开放签署的条约和有影响力的国际组织或会议发布的宣言或指南文件中可以看出，国际社会对环境影响评价规则的普遍接受及广泛适用程度。这一现实也导致国际法院在 2010 年乌拉圭河纸浆厂案的判决中指出，"这种惯例近年来已为各国所接受，以至于在拟议的工业活动有可能对跨界环境，特别是对共有资源产生重大不利影响的情况下，进行环境影响评估现在可以认为是一般国际法的一项要求"。此外法院认为，一般国际法不包括对环境影响评估的范围和内容的规定，因此"应由每个国家在其国内立法或项目授权程序中确定每个案件所需的环境影响评估的具体内容"。考虑到拟议发展的性质和规模及其对环境可能产生的不利影响，在进行这种评估时需要恪尽职守。法院还认为，在实施一个项目之前，必须进行环境影响评估。此外，一旦项目开始运作，必要时，在项目的整个生命周期中应持续监测其对环境的影响。[1]

近年来海洋法中的一个热点是关于 UNCLOS 下的 BBNJ 的谈判进程。而环境影响评价是文书拟定谈判中的焦点问题之一，2011 年 BBNJ 工作组会议工作文件中提到："必须进一步拟订关于对计划在国家管辖范围以外区域开展的活动进行环境影响评估的科学和技术指南，包括考虑评估累积影响。在制定此类指南过程中，应充分考虑到各国进行评估的能力，以及其他国际组织在这一领域进行的工作，以避免义务和责任的重叠。"[2] 谈判中，国际社会一致且高度认可南极环境影响规则的运行情况，南极环评规则被考虑作为 BBNJ 环评规则立论和制定细则的依据。在第四次筹委会主席总结的未来工作要点中，提到"制定环评条款时，可以参考国际上接受的标准、程序和议定书"，列出的参考文件中就包括《议定书》。

---

〔1〕 Pulp Mills on the River Uruguay（Argentina v. Uruguay），*ICJ Reports* 2010，pp. 203–219.

〔2〕 联合国文件：A/66/119。

四、现有证据分析及两要素初步判断

从各缔约方的国内立法和实践情况来看，南极环境影响评价规则得到了具体而广泛的执行，该规则在各国不同形式的立法中也呈现出相当程度的一致性。事实上在《议定书》实际生效之前，缔约方就对其中规则的执行进程十分关注。1991 年第十一届特别协商会议的《维也纳会议最后议定书》指出：在《议定书》生效之前，各国一致认为所有缔约方最好按照其国内的法律制度并在可行的范围内适用附件一至附件四，并各自采取步骤，使之尽快生效。而环评记录表明，缔约方早在条约生效 10 年前就开始实施南极活动环境影响评价规则，且在《议定书》生效之前，国家实践就已初具规模。各国普遍将该规则写入国内立法，这表明其对这一法律义务的接受，这些国家实施环境影响评价规则不仅是出于履行条约义务，也是对自身国内法的维护，即使不存在条约，国家也很可能继续遵守这一规则。

环境影响评价规则在其他国际条约和软法文件中频繁出现，参与的国家规模和适用广泛程度不限于南极条约体系内。尽管各项规范文书规定和国家适用时存在具体方式方法和标准的差异，但该规则的核心价值，即环境原则和知情决策都得到了广泛实践的遵守和维护，同时上述证据中也能够推断出实践所伴随的法律确信。更重要的是，国际法院通过乌拉圭河纸浆厂案承认了对产生跨界影响的活动进行环境影响评估这一义务的一般国际法的地位。综上所述，在南极开展活动之前对拟议活动可能造成的环境影响进行评估，并在此基础上决定是否或如何开展活动，很可能成为一项具有普遍约束力的习惯国际法规则。

第五节　南极矿产资源活动禁令

任何有关矿产资源的活动都应禁止，但科学研究有关的活动不在此限；该禁令不设具体期限，但其修改或解除前提是存在一项产生法律约束力的矿产资源开发活动管理制度。由于规则所涉具体概念不存在统一的书面解释，各国依据其选择的解释方式开展国家实践，也可能会形成

能够进一步明确规则的惯例。需要关注的主要分歧点为：矿产资源活动的定义、矿物的定义、对科学研究活动的界定以及禁令期限问题。

一、各国南极立法中关于矿产禁令的规定

阿根廷 87/2000 号法令第三条 b）规定：（禁止在南极条约地区）勘探和开采矿产资源及与之相关的任何其他活动，科学研究除外。

在 1991 年《议定书》通过之前，澳大利亚议会就通过了《澳大利亚禁止南极采矿法》（AMPA），该法于《议定书》生效后由现行立法取代：1992 年《澳大利亚南极环境保护法》（1980 年该法的修订版），将矿物定义为"非生物、非再生自然资源"；将采矿活动定义为"指从事矿物回收或开发利用或与其相关的活动（包括对矿物的勘探），但不包括根据条约精神所进行的科学调查或科学研究所必需的活动"。该法第十九条规定了禁止在澳大利亚南极领地及南极的任意部分（包括南极领地的大陆架或亚南极岛屿的大陆架）。

2005 年《比利时南极法》第四条规定，不得从事以矿产资源探查、勘探或开发为目的任何活动；但本禁令不适用于获得批准的科研活动。

巴西 1998 年第 2742 号法令规定《议定书》所载内容必须完全遵守（直接纳入适用）；但《议定书》在之前的 1987 年国家南极政策法令中提到，"巴西在南极洲的利益具体可以转化为以下目标……c）参与勘探和开发南极海洋生物资源和矿产资源，如果发生这种情况，还应参与平衡发展中国家地位"。

保加利亚 2001 年的内阁令中没有直接规定禁止矿产活动的条款，但在活动的审批和环评中援引《议定书》嵌入了这一规则。第十一条第十款规定，如果计划的活动违背《议定书》的某些禁令，则不批准环境影响评估。

2020 年《智利南极法》第二十三条规定，禁止在南极"开展除科学研究以外的与矿产资源有关的任何活动，除非某项国际制度生效从法律层面要求开展这些活动或具备这些活动被批准的条件，且能够保障智利的南极主权"。第五十四条危害南极环境的罪行指出了矿产资源活动的范围及禁令适用范围："（如未获得相应授权或违反南极条约体系）在南极、

南大洋或南极大陆架上进行探矿、勘探或采矿活动。"

2005 年《捷克南极法》第五条：本法禁止探查、勘探和开采南极矿产资源，[1]但对矿产资源进行科学研究除外；并规定在南极进行矿产资源科学研究需要申请许可。

1996 年《芬兰南极环境保护法》中将矿产资源定义为"所有非生物和不可再生的矿物"；第四条禁止矿物质的探查、勘探、开采和其他非科学研究的活动。

法国 2003 年第 347 号法律规定，在南极洲进行矿产资源勘探或开采活动的行为将面临刑事处罚，但因科研之需在许可证范围内进行的活动除外。

2013 年《德国南极条约环境保护议定书实施法》第二十三条规定，禁止在南极探查、勘探、开采或获取矿产资源，前款不适用于科学研究活动。

意大利通过"执行令程序"将条约规则纳入意大利法律，这意味着通过简短的立法就可以规定在国内全面和彻底地执行有关条约；除此之外，意大利没有就矿产资源活动另作其他规定。

日本 1998 年生效的《关于南极地区环境保护的法律》将矿产资源活动定义为"矿物（包括煤炭、金属、石油、天然气）的勘探与开采"；第十三条规定，任何人在南极地区不得进行矿产资源活动，但不禁止科学调查并公布调查结果。

2004 年《韩国南极活动及环境保护法》将南极矿产资源定义为"南极地区保有的化石燃料及金属、非金属矿物在内的非生物和不可再生资源"；第三条禁止任何人在南极地区进行南极矿产资源的勘探、采掘以及加工、运输、储存等，及其附属活动，但获得南极活动许可后仅用于科学调查目的的情况除外。

1998 年《荷兰南极环境保护法》，矿产资源定义为"非生物的、不可再生的自然资源，包括矿物燃料、金属和非金属矿物"；第六条第一款（h）规定，禁止矿产资源的勘探开发，第二款（a）进一步禁止了"从

―――――――――――――――

〔1〕　该条在注释中援引了 1988 年《捷克地质工程法案（修正案）》第二条第二款。

事探寻矿产资源的研究"。

1990 年《新西兰南极地区（禁止采矿）法》第四条规定，任何人不得在任何保护区或罗斯属地开采任何矿物，进一步禁止新西兰公民或通常居住在新西兰的任何人在 1960 年《新西兰南极法》所称范围内开采矿物。1994 年《新西兰南极（环境保护）法》第十一条规定，矿产资源活动的禁令适用的地区包括南极大陆（及所有冰架）、南纬 60 度以南的岛屿、临近南极大陆或南极岛屿的大陆架区域；第十四条将矿产资源活动定义为：（a）指在 1991 年新西兰政府矿物法含义内的调查、勘探与开采；（b）包括与矿物资源活动有关的后勤支援活动；（c）前两款不适用于南极条约缔约方正式考察队进行的真实的（bona fide）科学研究和与任何这类科学研究有关的真实的后勤支援活动。

2013 年《挪威南极环境安全与保护规章》第五条规定，除科学研究外，禁止与矿产资源有关的任何活动；并规定"活动是否为科学研究，由挪威极地研究所逐案决定"。

根据 1996 年《南非宪法》第二百三十一条第四款，"任何国际协定经国家立法颁布为法律后，即成为共和国的法律"，1996 年《南非南极条约》法规定，该法附表 1 中提到的条约（包括《议定书》）应构成共和国法律的一部分。南非在这种直接援用条款的基础上，另设了执行方面的立法，包括对矿产资源禁令处罚（五年有期徒刑）。

1993 年《瑞典南极法》第五条规定，不允许从事涉及矿物资源勘探、开发和加工的活动；但前述规定不适用于依据本法颁发了许可证的科学研究；如果有理由认为所取得的矿产资源有悖本条第一款的规定，将禁止对这些矿产资源作其他处理。2003 年《瑞典南极法》第六条补充规定：禁止在南极试图探寻、收集、勘察、提取或处理矿物资源和陨石。

1989 年《英国南极矿物法》是为了执行 CRAMRA，该法允许在获得许可证的情况下在南极进行采矿活动，但它只是一个预备性框架，因 CRAMRA 没有生效而未填充实质性内容。1994 年《英国南极法》第六条将矿产资源定义为非生物且不可再生的自然资源；并规定，任何英国国民不得在南极进行（a）钻探或挖掘矿产资源，（b）收集任何矿产资源样本，或（c）勘探特定的矿产资源或矿床，或在可能发现特定矿产资源或矿床的区域进行勘探活动；但获得本节提及的许可证的除外。许可证由国务大臣根据任何人的申请向其授予，并且只有在以下情况才可以颁发：（a）仅用于科学研究的目的，或（b）仅用于在南极洲建造，维修或修理英国南极站，或由英国国民或代表英国国民维护的任何其他结构，道路，跑道或码头。根据该法的定义部分，南极包括南极大陆延伸出的大陆架区域及南纬 60 度以南的岛屿、海域、领空。

　　1990 年《美国南极矿产资源保护法》的颁布也早于《议定书》开放签署。该法前言中表示，国会根据调查结果认为，《美国南极矿产资源活动管理公约》并不能够保证保护南极脆弱的环境，却实际上可能会促进南极矿产资源活动；南极洲的矿产资源勘探可能导致南极环境的进一步退化，包括石油泄漏的风险增加。因此本法的宗旨在于：（1）加强对南极洲的整体环境保护；（2）禁止美国公民和其他受美国管辖的人进行南极矿产资源的初期勘探、后期探矿以及开发；（3）敦促其他国家支持美国，立即就一项或多项新协议进行谈判，以无限期禁止所有南极矿产资源活动并全面保护南极洲及其相关和其依赖的生态系统；以及（4）敦促所有国家考虑一项对南极矿产资源活动的永久禁令。定义方面，"南极矿产资源活动"一词是指在南极洲初期勘探、后期探矿或开发矿产资源，但不包括《南极条约》第三条所包含的科学研究。"开发"一词是指包括在勘探（exploration）活动之后的后勤支持在内，目的是开采特定矿产资源的包括加工、储存和运输在内的任何活动。"探矿"一词意为包括后勤支持在内，目的为识别或评估特定矿产资源矿床的任何活动。该词语包括勘探钻井、疏浚和其他确定矿产资源矿床的性质和大小以及开发可行性所需的地表或地下挖掘。"勘探"一词是指，包括后勤支持在内，目的为查明可能勘探和开发的矿物资源潜力的任何活动。"矿产资源"一词意为一切非生物资源，包括化石燃料、不论金属或非金属的矿物，但不包括冰、水或雪。该法第两千四百六十三款还规定，任何人以参与、提供资金或以其他方式故意向任何南极矿物资源活动提供协助都是非法的。

二、各国对矿产禁令的实践

（一）立法中体现的实践共性与差异

无论是直接适用条约还是在将条约规则以国家立法的形式"翻译"为国内法律语言，各国立法中都包含了禁止南极范围内除科学研究外的矿产资源活动这一规则。但上述国家国内立法中可以发现一些各国实践的差异（见表4-4）。第一，部分国家立法中对"矿物"给出了定义，整体来讲将南极矿物限定为非生物资源；有的国家还要求资源的不可再生性，从而明确排除了冰，如澳大利亚、韩国、荷兰、英国和美国等。第二，部分国家就"矿产资源活动"给出了宽泛的定义，即包括矿产资源勘探开发前期活动"探矿"，其他国家只是援引条约规则或没有明确提及前期的探查活动；美国还将禁令的范围扩大到以参与、提供资金或以其他方式故意向任何南极矿物资源活动提供协助。第三，关于科研活动的例外情况，没有国家在立法中对科研活动给出明确的定义，多数国家强调涉及矿产资源的科研活动需要经过国内管理部门的许可或批准；一些国家对此类科研活动添加了限定措辞，如澳大利亚要求科研活动依照"条约精神"，日本要求科研活动"公布调查结果"，新西兰要求科研及其后勤活动是"真实的"，挪威要求此类涉及矿产的活动是否属于科研范围由挪威极地研究所逐案决定，荷兰是唯一明确禁止"探矿研究"的国家。第四，根据《议定书》与《南极条约》的适用范围，矿产禁令适用于南纬60度以南的地区，条约本身没有明确指出是否适用于延伸自南极大陆的大陆架或南纬60度范围内的岛屿大陆架。但澳大利亚、智利、新西兰、英国立法中明确规定了大陆架范围的适用，这四个国家是主要的南极领土主张国。

表4-4　各国南极立法中矿产禁令相关规定[1]

国家	禁止条款	矿物	矿产活动宽泛定义	科研活动特殊要求	大陆架
阿根廷	√				
澳大利亚	√	√	√	"条约精神"	√
比利时	√		√	许可/批准	
巴西	√				
保加利亚	√				
智利	√		√	许可/批准	√
捷克	√		√	许可/批准	
芬兰	√	√	√	许可/批准	
法国	√			许可/批准	
意大利	√				
日本	√	√		公布调查结果	
韩国	√	√	√	许可/批准	
荷兰	√	√	√	*禁止探矿研究	
新西兰	√		√	"真实的"	√
挪威	√			"逐案决定"	
南非	√				
瑞典	√		√	许可/批准	
英国	√	√	√	许可/批准	√
美国	√	√	√（包括协助）	√	

　　值得注意的是，美国以外的国家都没有在立法中明确排除矿业公司通过商业捐助来支持科学研究机构进行此类调查研究；对于矿产资源相关科学活动，只有荷兰明确禁止"探矿"研究。各国政府管理部门有权决定何种活动属于科学研究范畴，这意味着由各国政府自行决定是否可以进行对矿产资源探查的地质科学研究。多数国家的立法中并不能解读

―――――――――

〔1〕　表4-4为本书作者根据各国相关立法内容编制。

出全面的禁止，因此可以说如果条件允许，矿产资源探查的研究活动是默认可以进行的。无论如何，南极条约协商各方在会议上对这一关键定义闭口不谈，一方面体现出该问题具有相当的敏感性，另一方面也能在某种程度上体现出各国可能倾向于接受对矿产资源相关的科学研究活动进行宽泛的解释，即至少不严格禁止非商业性地质调查，或彼此间有意对国家科考队进行的这种调查心照不宣，尽管这种宽泛解释存在被滥用的风险。事实上，一些国家表现出了探查南极矿产资源基本分布和储量等状况的意向。

（二）缔约方对矿产禁令的态度差异

从国内立法和政策文件来看，缔约方对矿产禁令的态度大致可以分为两类：一类是明确表示出坚决支持和维护禁令的国家，如挪威和澳大利亚，有意通过努力使禁令无限期延续；另一类是对禁令的修改或解除抱持观望态度的国家，其政策或立法中传达出消极或积极地为此进行准备的意向，如智利、美国、阿根廷、俄罗斯。

挪威外交部 2015 年发布的《挪威的南极利益与政策》中提到，挪威政府将积极参与环境议定书下的工作，并支持禁止在南极开采矿产资源。《澳大利亚南极战略与 20 年行动计划》表示，澳大利亚将在其南极计划的所有方面成为南极环境管理的领导者，并推广相关领域的最佳做法，它将"维持《议定书》对采矿和石油钻探的禁令"。2017 年外交政策白皮书重申了当局对澳大利亚南极领土（AAT）的高度关注，该白皮书在……无限期禁止采矿和石油钻探等方面进一步加强了澳大利亚对南极条约体系的各项承诺。澳大利亚对矿产资源相关的科学研究活动的双重用途性质非常敏感，虽然担心《议定书》禁止采矿，但它并没有禁止开展工作来了解南极洲的资源范围；而各国可能正在以科学研究为幌子进行此类工作。[1]澳大利亚希望能通过视察制度来确保所有国家的工作仍然在南极条约体系范围内。[2]澳大利亚南极政策委员会认为，关于采矿禁令将于 2048 年到期的错误观点可能会对关于采矿禁令的未来的讨论产

---

〔1〕 Mr Larsen, DFAT, *Committee Hansard*, Canberra, 14 September 2017, p. 3.

〔2〕 Dr Gales, AAD, Department of the Environment and Energy, *Committee Hansard*, Hobart, 10 November 2017, p. 54.

生重大影响，因此澳大利亚应需要开展外交活动和能力建设努力，对缔约方及评论者和普通公众进行关于采矿禁令和修改这一禁令所需的程序的教育。[1]

美国禁止南极矿产活动的立法自 1990 年生效起，没有任何商业或公司企业表示有兴趣从事任何此类活动。[2]1996 年，修正案增加了"在美国参加的《南极条约》协商方之间达成一项由参议院已向其提供建议和同意或经国会通过进一步立法授权的新协议，（该法）规定无限期禁止南极矿产资源活动"。该修正一方面增加了"无限期"的措辞，另一方面为禁令所附带的修改条件留下了空间。智利的情况也是如此，2020 年智利新颁布的立法中规定的矿产禁令后文附带了豁免条件，即"除非某项国际制度生效从法律层面要求开展这些活动或具备这些活动被批准的条件，且能够保障智利的南极主权"。两者都可以视为一种矿产资源开发的消极准备。

阿根廷和俄罗斯对南极矿产开发保持积极的态度。阿根廷第 2316/90 号法令通过的国家南极政策中指出了阿根廷南极活动的优先事项，其中包括制定南极科学技术计划，"了解矿产和渔业资源"。俄罗斯《2020 年及更长期的俄罗斯联邦南极活动发展战略》指出，实现本战略目标必须解决的任务是："……对南极大陆地区及其周边海域的矿产和碳氢化合物资源进行地质科学研究。"俄罗斯国家南极地质地理学研究始于 1956 年，该领域的研究和工作目标是研究南极地质构造的主要规律，结构深度和地壳形成的历史，陆地边缘和周边南大洋深水水域，以及建立评估和科学分析南极矿物资源潜力的信息基地。该战略文件直言不讳地表示："20世纪 70—80 年代此类研究达到顶峰。当时南极团体极其看重该大陆矿物资源的实际开发前景，我国是这一研究方向的领军国之一。但是根据《环境保护条例》，禁止在该地区进行除科研以外的任何涉及矿物资源的

---

〔1〕　The Parliament of the Commonwealth of Australia, *Maintaining Australia's national interests in Antarctica*, 2018.

〔2〕　Christopher C. Joyner, "The United States: Legislation and Practice in Implementing the Protocol", In: Vidas D. (eds) *Implementing the Environmental Protection Regime for the Antarctic. Environment & Policy*, vol 28. Springer, Dordrecht, 2000, pp. 417-438.

活动。现阶段，俄罗斯南极考察范围只是完成地质地理学研究，可以对南极矿产和碳氢化合物的储量进行必要的分析评估。"俄罗斯政策表示将进一步开展包括对南极陆架冰川、南极海沿岸厚冰层可以采用更有效的地层深孔钻探法，以补充传统的山地岩石地质研究方法，及大陆和海底沉积层地质地理学研究方法。

三、联合国大会关于南极矿产资源的讨论或决议

20 世纪 80 年代缔约方着手制定南极矿产资源活动管理制度，将南极条约体系推上了国际社会舆论的风口浪尖。最初的讨论中，缔约方中，尤其是领土主张国的立场与以马来西亚为首的反对派观点针锋相对。但 CRAMRA 未获批准并由《议定书》所取代后，非缔约方的态度明显发生了变化。

（一）早期讨论与人类共同遗产理念

1982 年马来西亚总理马哈蒂尔在第 37 届联合国大会的发言中表示："正如殖民地并不属于殖民国家，无人居住的南极土地在法律上不属于其发现者；这些土地应像海洋和海床一样属于国际社会；目前对它们提出权利要求的国家必须放弃这些土地以便让联合国来管理或由目前的占领者代世界各国担任托管国；成本和技术都使目前南极洲矿产资源开发并不现实，但如有一天南极能够提供资源，这类开采应使穷国和富国获得同样的利益"。[1]马来西亚提出的观点在随后的辩论中获得许多发展中国家的支持，如安提瓜、巴布达、埃及、苏丹、加纳、巴基斯坦、斯里兰卡、利比亚、突尼斯、阿尔及利亚、赞比亚代表团明确表示支持人类共同遗产概念适用于南极洲，[2]这些国家反对《南极条约》缔约方擅自制定分配资源的协议，要求联合国介入并主张一项根据人类共同遗产理念考虑到广大第三世界国家利益的新制度。1988 年马来西亚代表另外 18 个国家向联合国提交了关于 CRAMRA 谈判的声明。[3]

---

〔1〕 联合国文件：A/37/PV. 10。

〔2〕 联合国文件：A/C. 1/38/PV. 42；A/C. 1/38/PV. 43；A/C. 1/38/PV. 44；A/C. 1/38/PV. 45；A/C. 1/38/PV. 46。

〔3〕 联合国文件：A/43/396。

人类共同继承财产受到主张国的强烈反对。英国代表团明确表示，英国政府拒绝这一概念适用于南极洲，理由是出于现实的考虑，南极科学研究需要大量的成本、奉献精神、专业知识和毅力，而只有少数国家能承担这种工作，南极的管理制度并不代表它将其他国家排除在外；另外，《南极条约》绝大多数的规则是义务而非权利，缔约方按照纯粹的国家利益自愿限制了它们在南极洲的行动自由，在矿产资源谈判中也是这样，并且这都是为了包括非缔约方在内的全人类利益和其子孙后代的利益。澳大利亚则表示，其赞成共同继承财产适用于海洋法范围内，但认为这一概念不适用于南极洲，一方面因为南极洲长期存在主权要求；另一方面，共同继承财产代表的是发展的目的，但是鉴于南极洲的原始的环境和生态极易受到人类活动的影响，保存和保护南极目的而非发展的目的才符合人类共同利益。[1] 智利表示，任何对《南极条约》的批评都不能以共同继承财产这个概念为依据。对于外层空间和国家管辖范围以外的海床来说，这些地方没有任何像在南极那样的长达一二百年的人类活动，因此也没有这种活动所产生的权利、义务、习惯、共处规则，而南极在历史上一直是非常重要的人类活动地区。只有大力完善南极条约制度使该制度适合新的挑战，才可能在南极洲这个全体人类感兴趣的地区实现发展，为了这一目标，必须摒弃抽象的准则。[2]

人类共同遗产概念的先驱是马耳他的帕尔多大使，共同遗产概念的要素包括和平利用及不挪用，为子孙后代保存、保护环境和资源，并进行国际管理和惠益分享。新西兰总理瓦尔特·纳什曾提议将南极洲视为联合国控制下的一个"世界领土"；斯里兰卡阿梅拉辛哈大使也同样提出，应该在公平分享世界资源的基础上，为了全人类的利益来管理南极大陆。一些国家援引 UNCLOS 和《月球协定》来主张人类共同遗产已经被确立为适用于国家管辖范围以外所有地区的一般国际法规则（或习惯国际法），因此应当适用于南极洲。但这种主张缺乏足够的支持证据，在

---

〔1〕　英国发言见联合国文件：A/C. 1/38/PV. 44；澳大利亚发言见联合国文件：A/C. 1/38/PV. 45。

〔2〕　联合国文件：1984A/39/583（Part II），智利代表团发言见第 86—88 段，第 94 段，第 95 段。

南极问题之外也很难说符合两要素检验的条件。第一，1982 年 UNCLOS 中关于国家管辖范围以外的深海海底制度是对共同遗产原则最成熟的阐述，但在 1987 年以来的时间里，共同遗产理论没有得到加强，反而可能被削弱了。[1]UNCLOS 的深海海底制度引起了许多发达国家的反对，因此在该公约通过和签署后，需要进行新的谈判来改变这一制度以便该公约得到必要的广泛支持。结果是，虽然深海海底仍然被称为人类共同遗产，但 1982 年的制度与 1994 年重新谈判修改后的《月球协定》之间的差异表明，这一理论在适用于特定情况时没有统一的具体规则。第二，除了上述情况，共同遗产理念仅在《月球协定》中作为一项法律规范，除这些公约和一些联合国决议之外，不存在任何执行相关规则的其他的国家实践证据，由许多国家的反对来看，没能形成广泛的法律确信。

南极问题最终也没有达成适用人类共同遗产的共识。1980 年非洲统一组织部长理事会通过了一项决议，该决议宣布南极洲为人类共同遗产，但是 1985 年这项决议被提交给不结盟国家会议时这个表述被删去了。不结盟国家会议的决议的最终表述是："为了全人类的利益，南极洲不应成为国际争端的场所或对象，所有国家都应能进入。"联合国大会也没有通过决议要求南极洲适用共同遗产理论，只是要求暂停进行关于订立矿物制度的谈判，以待国际社会所有成员均能充分参与此种谈判。[2]100 个国家对这项决议投出了赞成票，但包括大部分缔约方在内的 49 个拒绝进行投票，另有 10 个国家投出了弃权票。[3]ATCM 无视了这项决议的呼吁继续谈判并订立了 CRAMRA，直到其未能生效并重新谈判了《议定书》。

（二）对矿产资源禁令的讨论

《议定书》开始谈判后，联合国大会 1989 年通过的决议表示，鉴于南极洲对全球环境和生态系统的重大影响，所以任何为造福全人类、保护和养护南极环境及其所属和相关生态系统所建立的制度，如要获得为确保其充分遵守和实行所必需的普遍接受，必须由国际社会所有成员充

---

〔1〕 Jonathan I. Charney, "The Antarctic System and Customary International Law", *Fancioni & Scovazzi* (eds.), *International Law for Antarctica*, Kluwer Law International, 1996, pp. 51–101.

〔2〕 联合国文件：A/RES/42/46B。

〔3〕 联合国文件：A/42/PV. 85。

分参与谈判订立。[1]而缔约方再次拒绝投票支持该决议，表现出相关国家在阻止南极事务联合国化方面的团结。但联合国秘书长在1990年的报告中指出，"联合国大会敦促国际社会全体成员支持为禁止在南极洲内陆和周围的勘探和采矿的所有努力，以及确保所有活动完全是为了和平科学考察目的"。[2]

《议定书》通过后，联大通过的决议表现出了非缔约方对矿产禁令的接受："欢迎按照《议定书》禁止协商方在今后50年内在南极洲及其附近进行勘探和采矿，并重申其呼吁使该禁止规定具有永久性。"[3]但缔约方由于一些原因（决议同样呼吁南极洲的国际化）依旧没有赞成这项决议，阿根廷甚至投出了反对票。[4]但缔约方多次通过联合国秘书长在大会上报告了南极环境制度相关信息及协商会议的讨论和采取的措施，[5]这些报告受到非缔约方的欢迎。1993年和1994年的决议都再次提到赞扬《议定书》禁止矿产资源方面的活动，此后的联大决议就没有再涉及过南极矿产资源制度。

1994年大会协商一致通过的决议指出："对南极洲的管理、勘探和利用，应以维护国际和平与安全和促进国际合作以造福全人类为宗旨…国际社会日益认识到对南极洲的关心，并深信更好地了解南极洲对全人类的好处…深信为了全人类的利益，南极洲应该永远只用于和平目的，而不应该成为国际争端的场所或目标。"该决议是以一致通过的方式作出的，决议内容可能涵盖了共同遗产理论的大部分精髓，但并没有明确援引该理论。随后几年，马来西亚一改之前强硬的态度，马来西亚代表虽继续引用1982年马哈蒂尔的发言，[6]但同时指出：时任总理的这番话是在多年之前，在一个与当前极其不同的背景下说的。可他当时说的许多话在今天仍有意义，尽管不可否认，与南极洲有关的其他一些重要领域已

---

〔1〕 联合国文件：A/RES/44/124B。

〔2〕 联合国文件：A/45/459。

〔3〕 联合国文件：A/RES/47/57。

〔4〕 联合国文件：A/47/PV.81。

〔5〕 关于南极环境的秘书长报告文件，见联合国文件：A_46_512-ZH；A_47_624-ZH；A_48_449-ZH；1996 A_51_390-ZH。

〔6〕 联合国文件：A/C.1/60/PV.23。

取得显著进展。"马来西亚特别欢迎该议定书规定在 50 年内禁止南极的勘探和开采活动，并希望这是走向永久禁止在南极采矿的第一个重大步骤。"[1]

四、现有证据分析及两要素初步判断

与前述其他规则不同的是，这一规则很难找到其他领域的一般国际法规则作为参考。从规则的产生背景和过程来看，该规则不是各国单纯就共同利益达成的一致，而是竞争性利益的博弈。并不是所有国家都在这一问题上立场鲜明、态度果断，这可能是该规则转化为习惯国际法的制约。

如第一章所述，矿产资源禁令是南极矿产资源活动管理公约（CRAMRA）的替代品。曾经的缔约方有过明确的开展南极矿产资源活动的意图，非缔约方对此没有坐视不理，坚持多年在联合国大会上公开反对缔约方擅自分配南极资源。这种持续反对的是缔约方将世界大部分国家排除在外而在小团体之间瓜分资源。当时缔约方迫于国际压力和内部分歧，转以禁令规则平息争议时，反对的声音就停止了。曾经的反对者们对这种规则感到满意，并希望禁令能永远延续下去。从联合国大会讨论的情况来看，无论关注点是环境利益还是资源利益，利益相关的国家明显超出现有的缔约方规模，禁止性规则不需要积极实践，很容易形成不为行为的惯例，到目前为止没有国家明显试图违反规则，缔约方国内立法也相当一致地至少在文本上复述了规则，但遵守这项规则的国家实践是否伴随了法律确信呢？

一方面，澳大利亚、新西兰和美国在《议定书》开放签署之前就制定并颁布了禁止南极矿产资源开发活动的国内立法，此举并不是为了履行具体的条约义务，而是代表了这些国家在禁止采矿问题上的立场和努力方向，这些国家的立法也起到了表率和引领其他国家的作用。另一方面，早在通过《议定书》的特别协商会上，缔约方就同意在《议定书》生效之前，最好是"根据其（国内）法律制度并在可行的范围内"适用

---

[1]　联合国文件：A/C. 1/57/PV. 24。

附件一至附件四。[1]这表示缔约方在《议定书》生效（1998 年）之前就愿意执行其中的一些规则，各国从 1992 年威尼斯协商会议就开始交流一些关于规则的国内立法和执行方面的信息。除上述 3 个国家外，芬兰、南非、瑞典、英国的国内相关立法也在 1998 年之前就明确规定了采矿禁令。对这部分国家来讲，遵守和执行南极矿产资源活动禁令可能不仅是出于履约目的。

但对另一些态度模糊的缔约方来讲，很难判断它们是否产生了条约之外的法律义务感。虽然到目前为止没有任何国家反对这一规则，也没有国家提出要按照条约流程重新审议或修改禁令。2009 年第三十二届南极条约协商会议《关于〈南极条约〉五十周年的华盛顿部长级宣言》重申了该禁令；2016 年《议定书》25 周年纪念的《圣地亚哥宣言》"特别重申对第 7 条的强烈和明确承诺"；2019 年《南极条约》50 周年纪念之际，各缔约方再次重申"承诺禁止与矿产资源相关的任何活动，除科学研究之外"。这些共同宣言的反复重申似乎表示了缔约方坚定的立场，但遗憾的是这些宣言仅仅重复了曾经作出的承诺，并没有任何进一步强化禁令或明确其中概念的举措。随着时间的推移和环境的变化，该规则如果不发展或者不能前进，可能就预示着后退。各国没有选择界定概念来全面禁止可能具有双重意义的科学研究，还有一些采取更积极政策为未来做准备的国家，显然当下各国没有就永久性禁令达成统一的期待。

综上所述，就当前的情况来看，禁止除科学研究外的南极矿产资源活动，在所有有南极活动能力的国家间形成了基本一致的实践；国际社会较为普遍地接受这一规则，但在规则的持续时间这一问题上存在不同的理解或期待。尽管修改规则的条件苛刻，依然有国家在考虑 50 年后的禁令变化。这里并不是说一项在可预见的时间内可能会发生变更的规则就不能形成习惯国际法，识别习惯国际法应该考虑的是当下情况二要素的实然判断而不是未来预期。就当前的情况来看，虽然这项规则被许多国家纳入了国内法，也获得了缔约方的良好执行，但对禁令变化的期待

---

[1]　Final Reports of the Eleventh SATCM.

或未来考虑可能体现了一些国家主要为条约义务所约束，而不存在条约之外的法律确信，即如果条约改变，这项规则将不再具有法律约束力。从未来规则发展的角度看，禁令规则修改的困难很可能使规则的实践得以继续维持，但影响法律确信形成的因素是各国能否真正达成对维持禁令的共识。无论是缔约方还是非缔约方，这种共识都不应是退而求其次的"缓兵之计"，而应是在存在具体和不同利益的情况下，出于某种共同利益的追求所作出的一致决断，届时才获得足够的可以证明形成一致法律确信的证据。

结　语

南极条约体系 60 多年来的发展历程，展示了一些原本由少数国家制定的规则逐渐为大多数国家所接受的变化过程，本书以条约规则发展为习惯国际法的视角来审视这一过程，将南极的国际法律制度作为习惯国际法理论的实验室，在现有习惯国际法识别理论和国际司法判例的基础上，尝试在理论上描述条约形成习惯国际法这一国际法渊源互动过程和其实现所必需的条件，并以此验证现实中南极条约体系的规则形成习惯国际法的可能性。

尽管南极条约体系和配套制度取得了许多成就，但也面临着一些需要解决的现实困难。这些困难引起了学界对于南极条约体系规则效力问题的讨论。南极条约体系的规则不能对第三方直接产生效力，习惯国际法的形成这一角度对于南极问题来说具有一定的理论和现实意义。

习惯国际法两要素理论存在许多问题和争议，国际法院在司法判例中也没有逐案对两要素进行实证检验，而是充分依赖其自由裁量权。国际法委员会关于识别习惯国际法的结论又坚定地贯彻了两个构成要素，要求对每一要素的证据进行认真分析。委员会的论断明确了要件的证据形式并驱散了一些理论迷雾，否定了条约规则与习惯国际法的无缝衔接，但没有对条约规则如何形成习惯国际法给出一个具体的解释。在不违背习惯国际法识别要件的前提下，本书所论证的条约规则是否能够形成习惯国际法不是直接对结果进行认定，而是对产生结果之前的发展过程进行描述。条约形成习惯国际法规则可以理解为这样一个过程：在国际法新兴领域，条约往往先于习惯提出具体的规则，但这并不意味着条约规则一定能成为习惯国际法规则。条约提出的规则与条约并行发展，必须经过充分的国家实践形成通例，且在条约范围内之外对该规则形成了法律确信，才可以认为该规则成为习惯国际法的一部分。虽然对于最终识别习惯规则来说，更有价值的证据是非缔约方的态度，确定习惯法规则的形成是否已经形成主要取决于非缔约方如何实践；但缔约方实践能够塑造具体规则，也是通例的一部分，更需要从其实践中推断法律确信，因此也是研究习惯规则形成过程必须要考察的因素。

根据这一过程描述，实现研究目标首先要做的是选定南极条约体系提出的实质性规则，并从条约的角度解释规则的含义。产生于《南极条约》和《议定书》的一些基本规则可能成为独立于整个南极条约体系的习惯规则，包括南极的和平利用与非军事化，南极科学研究自由与科研合作，禁止核爆炸和处理放射性废物，南极环境影响评价以及南极矿产资源活动禁令。条约规则本身具有一定的模糊性，可能有多种含义解释方式，并不是所有含义都能形成习惯国际法规则的一部分。习惯国际法规则的形成归根结底依然取决于国家实践。

就选取的规则来说，大部分规则都能在条约内外找到一致实践的例子，并由于维护了所有国家的共同利益而被普遍地接受，通过对不限于条约范围内的实践材料进行考察，以及各国在联合国大会的辩论中传达的立场，本书认为这些规则可以说正在或很可能已经形成了习惯国际法：第一，《南极条约》本身就是追求和平的体现，保持南极地区作为一个和平区域，远离军事争端和战略竞争是所有国家的共同关切事项。虽然存在一些灰色地带，开展南极活动的各国之间依然可以说形成了非军事目的地对南极和平利用的惯例。第二，南极科学研究自由与国际科研合作规则体现了明确的共同利益，国家实践证据普遍而广泛，各国在联合国大会上作出的声明也可以证明较为一致的法律确信。第三，禁止在南极进行核爆炸试验是世界范围内禁止核试验的一环，这一原则性的规则不仅是南极条约体系下的义务，更是所有国家尤其是拥核国所负的一般性国际义务。禁止在南极处置核废料则是所有国家共同的环境利益，禁止在南极处理核废料被绝大多数国家接受并一致实践。第四，南极环境影响评价规则得到了缔约方广泛且基本一致的执行，尽管很少有非缔约方的积极实践，但环境影响评估这项义务的一般国际法的地位已经被多个国际组织决议、世界范围内其他条约和多边协定以及国际法院所承认。因此在南极开展活动之前对拟议活动可能造成的环境影响进行评估，并在此基础上决定是否或如何开展活动，也很可能成为一项具有普遍约束力的习惯国际法规则。

从规则的产生背景和过程来看，禁止除科学研究外南极矿产资源活动规则不是各国单纯就共同利益达成的一致，而是一种退而求其次的妥协。尽管得到了许多国家良好的遵守和条约范围之外的肯定，但遵守的国家实践更多是出于条约义务的约束。虽然该规则仍然存在形成习惯国际法的可能，但显然现在的条件还不够充分。

一个不能忽视的问题在于，本研究在对具体规则的讨论中回避了南极特殊的主权问题，这可能会阻碍习惯国际法规则形成。一方面，领土主张国的主权意识会引起规则实施的管辖权分歧，一定程度上影响惯例的形成；另一方面，以主权为由抗拒南极的国际化也会不利于规则获得国际共识。虽然这些问题在本书讨论的前四个规则中并不明显，但如果牵涉其他存在更多实践差异的具体规则，主权问题或者说《南极条约》第四条的规则应当首先被纳入考虑。

少数国家可以通过持续实践规则启动条约规则习惯国际法化的进程，但能否形成习惯国际法的结果不仅仅是由少数国家实践就能决定的。缔约方对规则的实践起到表率和示范作用，非缔约方认为具体规则符合自身利益或规则存在互惠性，并愿意依规则进行实践，才能形成习惯国际法所需的更大范围内的一致的实践和在此程度之上的法律确信。从南极条约体系规则的谈判及制定过程来看，各参与国之间存在着许多利益分歧。南极事务对于不同国家来说涉及不同程度的国家利益，如核心的领土和主权利益或非核心的资源、科研、声誉等利益。《南极条约》的原始目的也并非实现国际化的南极"善治"，而是各参与国求同存异所达成的最低程度的妥协。对于其中规则的具体内容及如何实施或遵守的问题，条约文本具有为达成协商一致而导致的不可避免的模糊性。通过60多年的缔约方实践，一些规则的内容得以明晰且产生了实践惯性，由实践所解释塑造的部分规则能够为非缔约方所接受，在非缔约方的南极实践或缔约方与非缔约方关于南极事务的往来中发挥积极的作用；在此之上，可能在国际社会中形成对各国实践所解释、塑造的规则的整体性的法律义务感。经历这样的过程，南极条约体系中的规则就有望转化为比条约更为普遍适用的习惯国际法规则。不论南极条约体系的未来如何，这些规则将保障人类在南极相对的和平和秩序中活动。此外，在其他条约先于习惯提出具体规则的领域，如外空的探索与开发以及网络空间的国际法规制，条约规则形成习惯国际法的过程理论和南极实例可以提供借鉴或参考。

参考文献

中文专著及译著

1. 中国极地研究中心、颜其德、朱建钢主编:《南极洲领土主权与资源权属问题研究》,上海科学技术出版社 2009 年版。
2. [美] 德博拉·沙普利:《第七大陆——资源时代的南极洲》,张辉旭等译,中国环境科学出版社 1991 年版。
3. 陈玉刚、琴倩等编著:《南极:地缘政治与国家权益》,时事出版社 2017 年版。
4. 周鲠生:《国际法》(下册),商务印书馆 1976 年版。
5. [美] 杰克·戈德史密斯、埃里克·波斯纳:《国际法的局限性》,龚宇译,法律出版社 2010 年版。
6. 梁西主编:《国际法》,武汉大学出版社 1993 年版。
7. [英] 詹宁斯、瓦茨修订:《奥本海国际法》(第一卷第一分册),王铁崖等译,中国大百科全书出版社 1995 年版。
8. 李浩培:《国际法的概念与渊源》,贵州人民出版社 1994 年版。
9. 李浩培:《条约法概论》,法律出版社 1987 年版。
10. 倪世雄等:《当代西方国际关系理论》,复旦大学出版社 2004 年版。
11. [美] 汉斯·凯尔森:《国际法原理》,王铁崖译,华夏出版社 1989 年版。
12. 邵沙平、余敏友:《国际法问题专论》,武汉大学出版社 2006 年版。
13. 邹克渊:《南极矿物资源与国际法》,北京大学出版社 1996 年版。
14. 王铁崖:《国际法》,法律出版社 1995 年版。
15. 郭培清、石伟华:《南极政治问题的多角度探讨》,海洋出版社 2012 年版。
16. 姜世波:《习惯国际法的司法确定》,中国政法大学出版社 2010 年版。
17. 陈奕彤:《国际环境法视野下的北极环境法律遵守研究》,中国政法大学出版社 2014 年版。

外文专著

1. A. D. Hemmings, D. R. Rothwall & K. N. Scott (eds.), *Antarctic Security in the Twenty-First Century: Legal and Policy Perspectives*, Routledge, 2012.

2. Anthony A. D'Amato, *The Concept of Custom in International Law*, Cornell University Press, 1971.

3. B. A. Hamzah, *Antarctica in International Affairs*, Institute of Strategic and International Studies, 1987.

4. Brian D. Lepard, *Customary International Law: A New Theory with Practical Applications*, Cambridge University Press, 2010.

5. Christian Tomuschat, *Obligations Arising for States without or against Their Will*, Collected Courses of the Hague Academy of International Law, Vol. 241, Brill, 1993.

6. Christopher C. Joyner, *Eagle over the ice: the U. S. in the Antarctic*, Hanover, NH: University Press of New England, 1997.

7. Christopher C. Joyner, *Governing the Frozen Commons: The Antarctic Regime and Environmental Protection*, Columbia: University of South Carolina Press, 1998.

8. David J. Bederman, *Custom as a Source of Law*, Cambrige University Press, 2010.

9. David J. Bederman, *Public International Law. In Custom as a Source of Law*, Cambridge University Press, 2010.

10. Davor Vidas (eds.), *Implementing the Environmental Protection Regime for the Antarctic. Environment & Policy*, vol 28. Springer, Dordrecht, 2000.

11. Fancioni &Scovazzi, *International Law for Antarctica*, Kluwer Law International, 2nd edition, Kluwer Law International, 1996.

12. G. J. H. van Hoof, *Rethinking the Sources of International Law*, Kluwer Law and Taxation Publishers, 1983.

13. Humphrey Waldock, *General Course on Public International Law*, Collected Courses of the Hague Academy of International Law, Vol. 106, Brill, 1962.

14. J. Ashley Roach, Robert W. Smith, *United States Responses to Excessive Maritime Claims* (2nd edn), M. Nijhoff Publishers, 1996.

15. Julia Jabour, A. D. Hemmings, L Kriwoken, *Looking south: Australia's Antarctic agenda*, Federation Press, 2007.

16. Klaus J Dodds, Alan D. Hemmings, Peter Roberts (eds.), *Handbook on the Politics of Antarctica*,, Edward Elgar Publishing, 2017.

17. Klaus J Dodds, *Post-colonial Antarctica: An Emerging Engagement*, Cambridge University Press, 2006.

18. Klaus J Dodds, *The Antarctic: A Very Short Introduction*, Oxford University Press, 2012.

19. Mark E. Villiger, *Customary International Law and Treaties: a Study of Their Interactions and Interrelations with Special Consideration of the 1969 Vienna Convention on the Law of Treaties*, Martinus Nijhoff Publishers, 1985.

20. M. P. Scharf, *Customary International Law in Times of Fundamental Change: Recognizing Grotian Moments*, Cambridge University Press, 2013.

21. Martti Koskenniemi, *From Apology to Utopia: The Structure of International Legal Argument*, Cambridge University Press, 2006.

22. Maurice H. Mendelson, *The Formation of Customary International Law*, Collected Courses of the Hague Academy of International Law, Vol. 272, Brill, 1998.

23. Michael Byers, *Custom, Power and the Power of Rules: International Relations and Customary International Law*, Cambridge University Press, 1999.

24. Michael Byers, *Fundamental Problems of Customary International law*, Cambridge University Press, 1999.

25. Oscar Schachter, *International Law In Theory And Practice General Course in Public International Law*, Collected Courses of the Hague Academy of International Law, Vol. 178, Brill, 1982.

26. P. J. Beck, *The International Politics of Antarctica (Routledge Revivals)*, Croom Helm, 1986.

27. Paul Arthur Berkman, Michael A Lang, David W H Walton, Oran R. Young (eds.), *Science Diplomacy: Antarctica, Science, and the Governance of International Spaces*,, Smithsonian Institution Scholarly Press, 2011.

28. Philippe Sands, Pierre Klein, Derek William Bowett, *Law of International Institutions*, London: Sweet & Maxwell, 2001.

29. Serge Sur, *La coutume international: Extrait du Juris-Classeur Droit International*, Librairies Techniques, 1990.

30. Suzette V. Suarez, *The Outer Limits of the Continental Shelf: Legal Aspects of their Establishment*, Springer-Verlag Berlin Heidelberg, 2008.

31. T. Buergenthal, S. D. Murphy, *Public International Law*, 5th edition, West Academic Publishing, 2013.

32. Theodor Meron, *Human Rights and Humanitarian Norms as Customary Law*, Oxford University Press, 1989.

中文期刊

1. 周定国："国人在南极称谓上的误区"，载《海洋世界》1995 年第 12 期。

2. 郭培清："阿根廷、智利与南极洲"，载《海洋世界》2007 年第 6 期。

3. 潘军："一次卓有成效的国家实践——200 海里外大陆架法律制度下澳大利亚划界案的实证分析"，载《太平洋学报》2012 年第 8 期。

4. 陈力："论南极条约体系的法律实施与执行"，载《极地研究》2017 年第 4 期。

5. 刘惠荣、陈明慧、董跃："南极特别保护区管理权辨析"，载《中国海洋大学学报（社会科学版）》2014 年第 6 期。

6. 姜世波："习惯国际法真的是一个幻象吗？——美国学者的博弈论研究述评"，载《武大国际法评论》2008 年第 2 期。

7. 高鸿钧："德沃金法律理论评析"，载《清华法学》2015 年第 2 期。

8. 魏磊杰："我国国际法研究的主体性缺失问题：反思与祛魅"，载《学术月刊》2020 年第 8 期。

9. ［加］劳伦斯·赫尔佛、英格丽·伍尔特："习惯国际法：一种工具选择的视角"，孙琳琳编译，载《国际关系与国际法学刊》2017 年第 7 卷。

10. 邓华："国际法院认定习惯国际法之实证考察——对'两要素'说的坚持抑或背离？"，载《武大国际法评论》2020 年第 4 期。

11. 吴卡："条约规则成为一般习惯法的条件——兼论'利益受到特别影响的国家'之内涵"，载《社会科学家》2008 年第 6 期。

12. 王军敏："条约规则成为一般习惯法"，载《法学研究》2001 年第 3 期。

13. 吴卡："条约规则如何成为一般习惯法——以《海洋法公约》为考察重点"，载《北京科技大学学报（社会科学版）》2011 年第 2 期。

14. 石伟华、郭培清，"过热的南极——南极非军事化面临挑战"，载《海洋世界》2008 年第 7 期。

15. 邹克渊："南极条约体系与第三国"，载《中外法学》1995 年第 5 期。

16. 杨剑："以'人类命运共同体'思想引领新疆域的国际治理"，载《当代世界》2017 年第 6 期。

17. 陈力："南极海洋保护区的国际法依据辨析"，载《复旦学报（社会科学版）》2016 年第 2 期。

18. 潘敏："论南极矿物资源制度面临的挑战"，载《现代国际关系》2011 年第 6 期。

19. 陈力、屠景芳："南极国际治理：从南极协商方会议迈向永久性国际组织？"，载《复旦学报（社会科学版）》2013 年第 3 期。

20. 胡德坤、唐静瑶："南极领土争端与《南极条约》的缔结"，载《武汉大学学报（人文科学版）》2010 年第 1 期。

21. 邹克渊："南极条约体系及其未来"，载《中外法学》1990 年第 1 期。

22. 陈力："南极治理机制的挑战与变革"，载《国际观察》2014 年第 2 期。

23. 甘露："南极主权问题及其国际法依据探析"，载《复旦学报（社会科学版）》2011 年第 4 期。

24. 刘惠荣、刘秀："国际法体系下南极生物勘探的法律规制研究"，载《中国海洋大学学报（社会科学版）》2012 年第 4 期。

25. 刘惠荣、姜茂增："论风险预防原则在南极环境管理中的适用"，载《极地研究》2015 年第 2 期。

26. 郭培清："南极的资源与资源政治"，载《海洋世界》2007 年第 3 期。

27. 王曦、陈维春："南极环境保护法律制度之浅见"，载《武大国际法评论》2005 年第 3 期。

28. 郭培清："南极旅游影响评估及趋势分析"，载《中国海洋大学学报（社会科学版）》2007 年第 5 期。

29. 朱建钢、颜其德、凌晓良："南极资源纷争及我国的相应对策"，载《极地研究》2006 年第 3 期。

30. 刘明："阿根廷的南极政策探究"，载《拉丁美洲研究》2015 年第 1 期。

31. 吴宁铂、陈力："澳大利亚南极利益——现实挑战与政策应对"，载《极地研究》2016 年第 1 期。

32. 徐敬森、孙立广、王希华："澳大利亚南极政治浅析"，载《极地研究》2010 年第 3 期。

33. 陈力："美国的南极政策与法律"，载《美国研究》2013 年第 1 期。

34. 吴军、赵宁宁："美国与南极治理：利益考量及政策实践"，载《太平洋学报》2015 年第 12 期。

35. 李升贵、潘敏、刘玉新："南极政治'单极化'趋势——以美国南极政策为中心的考察"，载《海洋开发与管理》2008 年第 10 期。

36. 禾木："当代国际法学中的'一般国际法'概念——兼论一般国际法与习惯国际法的区别"，载《中山大学学报（社会科学版）》2014 年第 5 期。

37. 姜世波："论速成国际习惯法"，载《学习与探索》2009 年第 1 期。

38. 江海平："国际习惯法规范构成机制"，载《厦门大学法律评论》2006 年第 2 期。

39. 付志刚："习惯国际法构成要素的法理学思考"，载《江西社会科学》2006 年第 6 期。

40. 黄冠颖："论国际习惯效力的限制规则——'坚持反对者学说'"，载《外交评论（外交学院学报）》2005 年第 4 期。

41. 董跃："我国《海洋基本法》中的'极地条款'研拟问题"，载《东岳论丛》2020 年第 4 期。

42. 董跃、郭启萌："我国南极活动的税法问题研究"，载《税务研究》2020 年第 2 期。

外文期刊

1. A. E. Boyle, "From Sovereignty to Common Heritage：International Law for Antarctic", *Texas International Law Journal*, 1990, Vol. 25（2）.

2. AJ（Tony）Press, "The Antarctic Treaty System：Future Mining Faces Many Mathematical Challenges", *The Yearbook of Polar Law Online*, Volume 7, 2015.

3. Andrew T. Guzman, "Saving Customary International law", The Michigan Journal of International Law, 2005, Vol. 27.

4. Anna Wyrozumska, "Antarctic Treaty as a Customary Law", *Materials of Polish-Dutch Conference on International Law*, 1992, Vol. 19.

5. Anthea Roberts, "Traditional and Modern Approaches to Customary International Law：A Reconciliation", *American Journal of International Law*, 2001, Vol. 95（4）.

6. Anthea Roberts, "Who Killed Article 38（1）（b）? A Reply to Bradley and Gulati", *Duke Journal of Comparative & International Law*, 2010, Vol. 21.

7. Anthony A. D'Amato, "Custom and Treaty：A Response to Professer Weisburd", *Vand. J. Transnat'l L*, 1988, Vol. 21.

8. Anthony A. D'Amato, "Manifest Intent and the Generation by Treaty of Customary Rules of International Law", *American Journal of International Law*, 1970, Vol. 64（5）.

9. Arthur M. Weisburd, "Customary International Law：The Problem of Treaties", *Vanderbilt Journal of Transnational Law*, 1988, Vol. 21（1）.

10. B. A Boczek, "The Soviet Union and the Antarctic Regime", *The American Journal of International Law*, 1984, Vol. 78（4）.

11. Bruno Simma, "The Antarctic Treaty as a Treaty Providing for an "Objective Regime"", *Cornell International Law Journal*, 1986, Vol. 19（2）.

12. Bruno Simma, Philip Alston, "The Sources of Human Rights Law：Custom, Jus Cogens, and General Principles", *Australian Year Book of International Law*, 1989, Vol. 12.

13. Cheng Bin, "United Nations Resolutions on Outer Space：'Instant' International Customary Law?", *Indian Journal of International Law*, 1965, Vol. 5.

14. Curtis A. Bradley, Mitu Gulati, "Withdrawing from International Custom", *Yale Law Journal.*, 2010.

15. D. R. Rothwell, "Sovereignty and the Antarctic Treaty", *Polar Record*, 2010, Vol. 46 (236).

16. David J. Bederman, "Acquiescence, Objection and the Death of Customary International Law", *Duke Journal of Comparative & International Law*, 2010, Vol. 21.

17. Francis M. Auburn, "Aspects of the Antarctic Treaty System", *Archiv Des Völkerrechts*, 1988, 26 (2).

18. Gary L. Scott, Craig L. Carr, "Multilateral Treaties and the Environment: A Case Study in the Formation of Customary International Law", *Denver Journal of International Law&Policy*, 1999, Vol. 27.

19. Gary L. Scott, Craig L. Carr, "Multilateral Treaties and the Formation of Customary International Law", *Denver Journal of International Law&Policy*, 1996, Vol. 25.

20. H. Meijers, "How is International Law Made? —The Stages of Growth of International Law and the Use of its Customary Rules", *Netherlands Yearbook of International Law*, 1978, Vol. 9.

21. Henry G. Schermers, Niels M. Blokker, "International Institutional Law", *The Hague: Kluwer Law International*, 2001.

22. J. Jabour, "Successful Conservation – Then What? The De – listing of Arctocephalus Fur Seal Species in Antarctica", *Journal of International Wildlife Law and Policy*, 2008, Vol. 11 (1).

23. J. K. J. Gamble, "The Treaty/Custom Dichotomy: An Overview", *Texas International Law Journal*, 1981, Vol. 16 (3).

24. J. R. Dudeney, D. W. H. Walton, "Leadership in Politics and Science within the Antarctic Treaty", *Polar Research*, 2012, Vol. 31.

25. Jia Bingbing, "The Relations Between Treaties and Custom", *Chinese Journal of International Law*, 2010, 9.

26. John Hanessian, "The Antarctic Treaty 1959", *The International and Comparative Law Quarterly*, 1960, Vol. 9.

27. Jonathan I. Charney, "International Agreements and the Development of Customary International Law", *Washington Law Review*, 1986, Vol. 61 (3).

28. Jonathan I. Charney, "The Persistent Objector Rule and the Development of Customary International Law", *British Yearbook of International Law*, 1986, Vol. 56 (1).

29. Jonathan I. Charney, "Universal International Law", *American Journal of International Law*, 1993, Vol. 87.

30. Jonathon. I. Charney, "Customary International Law in the Nicaragua Case Judgment on the Merits", *Hague Yearbook of International Law*, 1988.

31. Johan Galtung, "Violence, Peace, and Peace Research", *Journal of Peace Research*, 1969, Vol. 6.

32. K. A. Hughes, S. M. Grant, "The Spatial Distribution of Antarctica's Protected Areas: A Product of Pragmatism, Geopolitics or Conservation Need?", *Environmental Science and Policy*, 2017, Vol. 72.

33. Karen Scott, "Institutional Developments within the Antarctic Treaty System. International and Comparative Law", *Quarterly*, 2003, Vol. 52 (2).

34. Kelly J. Patrick, "The Twilight of Customary International Law", *Virginia Journal of International Law*, 1999, Vol. 40 (2).

35. Klaus J. Dodds, "Sovereignty Watch: Claimant States, Resources, and Territory in Contemporary Antarctica", *Polar Record*, 2011, 47, Vol. 3.

36. Li Jingchang, "New Relationship of the Antarctic Treaty System and the UNCLOS System: Coordination and Cooperation", *Advances in Social Science, Education and Humanities Research (ASSEHR)*, Vol. 181, 2018.

37. Luis Valenin Ferrada, "Five Factors That Will Decide the Future of Antarctica", *The Polar Journal*, 2018 (8).

38. Marcus Haward, N Cooper, "Australian Interests, Bifocalism, Bipartisanship, and the Antarctic Treaty System", *Polar Record*, 2014, 50 (1).

39. Marjorie M. Whiteman, "Tripartite Naval Declaration", *Digest of International Law*, 1963, Vol. 2.

40. Michael A Morris, "Custom as a Source of International Law", *British Yearbook of International Law*, 1976, Vol. 1.

41. Nigel S. Rodley, "The Definitions of Torture in International Law", *Current Legal Problems*, 1998, Vol. 55 (1).

42. Peter Haggenmacher, "La doctrine des deux éléments du droit coutumier dans la pratique de la cour international", *Revue générale de droit international public*, 1986.

43. Peter J Beck, "Antarctica at the United Nations 1988: Seeking a Bridge of Understanding", *Polar Record*, 1989, Vol. 25.

44. Prosper Weil, "Towards Relative Normativity in International Law?", *The American*

Journal of International Law, 1983, Vol. 77.

45. R. Bulkeley, "The Political Origins of the Antarctic Treaty", *Polar Record*, 2010, 46 (236).

46. R. Lefeber, "The Exercise of Jurisdiction in the Antarctic Region and the Changing Structure of International Law: The International Community and Common Interests", *Netherlans Yearbook of International Law*, 1990, Vol. 21.

47. Richard R. Baxter, "Multilateral Treaties as Evidence of Customary International Law", *British Yearbook of International Law*, 1965, Vol. 41.

48. Robert Kolb, "Selected Problems in the Theory of Customary International Law", *Netherlands International Law Review*, 2003, Vol. 50.

49. Rohani Mohd Shah, et al, "Malaysia Strategies in Sustaining its Antarctic Endeavours", *Procedia-Social and Behavioral Sciences*, 2015, Vol. 202.

50. Rozzbeh B. Baker, "Customary International law in the 21st century: Old challenges and New Debates", *European Journal of International Law*, 2010, Vol. 21 (1).

51. Sam Blay, Julia Green, "The Practicalities of Domestic Legislation to Prohibit Mining Activity in Antarctica: a Comment on the Australian Perspective", *Polar Record*, (30) 1994.

52. Scott L. Cummings, "Internationalization of Public Interest Law", *Duke Law Journal*, 2008, Vol. 57.

53. Sean Coburn, "Eyeing 2048: Antarctic Treaty System's Mining Ban", *Columbia Journal of Transnational Law*, 2017: 42 (2).

54. Stefan Talmon, "Determining Customary International Law: The ICJ's Methodology between Induction, Deduction and Assertion", *The European Journal of International Law*, 2015, Vol. 26 (2).

55. Thomas Lord, "The Antarctic Treaty System and the Peaceful Governance of Antarctica: the role of the ATS in promoting peace at the margins of the world", *The Polar Journal*, 2020 (10).

56. W. S. Benninghoff, "Antarctic Treaty System: an Assessment-Proceedings of a Workshop Held at Beardmore South Field Camp", *Arctic and Alpine Research*, 1985, Vol. 17.

57. William M. Welch, "The Antarctic treaty system: is it adequate to regulate or eliminate the environmental exploitation of the globe's last wilderness?", *Houston Journal of International Law*, 1992: 14 (3).

学位论文

1. 刘亮："大陆架界限委员会建议的性质问题研究"，武汉大学 2015 年博士学位论文。

2. 陈奕彤："国际环境法的遵守研究：以北极环境治理为分析对象"，中国海洋大学 2014 年博士学位论文。

3. 戴羽西："跨界环境损害责任构成之适当谨慎义务理论研究"，外交学院 2015 年硕士学位论文。

4. 李小涵："南极条约体系中的国内法因素"，中国海洋大学 2012 年硕士学位论文。

5. 刘亮："大陆架界限委员会建议的性质问题研究"，武汉大学 2015 年博士学位论文。

6. 宋欣："跨界环境影响评价制度研究"，中国海洋大学 2011 年博士学位论文。

7. 杨凡："国际实践中国际习惯法发展趋势研究"，湖南师范大学 2012 年硕士学位论文。

8. 姜世波："习惯国际法的司法确定"，山东大学 2009 年博士学位论文。

9. 江海平："国际习惯法理论问题研究"，厦门大学 2006 年博士学位论文。

10. M. Jacobsson，"The Antarctic Treaty System-Erga Omnes or Inter Partes?"，隆德大学 1998 年博士学位论文。

附　录

附录1：南极条约体系各条约缔约名单[1]

	国家	《南极条约》	协商席位	《议定书》	CCAS	CCAMLR
1	阿根廷	1961/6/23	1961/6/23	1998/1/14	√	√
2	澳大利亚	1961/6/23	1961/6/23	1998/1/14	√	√
3	奥地利	1987/8/25				
4	白俄罗斯	2006/12/27		2008/8/15		
5	比利时	1961/6/23	1961/6/23	1998/1/14	√	√
6	巴西	1975/5/16	1983/9/27	1998/1/14	√	√
7	保加利亚	1978/9/11	1998/6/5	1998/5/21		√
8	加拿大	1988/5/4		2003/12/13	√	√
9	智利	1961/6/23	1961/6/23	1998/1/14	√	√
10	中国	1983/6/8	1985/10/7	1998/1/14		√
11	哥伦比亚	1989/1/31		2020/3/14		
12	古巴	1984/8/16				
13	捷克	1993/1/1	2014/4/1	2004/9/24		
14	丹麦	1965/5/20				
15	厄瓜多尔	1987/9/15	1990/11/19	1998/1/14		

---

〔1〕 国家以英文首字母排序。信息来源：南极条约秘书处网站，https://www.ats.aq/index_e.html，最后访问时间：2021年2月15日。

	国家	《南极条约》	协商席位	《议定书》	CCAS	CCAMLR
16	爱沙尼亚	2001/5/17				
17	芬兰	1984/5/15	1989/10/20	1998/1/14		√
18	法国	1961/6/23	1961/6/23	1998/1/14	√	√
19	德国	1979/2/5	1981/3/3	1998/1/14	√	√
20	希腊	1987/1/8		1998/1/14		√
21	危地马拉	1991/7/31				
22	匈牙利	1984/1/27				
23	冰岛	2015/10/13				
24	印度	1983/8/19	1983/9/12	1998/1/14		√
25	意大利	1981/3/18	1987/10/5	1998/1/14	√	√
26	日本	1961/6/23	1961/6/23	1998/1/14	√	√
27	哈萨克斯坦	2015/1/27				
28	朝鲜	1987/1/21				
29	韩国	1986/11/28	1989/10/9	1998/1/14		√
30	马来西亚	2011/10/31		2016/9/14		
31	摩纳哥	2008/5/31		2009/7/31		
32	蒙古	2015/3/23				
33	荷兰	1967/3/30	1990/11/19	1998/1/14		√
34	新西兰	1961/6/23	1961/6/23	1998/1/14		√
35	挪威	1961/6/23	1961/6/23	1998/1/14	√	√
36	巴基斯坦	2012/3/1		2012/3/31		√
37	巴布亚新几内亚	1981/3/16				
38	秘鲁	1981/4/10	1989/10/9	1998/1/14		√
39	波兰	1961/6/23	1977/7/29	1998/1/14	√	√
40	葡萄牙	2010/1/29		2014/10/10		
41	罗马尼亚	1971/9/15		2003/3/5		

续表

	国家	《南极条约》	协商席位	《议定书》	CCAS	CCAMLR
42	俄罗斯	1961/6/23	1961/6/23	1998/1/14	√	√
43	斯洛伐克	1993/1/1				
44	斯洛文尼亚	2019/4/22				
45	南非	1961/6/23	1961/6/23	1998/1/14	√	√
46	西班牙	1982/3/31	1988/9/21	1998/1/14		√
47	瑞典	1984/4/24	1988/9/21	1998/1/14		√
48	瑞士	1990/11/15		2017/6/1		
49	土耳其	1996/1/24		2017/10/27		
50	乌克兰	1992/10/28	2004/6/4	2001/6/24		√
51	英国	1961/6/23	1961/6/23	1998/1/14	√	√
52	美国	1961/6/23	1961/6/23	1998/1/14	√	√
53	乌拉圭	1980/1/11	1985/10/7	1998/1/14		√
54	委内瑞拉	1999/3/24		2014/8/31		
55	纳米比亚					√
56	库克群岛					√
57	巴拿马共和国					√
58	瓦努阿图					√
59	毛里求斯					√
60	欧盟					√

附录2：各国南极科学考察设施基本信息〔1〕

	国家	名称	建立年份	类型	时间
1	阿根廷	Belgrano II	1979	考察站	全年
2	阿根廷	Brown	1951	考察站	季节性
3	阿根廷	Camara	1953	考察站	季节性
4	阿根廷	Carlini	1953	考察站	全年
5	阿根廷	Decepcion	1948	考察站	季节性
6	阿根廷	Esperanza	1952	考察站	全年
7	阿根廷	Marambio	1969	考察站	全年
8	阿根廷	Matienzo	1961	考察站	季节性
9	阿根廷	Melchior	1947	考察站	季节性
10	阿根廷	Orcadas	1904	考察站	全年
11	阿根廷	Petrel	1952	考察站	季节性
12	阿根廷	Primavera	1977	考察站	季节性
13	阿根廷	San Martín	1951	考察站	全年
14	澳大利亚	Casey	1969	考察站	全年
15	澳大利亚	Davis	1957	考察站	全年
16	澳大利亚	Edgeworth David	1986	营地	季节性
17	澳大利亚	Law	1987	庇护所	季节性
18	澳大利亚	Mawson	1954	考察站	全年
19	澳大利亚	Wilkins Aerodrome	2003	机场 营地	季节性
20	比利时	Princess Elisabeth Antarctica	2008	考察站	季节性
21	巴西	Comandante Ferraz	1984	考察站	全年

〔1〕 信息来源：COMNAP_ Antarctic_ Station_ Catalogue，另参见 https://dbOnus869y26v. cloudfront. net/en/Antarctic_ field_ camp#D。

	国家	名称	建立年份	类型	时间
22	保加利亚	St. Kliment Ohridski	1988	考察站	季节性
23	智利	Arturo Prat Antarctic Naval Base	1947	考察站	全年
24	智利	Bahía Fildes Maritime Station	1987	考察站	全年
25	智利	Carvajal	1985	考察站	季节性
26	智利	Dr. Guillermo Mann	1991	考察站	季节性
27	智利	Estación Polar Científica Conjunta Glaciar Unión	2014	营地	季节性
28	智利	Gabriel Gonzalez Videla	1951	考察站	季节性
29	智利	Lieutenant Rodolfo Marsh Martin Aerodrome	1980	机场 营地	全年
30	智利	O'Higgins Base	1948	考察站	全年
31	智利	President Eduardo Frei Antartctic Base	1969	考察站	全年
32	智利	Professor Julio Escudero	1995	考察站	季节性
33	智利	Rada Covadonga	1948	考察站	季节性
34	智利	Julio Ripamonti	1982	庇护所	季节性
35	智利	Risopatrón	1949	考察站	季节性
36	智利	Yelcho	1962	考察站	季节性
37	中国	Great Wall	1985	考察站	全年
38	中国	Kunlun	2009	考察站	季节性
39	中国	Taishan	2014	营地	季节性
40	中国	Zhongshan	1989	考察站	全年
41	捷克	Johann Gregor Mendel	2006	考察站	季节性
42	捷克	Nelson	1988	庇护所	季节性
43	厄瓜多尔	Pedro Vicente Maldonado	1990	考察站	季节性
44	厄瓜多尔	Republica del Ecuador	1990	庇护所	季节性

	国家	名称	建立年份	类型	时间
45	芬兰	Aboa	1988	考察站	季节性
46	法国	D85 SkiwayCamp		机场 营地	季节性
47	法国	Dumont D'Urville	1956	考察站	全年
48	法国	Robert Guillard	1994	考察站	季节性
49	德国	Dallmann	1994	实验室	季节性
50	德国	German Antarctic Receiving Station（GARS）	1991	考察站	全年
51	德国	Gondwana	1983	考察站	季节性
52	德国	Kohnen	2000	考察站	季节性
53	德国	Neumayer III	2009	考察站	全年
54	印度	Bharati	2012	考察站	全年
55	印度	Maitri	1989	考察站	全年
56	意大利	Browning Pass	1997	机场 营地	季节性
57	意大利	Concordia	1997	考察站	全年
58	意大利	Enigma Lake	2005	机场 营地	季节性
59	意大利	Mario Zucchelli	1986	考察站	季节性
60	意大利	Mid Point	1988	机场 营地	季节性
61	意大利	Talos Dome	2004	营地	季节性
62	日本	Asuka	1985	考察站	季节性
63	日本	Dome Fuji	1995	考察站	季节性
64	日本	Mizuho	1970	考察站	季节性
65	日本	S17Camp		营地	季节性
66	日本	Syowa	1957	考察站	全年
67	荷兰	Dirck GerritszLab	2012	实验室	季节性
68	新西兰	Scott Base	1957	考察站	全年
69	挪威	Tor	1993	庇护所	季节性

	国家	名称	建立年份	类型	时间
70	挪威	Troll	1990	考察站	全年
71	秘鲁	Machu Picchu	1989	考察站	季节性
72	波兰	Henryk Arctowski	1977	考察站	全年
73	白俄罗斯	Mountain Evening	2006	考察站	季节性
74	韩国	Jang Bogo	2014	考察站	全年
75	韩国	King Sejong	1988	考察站	全年
76	俄罗斯	Bellingshausen	1968	考察站	全年
77	俄罗斯	Bunger Oasis	1956	考察站	季节性
78	俄罗斯	Druzhnaya IV	1987	考察站	季节性
79	俄罗斯	Leningradskaya	1971	考察站	季节性
80	俄罗斯	Mirny	1956	考察站	全年
81	俄罗斯	Molodezhnaya	1963	考察站	季节性
82	俄罗斯	Novolazarevskaya	1961	考察站	全年
83	俄罗斯	Progress	1989	考察站	全年
84	俄罗斯	Progress 3	1988	考察站	季节性
85	俄罗斯	Russkaya	1980	考察站	季节性
86	俄罗斯	Soyuz	1982	考察站	季节性
87	俄罗斯	Vostok	1957	考察站	全年
88	南非	SANAE IV	1962	考察站	全年
89	南非	SANAP Summer	2010	考察站	季节性
90	西班牙	Gabriel de Castilla	1990	考察站	季节性
91	西班牙	International Field Camp Peninsula Byers	2001	营地	季节性
92	西班牙	Juan Carlos I	1988	考察站	季节性
93	瑞典	Svea	1987	庇护所	季节性
94	瑞典	Wasa	1989	考察站	季节性

	国家	名称	建立年份	类型	时间
95	土耳其	Turkish Scientific Research Camp	2019	营地	季节性
96	乌克兰	Vernadsky	1996	考察站	全年
97	英国	Fossil Bluff	1961	仓库	季节性
98	英国	Halley VI	1956	考察站	季节性
99	英国	Rothera	1975	考察站	全年
100	英国	Signy	1947	考察站	季节性
101	英国	Sky Blu	1993	仓库	季节性
102	英国	Port Lockroy	1944	考察站	季节性
103	美国	Amundsen−Scott South Pole	1957	考察站	全年
104	美国	Byrd Surface	2001	营地	季节性
105	美国	Marble Point Refueling Facility	1957	仓库	季节性
106	美国	McMurdo	1956	考察站	全年
107	美国	Palmer	1965	考察站	全年
108	美国	Shackleton Glacier Camp	2015	营地	季节性
109	美国	Siple Dome	1973	营地	季节性
110	美国	WAIS Divide	2005	营地	季节性
111	乌拉圭	Artigas	1984	考察站	全年
112	乌拉圭	Ruperto Elichiribehety	1997	考察站	季节性

附录3：缩略语表

AAT	Australian Antarctic Territory	澳大利亚南极领土
AMPA	Antarctic Mining Prohibition Act	1991 年《澳大利亚禁止南极采矿法》
ASOC	Antarctic and Southern Ocean Coalition	南极与南大洋联盟
ASPA	Antarctic Specially Protected Area	南极特别保护区
ASMA	Antarctic Specially Managed Area	南极特别管理区
ATCM	Antarctic Treaty Consultative Meeting	南极条约协商会议
ATS	Antarctic Treaty System	南极条约体系
AWI	Alfred-Wegener-Institute	（德国）阿尔弗雷德维格纳研究所
BBNJ	Biological Diversity of Areas Beyond National Jurisdiction	国家管辖范围以外区域海洋生物资源多样性
CCAMLR	The Convention for The Conservation of Antarctic Marine Living Resources	南极海洋生物资源养护公约
CCAS	Convention for the Conservaiton of Antarctic Seals	南极海豹养护公约
CEE	Comprehensive Environmental Evaluation	全面环境影响评估
CEP	Committee for Environmental Protection	环境保护委员会
CLCS	Commission on the Limits of the Continental Shelf	大陆架划界委员会
COMNAP	Council of Managers of National Antarctic Programs	国家南极局局长理事会
CRAMRA	Convention on the Regulation of Antarctic Mineral Resource Activities	南极矿产资源活动管理公约
EIA	Environmental Impact Assessment	环境影响评价
EIES	Electronic Information Exchange System	电子信息交换系统

南极条约体系规则的习惯国际法形成研究

续表

IAATO	International Association of Antarctica Tour Operators	国际南极旅游从业者协会
ICJ	International Court of Justice	国际法院
ICSU	International Council for Science	联合国国际科学联合理事会
IEE	Initial Environmental Evaluation	初步环境影响评价
IGY	International Geography Year	国际地球物理年
ILC	International Law Commission	国际法委员会
IMO	International Maritime Organization	国际海事组织
INACH	Instituto Antártico Chileno	智利南极研究所
IUU	Illegal, Unreported, Unregulated	非法的、未报告的和不受管制的（捕捞）
IWC	International Whaling Commission	国际捕鲸委员会
MARPOL	International Convention for the Prevention of Pollution from Ships	国际防止船舶造成污染公约
ME	Meeting of Experts	专家会议
NSF	National Science Foundation	美国国家科学基金会
PA	Preliminary Evaluation	预评估
SATCM	Special Antarctic Treaty Consultative Meeting	南极条约特别协商会议
SCAR	Scientific Committee on Antarctic Research	南极研究科学委员会
SSSI	Site of Special Scientific Interest	特殊科学价值地点
UNCLOS	United Nations Convention on the Law of the Sea	联合国海洋法公约

附录 4：案例表

1	1923 年德国定居者在波兰案	German Settlers in Poland, PCIJ, Advisory Opinion, 1923
2	1926 年波兰上西里西亚的某些德国利益案	Certain German Interests in Polish Upper Silesia (Merits), PCIJ, Judgement, 1926
3	1927 年荷花号案	"Lotus", PCIJ, Judgement, 1927
4	1949 年科孚海峡案（大不列颠及北爱尔兰联合王国诉阿尔巴尼亚）	Corfu Channel (United Kingdom of Great Britain and Northern Ireland v. Albania), ICJ, Contentious, 1949
5	1949 年为联合国服务时所受伤害的赔偿案，咨询意见	Reparation for Injuries Suffered in the Service of the United Nations, ICJ, Advisory, 1949
6	1950 年庇护案（哥伦比亚诉秘鲁）	Asylum (Colombia v. Peru), ICJ, Contentious, 1950
7	1951 年对《防止及惩治灭绝种族罪公约》的保留案，咨询意见	Reservations to the Convention on the Prevention and Punishment of the Crime of Genocide, ICJ, Advisory, 1951
8	1951 年渔业案（英国诉挪威）	Fisheries (United Kingdom v. Norway), ICJ, Contentious, 1951
9	1960 年印度领土通行权案（葡萄牙诉印度）	Right of Passage over Indian Territory (Portugal v. India), ICJ, Contentious, 1960
10	1965 年查戈斯群岛从毛里求斯分离的法律后果，2019 年咨询意见	Legal Consequences of the Separation of the Chagos Archipelago from Mauritius in 1965, ICJ, Advisory, 2019
11	1969 年北海大陆架案（德国诉丹麦；德国诉荷兰）	North Sea Continental Shelf (Federal Republic of Germany/Denmark; Federal Republic of Germany/Netherlands), ICJ, Contentious, 1969
12	1970 年巴塞罗那电车案（比利时诉西班牙）	Barcelona Traction, Light and Power Company, Limited (Belgium v. Spain) (New Application: 1962), ICJ, Contentious, 1970
13	1982 年突尼斯—利比亚大陆架案	Continental Shelf (Tunisia/Libyan Arab Jamahiriya), ICJ, Contentious, 1982

14	1984 年缅因湾地区海洋边界的划定案（加拿大/美利坚合众国）	Delimitation of the Maritime Boundary in the Gulf of Maine Area（Canada/United States of America），ICJ，Contentious，1984
15	1985 年大陆架案（阿拉伯利比亚民众国/马耳他）	Application for Revision and Interpretation of the Judgment of 24 February 1982 in the Case concerning the Continental Shelf（Tunisia/Libyan Arab Jamahiriya）（Tunisia v. Libyan Arab Jamahiriya），ICJ
16	1991 年尼加拉瓜境内和针对尼加拉瓜的军事和准军事活动案（尼加拉瓜诉美利坚合众国）	Military and Paramilitary Activities in and against Nicaragua（Nicaragua v. United States of America），ICJ，Contentious，1991
17	1996 年以核武器进行威胁或使用核武器的合法性案，咨询意见	Legality of the Threat7r Use of Nuclear Weapons，ICJ，Ad8isory，1996
18	2002 年逮捕令案（刚果诉比利时）	Arrest Warrant of 11 Apri9 2000（Democratic Republic of the Congo v. Belgium），ICJ，Contentious，2002
19	2004 年检察官诉萨姆·辛加·诺曼案	Prosecutor v. Sam Hinga Norman，SCSL-2004-14-AR72（E），Special Court for Sierra Leone（Appeals Chamber），（May 31, 2004）
20	2008 年白礁岛、中岩礁和南礁的主权归属案（马来西亚/新加坡）	Sovereignty over Pedra Branca/Pulau Batu Puteh, Middle Rocks and South Ledge（Malaysia/Singapore），ICJ，Contentious，2008
21	2010 年乌拉圭河纸浆厂案（阿根廷诉乌拉圭）	Pulp Mills on the River Uruguay（Argentina v. Uruguay），ICJ，Contentious，2010
22	2012 年国家的管辖豁免案（德国诉意大利：希腊介入）	Jurisdictional Immunities of the State（Germany v. Italy：Greece intervening），ICJ，Contentious，2012